suhrkamp nova

DIRK PEITZ
FERNBLICK

WIE WIR UNS DIE ZUKUNFT ERZÄHLEN

SUHRKAMP NOVA

Erste Auflage 2020
suhrkamp taschenbuch 5027
Originalausgabe
© Suhrkamp Verlag Berlin 2020
Suhrkamp Taschenbuch Verlag
Alle Rechte vorbehalten, insbesondere
das der Übersetzung, des öffentlichen Vortrags
sowie der Übertragung durch Rundfunk und
Fernsehen, auch einzelner Teile.
Kein Teil des Werkes darf in irgendeiner Form
(durch Fotografie, Mikrofilm oder andere Verfahren)
ohne schriftliche Genehmigung des Verlages reproduziert
oder unter Verwendung elektronischer Systeme
verarbeitet, vervielfältigt oder verbreitet werden.
Umschlaggestaltung: zero-media.net, München
Satz: Greiner & Reichel, Köln
Druck und Bindung: CPI – Ebner & Spiegel, Ulm
Printed in Germany
ISBN 978-3-518-47027-5

FERNBLICK

VORWORT

Die Zukunft lässt sich nicht vorhersagen. Dieser Umstand ist womöglich das größte Problem der menschlichen Existenz (abgesehen von deren Endlichkeit). Er ist auch das größte Geschenk. Wir wissen nicht, was als Nächstes geschieht, als Übernächstes und so weiter. Wir wissen nicht einmal genau, was das eigentlich ist, Zukunft, wie sie Gestalt annimmt, welche Form sie haben wird. Wir glauben nur zu wissen, dass die Zukunft offen ist. Sie liegt vor uns. Hinter uns ist die Vergangenheit. Wir selbst stehen in der Gegenwart. Jedenfalls nehmen wir das an. Die Zeit als solche ist eine ziemlich komplizierte Sache.

Man kann aber sehr wohl in der Zukunft leben, geistig, und von ihr erzählen. Wie die Zukunft aussehen könnte, wohin sich die Dinge entwickeln könnten, sollten, müssten, auf keinen Fall dürften. Davon handelt dieses Buch: von Zukunftserzählungen, gegenwärtigen und manch vergangenen, die dennoch weiter einen Einfluss darauf haben, wie wir uns die Zukunft von heute aus betrachtet vorstellen. In den Erzählungen der Zukunft erkennen wir die Gegenwart wie in einem Brennglas. Wovor wir uns fürchten, worauf wir uns freuen, wonach wir uns sehnen: Das alles liegt in der Zukunft, von heute aus betrachtet.

Die größten und wirkmächtigsten Zukunftserzählungen sind lange Zeit fast alle in den Vereinigten Staaten von Amerika entstanden, dem Land, das einst keine Vergangenheit zu kennen schien. Für unsere Gegenwart sind die Vorstellungen des Künftigen am bedeutendsten, die im kalifornischen Silicon Valley in den vergangenen Jahrzehnten zu Produkten gemacht wurden. Das Silicon Valley hat die Zukunft selbst zu seiner Geschäftsgrundlage gemacht.

Darum beginnt dieses Buch dort und spielt auch eine ganze Weile im Westen der USA. Dort war einst die Zukunft. Doch spätestens seit der Wahl Donald Trumps zum US-Präsidenten im Jahr 2016 betrachten wir nicht nur die Zukunftserzählungen des Silicon Valley neu, negativ vor allem. Auch Amerikaner fragen sich längst, ob die Zukunft nicht woanders liegt. In China zuvorderst.

Um von den Zukunftserzählungen berichten zu können, die in den USA entstanden sind und nun entstehen, bin ich als Journalist in den vergangenen knapp vier Jahren dort immer wieder hingereist; zuletzt führte mich mein Weg auch nach China, wo die Zukunft nach der amerikanischen vermutet wird. Manchmal war ich auf eigene Faust unterwegs, manchmal im Auftrag meiner jeweiligen Arbeitgeber, zunächst der deutschen Ausgabe des amerikanischen Tech- und Zukunftsmagazins *Wired*, später von *Zeit Online*. Einige wenige Passagen in diesem Buch sind – in anderer Form – in diesen beiden Medien zuerst erschienen.

Dieses Buch ist deshalb auch ein Bericht von diesen Reisen in die Zukunftserzählungen – und von den Zukunftserzählern, die ich auf den Reisen getroffen habe. Es ist mein Blick in die Ferne.

Die Zukunft lässt sich nicht vorhersagen. Und manchmal, ganz selten, geschieht etwas, das den Fluss der Zeit zu unterbrechen scheint und die Vorstellung von Zukunft an sich infrage stellt. Genau das ist passiert, als ich das Manuskript dieses Buches eigentlich fertiggestellt glaubte, im Januar 2020. Ein Virus begann, die Welt zu befallen.

In den letzten Januar-Tagen beschäftigte ich mich zum ersten Mal mit dem neuen Coronavirus. Ich redigierte für *Zeit Online* den Bericht einer chinesischen Autorin, in dem diese die Auswirkungen der Ausbreitung des Virus in China beschrieb; in der Provinz Hubei waren im Dezember 2019 die ersten Fälle von Covid-19-Erkrankungen beobachtet worden. Nun hatten die Tage des chinesischen Neujahrsfestes begonnen, doch die Menschen dort konnten nicht wie gewohnt zu ihren Familien zurückkehren, es gab erste Reisebeschränkungen in dem Land. Weil ich mir unsicher war, wie man das, was wir mittlerweile routiniert »Infektionsgeschehen« nennen, zum damaligen Zeitpunkt bezeichnen sollte in dem Text, den ich auch sprachlich zu bearbeiten hatte, fragte ich einen Kollegen aus dem Wissensressort danach. Der Kollege, ein Mediziner, riet mir, das Wort »Seuche« zu benutzen. Von »Epidemie« oder gar »Pandemie« sprach er noch nicht.

Knapp sechs Wochen später, Mitte März, wurde die gesamte Redaktion von *Zeit Online* wie so viele andere Belegschaften in Deutschland ins Homeoffice geschickt. Das Coronavirus hatte uns erreicht, bald begann auch hier der sogenannte Lockdown. Wie er verlaufen würde, wann er beendet würde, war damals noch völlig ungewiss. Und völlig ungewiss war auch, wie diese nun Pandemie genannte Seuche sich auf die Welt und den Fortlauf der Zeit auswirken würde. Und auf das Leben jedes Einzelnen.

Für dieses Buch, das wurde mit jedem Tag im Frühjahr 2020 klarer, bedeutete die Pandemie, dass es nicht in seiner geplanten Form erscheinen konnte. Wer von der Zukunft und ihren Erzählungen berichten möchte, kann unmöglich ignorieren, wenn die bloße Idee der Zukunft mit einem Mal ausgesetzt scheint und der Lauf der Dinge überall auf der Welt eine ungeahnte Wendung nimmt.

Aber in welche Richtung sich die Zeit bewegt (so die Zeit denn überhaupt eine Richtung hat, doch dazu später), ist in dem Augenblick, da ich diese Zeilen Ende April 2020 schreibe, noch völlig unklar.

Das Manuskript dieses Buches, das Sie, liebe Leserin, lieber Leser, nun also in Händen halten, habe ich im Laufe der ersten Lockdown-Wochen im Frühjahr 2020 überarbeitet. In einer Zeit also, da die Ungewissheit über das, was kommen möge, in den darauffolgenden Wochen, Monaten, Jahren groß war wie seit langem nicht mehr. Statt der Zukunft weiter entgegenreisen zu können, sitze ich in einer Wohnung in Berlin fest. Und der Blick reicht gerade nicht weiter, als man durch ein Fenster schauen kann.

Womöglich ist in diesem Moment, da Sie diese Zeilen lesen, die Welt schon wieder zu ihrer alten Ordnung zurückgekehrt. Vielleicht ist alles oder zumindest vieles aber auch anders als früher, vor Corona. Ich weiß es nicht.

Die Zukunft lässt sich nicht vorhersagen. In diesen Tagen noch weniger als sonst.

CUPERTINO

MENLO PARK

SAN MATEO

SCOTTSDALE

SAN DIEGO

SAN FRANCISCO

LOS ANGELES

ARLINGTON

WASHINGTON, D.C.

SHENZHEN

BERLIN

Wahnsinn, dachte ich. Ich bin entweder im Himmel. Oder auf der ersten Seite von *The Circle* gelandet, dem Roman von Dave Eggers aus dem Jahr 2013.

Darin beschreibt der amerikanische Schriftsteller das Gelände eines fiktiven Technologiekonzerns, welches »bis ins kleinste Detail sorgfältig geplant, von überaus gewandten Händen geformt« ist.

Beim Schreiben hat Eggers fünf Jahre vorgegriffen. Seine ausgedachte Zukunft war meine echte Gegenwart geworden, als ich im Jahr 2018 einen gewundenen Fußweg hochlief in Richtung der Apple-Firmenzentrale und dem danebenliegenden Veranstaltungsgebäude.

Ich wollte Apple einmal mit eigenen Augen sehen. Die Laptops und Telefone der Firma nutze ich, wie zig Millionen andere Menschen, schon seit vielen Jahren, und wie bei zig Millionen anderen Menschen formen auch bei mir Apple-Produkte die Art und Weise, wie ich die Welt wahrnehme, meine Eindrücke verarbeite und wieder in die Welt hinausschicke. Wenn ich einen Text schreibe, tue ich das auf einem Macbook und mit der Apple-Software Pages. Wenn ich ein Foto mache oder jemandem die Worte »Ich liebe dich« schicke, tue ich das mit einem iPhone. Wenn ich einen Podcast höre, öffne ich dazu die Podcasts-App von Apple.

Es gibt viele Unternehmen, die Computer, Smartphones, Software und Apps herstellen. Ein Großteil dieser Firmen hat ihren Sitz im Silicon Valley an der Westküste der USA. Keine hat über vergleichbar lange Zeit vergleichbar erfolgreich eine vergleichbar mächtige Erzählung von sich selbst entwickeln können wie das 1976 von Steve Jobs, Steve Wozniak und Ronald Wayne gegründete Unternehmen Apple. Dessen Story lautet verkürzt: Mit unseren Produkten lebt ihr Menschen in der Zukunft – nicht bloß in der Gegenwart.

Das neue Hauptquartier von Apple in Cupertino wurde selbstverständlich genauso wenig der Zukunftsvorstellung eines Romans nachgebaut, wie Apple das einzige Vorbild für *The Circle* gewesen sein mag, Eggers' universellen Tech-Konzern der Zukunft, der alle anderen Tech-Konzerne überflüssig macht. Fiktion ist schließlich frei, sie ist im Prinzip an keinen Zweck gebunden, keinen konkreten Raum, keine konkrete Zeit. In der Differenz zwischen Fiktion und Realität jedoch tut sich oft ein Spalt auf, durch den man die Wirklichkeit klarer sehen kann. Niedergeschriebene Fiktionen können Folien sein, die wir vor unseren Blick auf das schieben, was wir als Wirklichkeit auch nur wahrnehmen. Aus diesem Gemisch entwickeln wir unsere eigenen Erzählungen.

Erzählungen spannen ein unsichtbares Netz aus Sprache zwischen allem, was darin vorkommt. Sie bauen ein Gerüst, an dem man sich festhalten kann. Erzählungen verleihen Dingen eine Bedeutung, sie bannen die Geschehnisse, die mit diesen Dingen passieren. Sie geben allem eine Struktur: der Welt, in der sie spielen, und den Dingen darin, den Landschaften und Objekten und Lebewesen, den Menschen, ihren Bewegungen, Handlungen und dem, was wir Menschen sagen.

Erzählungen geben aber auch dem eine Form, was noch gar nicht geschehen ist; dem, was womöglich auch nie geschehen wird, weil die Zukunft anders verlaufen wird; und dem, was, wenn es Fiktion ist, immer nur ausgedacht bleiben wird, oft gar nicht Realität werden soll: Das nennt man Science-Fiction.

Wir Menschen hangeln uns an dem Gerüst unserer Erzählungen durch das Leben. Erzählungen erschaffen und verstehen zu können ist das, was uns Menschen von anderen Kreaturen unterscheidet.

Sehen wir in die Welt, hören wir auch das Flüstern der Erzählungen. Dort zum Beispiel steht ein Gebäude, von dem man vielleicht nicht weiß, wann genau es erbaut wurde; man weiß nur, dass darin gerade Menschen schlafen oder arbeiten oder kochen. Und dort steht ein Baum, an dessen Ästen Blüten, Blätter oder Früchte hängen oder auch nichts; je nach Jahreszeit ist es anders. Und dort steht ein Auto, und falls man nicht zufällig dessen Besitzer ist, verrät der Anblick des Autos nichts darüber, wer wann als Nächstes in das Auto einsteigen wird und wohin diese Person es dann bewegen wird.

Die Dinge selbst bergen nämlich bereits Erzählungen, und sie können Bestandteil einer unendlich großen Zahl weiterer Erzählungen sein, in Vergangenheit, Gegenwart und Zukunft. Ein Mensch könnte irgendwann tödlich verunglücken in diesem Auto; ein unglückliches Liebespaar könnte vor vielen Jahren unter dem Baum gesessen und sich getrennt haben; und in dem Gebäude, dort oben im dritten Stock links, könnten gerade, ausgerechnet in diesem Moment, ein Mann und eine Frau ein Kind zeugen. Oder auch nicht: Was alles möglich gewesen wäre und nicht passiert ist, davon können wir ebenso wenig wissen wie von den Begebenheiten, die keine Spuren hinterlassen haben oder deren Spuren verloren gegangen sind.

Die Möglichkeiten sind so unendlich wie die Erzählungen dieser Möglichkeiten.

Die Zukunft jedoch ist ein Spezialfall. Denn sie existiert noch gar nicht, weder als Wirklichkeit noch in der Wirklichkeit. Die Zukunft ist kein Ort, an den man reisen kann, um seine Vorstellungen mit dem abzugleichen, was man dort sehen kann. Die Zukunft existiert nur als Vorstellung in Form von Erzählungen.

Fiktion und Wirklichkeit, zumindest meine persönliche Wahrnehmung der real existierenden Welt, berührten einander im Apple Park in Cupertino auf eine derart berückende Art, dass mir kurz schwindelig wurde, als ich schließlich das Steve Jobs Theatre erreichte, das Auditorium, in dem Apple an diesem sonnigen, angenehm warmen Septembermorgen seine alljährliche Keynote abhalten würde.

Der Begriff Keynote meint im Sprachgebrauch der Start-ups, Tech-Konzerne und Zukunftskonferenzen eigentlich, dass ein bedeutender Mensch einen wichtigen Vortrag hält, in dem bestenfalls Sachen vorkommen, von denen man noch nie gehört oder die man bis dahin nicht verstanden hat. Bei Apple meint der Begriff Keynote: Es werden neue Produkte vorgestellt. Das neue iPhone, neue Apple Watches.

Neue physische Dinge also, denen während ihrer Präsentation durch Apple-Führungskräfte das Versprechen eingehaucht werden soll, dass auch diese Dinge, obwohl sie doch meist nur Vorgängermodelle ersetzen, uns weiter Teil einer stets erneuerten Zukunft werden lassen – indem sie uns selbst zu Erzählern dieser Zukunft machen.

Der kreative, erschaffende Mensch ist das Idealbild dieser Vorstellung. Apple sagt: Mach neue Fotos und neue Videos, schreib neue Botschaften, erzeuge neue Dokumente und neue Erzählungen, die deine Existenz als kreativer Mensch beglaubigen. Die Möglichkeiten sind unendlich, und wir geben dir die Geräte und damit die Möglichkeiten, dein Potenzial stets noch mehr auszuschöpfen. Alles wird immer noch schöner. Deine Kreativität wird dich frei sein lassen.

Bei zig Millionen Menschen und eben auch mir hatten diese Versprechen immer gewirkt.

Das Steve Jobs Theatre befindet sich unter der Erde, allerdings eigentlich auf Straßenniveau, es ist in eine Aufschüttung hineingebaut worden. Rechts dahinter liegt das ebenfalls kreisrunde, noch viel mächtigere Hauptgebäude der Apple-Zentrale The Ring, in dem angeblich Platz für zwölftausend arbeitende Menschen ist.

Am Wegesrand stehen Aprikosenbäume, sie trugen bei meinem Besuch jedoch keine Früchte. Aus ihren Ästen tönte stattdessen sanfte Entspannungsmusik, von der Sorte, die einem ein Musikstreaming-Algorithmus vorspielt, wenn man nicht schnell genug eingreift – wenn man also nach ungefähr zehn maschinell ausgesuchten Liedern am Stück nicht selbst ein neues Lied bestimmt. Der zeitgenössische Mensch, mit dieser These scheinen die Algorithmen sowohl von Apple Music wie Spotify programmiert worden zu sein, sehnt sich immerzu nach Entspannung.

Die Natur, die auf dieses ehemalige Hewlett-Packard-Gelände künstlich zurückgebracht worden ist von Apple, sollte anscheinend vor Freude singen und klingen. Unter anderem auch angesichts meines Besuchs, als Medienvertreter und Redakteur von *Zeit Online*, der die frohen Botschaften von Apple empfangen und weitertragen würde.

Es war kurz nach neun Uhr morgens, der Arbeitstag begann auch für die Apple-Mitarbeiter. Wie es sich wohl anfühlte, fragte ich mich, die Zukunft mit ihren Augen zu sehen?

Ein junger Mann kam mir entgegengejoggt. Er trug ein dunkelblaues T-Shirt und ebenso dunkelblaue Shorts aus atmungsaktivem Tech-Fleece. Um den Oberarm hatte er ein iPhone geschnallt, in seinen Ohren steckten die weißen Stummel der kabellosen Airpods, die bei ihrer Markteinführung noch verlacht worden waren, weil sie so ähnlich aussehen wie Aufsätze von elektrischen Zahnbürsten.

Wenn ein Ding, selbst ein zunächst als hässlich erkanntes, nur von ausreichend vielen Menschen besessen und sichtbar benutzt wird, so wandelt sich mitunter die vorherrschende Beurteilung dieses Dings. Der ständige Anblick in der Öffentlichkeit normalisiert die Gestalt des Produktes im Auge der Betrachter, sogar aus einem albernen Ohrhörer kann ein begehrenswertes Objekt werden, ein Konsumgut, das den Geschmack des Augenblicks zu definieren scheint und zugleich ein Versprechen enthält, den Nutzer wenn nicht an der Zukunft selbst teilhaben zu lassen, so ihn doch wenigstens als jemanden zu kennzeichnen, der der Zukunft und dem Neuen zugewandt ist. Obwohl das Ding, das er zum Beispiel in den Ohren stecken hat, immer noch wie der Aufsatz einer elektrischen Zahnbürste aussieht.

Auf seinem Rücken jedenfalls hatte der junge Mann einen Tagesrucksack festgezurrt, der nicht einen Millimeter zu schlackern schien, trotz seines forschen Lauftempos; an den Füßen trug er ein Modell des kalifornischen Sneakers-Labels *Allbirds*, der Marke, die den angeblich perfekten Schuh erfunden hat, der leider nicht sehr schön geformt ist, nämlich wie ein futuristischer Gesundheitslatschen – siehe Zahnbürstenaufsätze.

Nichts an der Kleidung dieses jungen Mannes, ja nichts an seinem Körper selbst schien überflüssig zu sein, ungesund, nicht optimiert. Rein äußerlich war der junge Mann reine Form und Funktion, zudem repräsentierte seine Gestalt das begehrteste männliche Körperbild der Gegenwart, er war schlank und eher fettfrei als muskulös. In der Schwulenporno-Nomenklatura nennt man einen jungen Mann wie diesen einen »Twink«.

Ich war von seinem Anblick und seiner Wirkung auf mich kurz verwirrt, ich war von mir selbst beschämt: Fand ich nun den jungen Mann begehrenswert oder eher den Blick auf die Welt, den zu haben ich ihm ja lediglich unterstellte? Ich schätzte den Mann auf Mitte 20, und als er schließlich direkt an mir vorbeilief, sah ich in seinem gebräunten Gesicht und seinen dunklen, kurz geschnittenen Haaren nicht einen Tropfen Schweiß. Dieser Typ würde nicht mal duschen müssen, wenn er in seine eigentliche Arbeitskleidung wechseln würde, die ich in seinem Rucksack verstaut vermutete.

Natürlich schwitzte er nicht. Bei Apple, so habe ich es mir stets vorgestellt, schwitzt niemand. Alle Mitarbeiter haben in meiner Fantasie außerdem die Art robuste gute Laune, die sie davor schützt, je an der Sinnhaftigkeit des eigenen Tuns zu zweifeln: an der Nochglücklichermachung der Menschheit durch Apple-Produkte. Niemand hat je Sex bei Apple, dessen bin ich mir auch sicher. Und alle sind immer gesund. Selbstverständlich war das alles immer schon nur eine fiktionale, mit der Wirklichkeit mutmaßlich nur sehr lose verbundene Fantasie in meinem Kopf und zugleich ein Klischee, ein Vorurteil, eine Zuspitzung.

Wahnsinn, dachte ich noch einmal mit Eggers' erstem Satz im Kopf: Ich bin im Himmel. Ich war endlich in der Zukunft angekommen. Oder zumindest bei einem Konzern, der behauptet, sie, die Zukunft, zu kennen.

Manche Menschen sehnen sich zurück in die Vergangenheit. Dabei ist ihnen womöglich nicht einmal bewusst, ob es ihre eigene ist; oder ob sie sich in eine idealisierte Erzählung der

Vergangenheit hineinwünschen, wie sie etwa Donald Trumps Slogan »Make America Great Again« ausdrückt.

Andere Menschen würden am liebsten ganz und gar mit der Gegenwart verschmelzen, sie als total erleben, als einen Moment der Gemeinschaft, zum Beispiel bei einer Demo, auf einer Tanzfläche, beim Yoga, beim Sex.

Wieder andere haben geradezu irrsinnige Furcht vor der Zukunft, vor dem, was alles geschehen kann.

Ich habe diese Sehnsüchte und Ängste, die mit der Zeit verbunden sind, alle schon selbst empfunden. Ich habe mich jedoch irgendwann dafür entschieden, der Zukunft entgegenzulaufen. Die Sehnsucht nach dem, was kommen wird, hat bei mir die Sehnsucht nach der totalen Gegenwart regelrecht abgelöst. Gedanklich in der Zukunft zu leben, leben zu dürfen, das ist zugleich eine Flucht vor der Gegenwart.

Schaut man aus einer selbstverständlich fiktionalen Zukunft, in der sich Hoffnungen und Befürchtungen der Gegenwart bereits erfüllt haben, zurück auf die Gegenwart, nimmt man zugleich an, man erkenne deren Defizite umso klarer.

Umso ungeduldiger wird man allerdings auch beim Warten auf die Zukunft beziehungsweise auf die Realisierung der Veränderungen, die man sich von der Zukunft erhofft. Dass das alles aber nur im Kopf stattfindet und ein Gedankenexperiment ist, denn man bleibt ja die ganze Zeit in der Gegenwart mit seinem Körper, der einfach nicht in die Zukunft reisen kann, während man sie sich vorstellt: Das ändert nichts an der Unruhe.

Und ich bin sehr unruhig.

Vor ungefähr zwei Jahrzehnten habe ich begonnen, als Journalist zu arbeiten. Ich habe seither vor allem für Feuilletons geschrieben, über Musik zunächst, ein wenig auch über zeitgenössische Kunst und später vor allem über Filme und Fernsehserien. Ich setzte mich dabei also fast ausschließlich mit künstlerischen Vorstellungen der Gegenwart und Vergangenheit auseinander, denn davon handeln Musik, Kunst, Filme und Fernsehserien überwiegend.

Im Jahr 2015 heuerte ich bei der deutschen Ausgabe von *Wired* an, dem publizistischen Begleitorgan vor allem derjenigen Versionen von Zukunft, die im Silicon Valley erdacht werden.

Ich war dort zunächst Textchef, später wurde ich Redaktionsleiter. Und lebte schon qua Job gedanklich in der Zukunft. Jedenfalls lernte ich, die Welt aus der Perspektive dieses Konjunktivs zu betrachten. Was *käme*, was kommen *könnte*, was kommen *müsste*, irgendwann in näherer oder fernerer Zeit: Das war Gegenstand der Berichterstattung von *Wired* und die Erzählhaltung dieses Magazins (bis der deutschen Ausgabe selbst keine Zukunft mehr zugestanden und sie zum Jahreswechsel 2017/18 eingestellt wurde).

Ich war zu diesem Zeitpunkt ein Mann mittleren Alters mit kurzgeschorenem Resthaar, leichtem Bauchansatz und hartnäckigem Nikotinsuchtproblem, mittelmäßig erfolgreich darin, zu verdrängen, dass die ganze Sache, mein Leben also, irgendwann mutmaßlich mit Lungenkrebs in einer Onkologie unschön enden wird.

Gedanklich in der Zukunft zu leben, bedeutet, dass man sich selbst noch in ihr sieht, sie ja noch erleben will (außer man träumt von der Apokalypse). Über die Zukunft zu schreiben, zum Beispiel dieses Buch, ist demnach auch eine Flucht vor der Gewissheit der eigenen Sterblichkeit.

So stand ich an diesem Spätsommermorgen also in Cupertino und fühlte mich einen Augenblick lang frei unter dem satten Blau des kalifornischen Himmels. Die Zeit schien mir aufgehoben in dem Augenblick, da ich die Anwesenheit der Zukunft physisch zu spüren glaubte.

Das Vergehen der Zeit hatte mich immer schon beschäftigt, besser gesagt: die tatsächliche Unmöglichkeit ihres Nichtvergehens. Tick, tick, tick, sie läuft immer weiter, sie lässt sich nicht anhalten. Umso faszinierender ist ihre Elastizität in der subjektiven Wahrnehmung. Die Zeit kann uns beschleunigt oder verlangsamt erscheinen, zähflüssig oder gasförmig flüchtig; und sie kann rasen und stillstehen. So alltäglich das Empfinden vom unterschiedlichen Vergehen der Zeit sein mag, so existenziell berührt uns dieses Gefühl doch.

Anders ausgedrückt: Die Zeit als Maßeinheit ist nicht flexibel, eine Sekunde bleibt immer eine Sekunde, und doch können wir in unseren Hirnen mit der Zeit herumspielen, in ihr nach vorn spulen, sie zurückdrehen. Als wären wir DJs der Zeit und könnten sie scratchen wie eine Platte auf einem Turntable.

Nach vorn hin, in die Zukunft hinein, existiert dieser unbestimmte Möglichkeitsraum dessen, wohin die Zeit uns wohl führen wird. Das ist der größere, womöglich gar kollektive Begriff der Zeit als Wille und Vorstellung.

Die Wahrnehmung der Zeit und ihres Vergehens wird immer mitgeprägt von Technologie und deren Gebrauch. Das kommt vor allem daher, dass Technologie ein so einfach zu verstehendes Symbol für Veränderung ist, für das Alte und das Neue, für die Erzählung vom Fortschritt, für die Richtung der Zeit, die linear nach vorn zu führen scheint.

Auch darum funktioniert die Zukunftserzählung Apples so

gut. Sie lässt sich etwa am Beispiel der Geräte nachvollziehen, mit deren Hilfe wir aufgenommene Musik anhören können. Phonograph, Grammophon, Plattenspieler, Tonbandgerät, Kassettenrekorder, Walkman, CD-Player, MP3-Player, Smartphone: Daraus besteht, grob verkürzt, die knapp anderthalb Jahrhunderte während Technikgeschichte des Musikabspielens. Erst mit den Tonträgern ist die Musik aus den Konzertsälen in die Behausungen der Menschen gewandert. Seither beschallt sie Wohnzimmer und Partykeller und Kinderzimmer, läuft in der Halbprivatheit von Diskotheken und Clubs, wo wir gemeinsam zu ihr getanzt haben, über Kopfhörer wird sie uns direkt in unsere Ohren gespielt, da ist sie nur noch für uns da, ganz privat. Seit die Musik mobil geworden ist, tragen wir sie mit uns hinaus in die Welt.

Die Musik, die auf diesen Geräten läuft, ist der Bote des Neuen. Schon deshalb, weil ständig neue Musik veröffentlicht wird.

Über die Zeit wurden die Geräte ebenso wie die Tonträger immer kleiner und leichter. Mit der Erfindung des Walkman und dem Tonträger Kassette darin wurde die Musik ganz leicht transportabel, mit dem MP3-Player wurden die Tonträger überflüssig, und im Smartphone schließlich wurde das Musikhören zu nur noch einer von vielen Funktionen.

Mit den letzten beiden Geräteklassen wurde Apple Teil des Fortschritts beim Musikhören. Apple hat diese Geräteklassen zwar nicht erfunden, die Geräte der Firma aber haben sie populär gemacht. Apples Design hat sie zu begehrenswerten Objekten werden lassen, in Gestalt des iPod und des iPhone.

Bei seiner Markteinführung im Jahr 2001 symbolisierte der iPod durch seine minimalistische Form einen popkulturellen Bruch, dessen Ausmaß und Bedeutung womöglich auch Apple erst gar nicht begriffen hat: Durch das schöne dunkle Kistchen mit dem Drehrädchen darauf sprang die Idee des Neuen vom Inhalt (der Musik) auf dessen Darreichung (das Gerät, das die Musik abspielt) über. Das physische Objekt, das Musik abspielt, wurde mit dem iPod selbst zur Verheißung: Dort hinein passt jedes Lied, das du jemals mochtest, deine ganze Plattensammlung kannst du nun in deiner Hosentasche mit dir tragen!

Gegen eine derartige Unterhaltungs-Utopie kam die Musik bald nicht mehr an. Die Popmusik, seit den Fünfzigerjahren und dem Beginn der westlichen Massenkonsumgesellschaften die Verkünderin des Neuen, verlor ihren absoluten Neuigkeitswert. Der iPod sortierte Lieder und Künstler in alphabetischer Reihenfolge untereinander, machte sie kombinierbar zu endlosen Playlists, die Musik musste nie mehr aufhören, das war großartig. Aber: Der iPod sog die Musik gewissermaßen auf, so wie ein schwarzes Loch Materie aufsaugt, er schluckte die Musik, brachte sie letztlich zum Verschwinden in seinem Megaarchiv.

Der iPod hatte noch keine Verbindung zur Außenwelt; die hatte dafür das iPhone gleich. Schon das erste, das Steve Jobs im Jahr 2007 bei einer Apple-Keynote vorgestellt hat.

Mit dem iPhone kann man telefonieren, doch die eigentliche Idee dieses Geräts war von Anfang an die eines Taschencomputers mit Internetanschluss, über dessen Touchscreen man überall und jederzeit Verbindung zur Welt hat.

Botschaften lesen, Botschaften schreiben; Fotos und Videos anschauen, Fotos und Videos machen; ins Netz gehen und Musik hören: All das ging schon mit dem ersten iPhone, und mit jeder neuen Gerätegeneration kamen Funktionen hinzu.

Das iPhone schluckte damals nicht nur die Musik; es nahm die ganze Welt in sich auf. Es bereitete den Weg dafür, dass wir mit unseren Smartphones heute unsere Leben fernbedienen können. Seit Erfindung des Autos hat wohl keine technische Gerätschaft die Leben ähnlich vieler Menschen auf ähnlich fundamentale Weise verändert.

Diese Revolution hört nicht auf, verspricht Apple jedes Jahr aufs Neue: Die Zukunft, die wir in Form eines physischen Geräts verkaufen, schreitet immer weiter voran.

Und bevor sie dann beginnt, den Leuten als banale Gegenwart oder gar Vergangenheit zu erscheinen, gibt es neue Geräte. Wie jene, die an diesem Morgen in Cupertino präsentiert werden sollten.

Ich war bei Apple auf die Art gelandet, wie man das am einfachsten tun kann: als Journalist, in einer Reisegruppe zusammen mit Vertretern desselben Berufsstandes, die regelmäßig zur Keynote nach Cupertino eingeladen werden. Unsere physische Anwesenheit war eigentlich unnötig, denn diese Events werden live gestreamt bis in den letzten Winkel der Erde, an dem es, vor allem dank des Silicon Valley, Internet gibt.

Nirgendwo sonst scheint der Blick so lange schon und so konstant weit nach vorn gerichtet zu sein wie im Silicon Valley, dem einen Ort auf der Welt, an dem seit knapp einem halben Jahrhundert die kühnsten Zukunftsvorstellungen in Produkte verwandelt werden, in physische wie nichtphysische. Die meisten haben keinen Erfolg, doch die vergisst man rasch. Die wenigen hingegen, die sich durchsetzen konnten, haben die Welt verändert: der Personal Computer, das Internet, die sozialen Medien, das Smartphone.

In *The Circle* ist die nächste Zukunftsvorstellung die der totalen (Selbst-)Überwachung der Menschheit mittels unzähliger tischtennisballkleiner Kameras, eine ziemlich offenkundige *Big-Brother*-Referenz. Hergestellt und betrieben werden die Kameras vom Circle-Konzern, der im Grunde nichts anderes ist als eine Tech-Sekte, die sich um einen CEO namens Eamon Bailey schart. Dessen Auftritte vor der eigenen Belegschaft erinnern nicht zufällig an den verstorbenen Apple-Gründer Steve Jobs, wie man ihn als Zuschauer von den Aufzeichnungen früherer Apple-Keynotes kennt: charismatisch, humorvoll, smart und doch auch ein bisschen angsteinflößend.

Diese fiktionale Zukunftsvorstellung von *The Circle* läuft auf die simple Behauptung zu, das größte Verlangen mächtiger Männer (und damit der Organisationen, die sie führen) sei immer, absolute Kontrolle über möglichst viele Menschen zu erlangen. Solche Größenwahnbehauptungen sind eine Trope der fantastischen Literatur, wirken aber leider oft plump und psychologisch nicht plausibel. Das kommt daher, dass sie ein sehr einfaches dramaturgisches Mittel in fiktionalen Erzählungen sind und längst ein Klischee: Jeder Bond-Bösewicht zum Beispiel leidet unter Größenwahn und Allmachtsfantasien.

Im real existierenden Silicon Valley besitzen heute jedoch tatsächlich einige wenige Männer eine ungeheure Machtfülle, nicht nur über die von ihnen (mit-)gegründeten Unternehmen, sondern durch deren Produkte über uns alle: Mark Zuckerberg (Facebook), Jack Dorsey (Twitter) und Travis Kalanick (ehedem Uber) etwa. Das ist keine Fiktion.

Der verstorbene Apple-Gründer Steve Jobs ist fast zwangsläufig das (gedachte) Vorbild für diese Männer. Wenn sie sich nicht selbst als dessen ideellen Wiedergänger begreifen, so werden sie zumindest von außen an ihm gemessen. An seiner Fähigkeit, nach vorn zu schauen. Oder zumindest jemanden darzustellen, der über ungeheuren Weitblick verfügt.

Das Gebäude The Ring war Steve Jobs' letzte große Idee, es sollte nach seinem Willen selbst ein Apple-Produkt darstellen.

Seine Vollendung hat Jobs nicht mehr erlebt. Steht man nun direkt davor, sind die Dimensionen des Baus kaum zu erfassen. Vierhunderteinundsechzig Meter beträgt der Durchmesser dieses ringförmigen Gebäudes, dessen Fassade aus Glas und Aluminium besteht, den beiden Hauptaußenmaterialien aller Apple-Produkte.

Jobs hat die Gestalt dieses Baus bei seinem letzten öffentlichen Auftritt vier Monate vor seinem Tod im Jahr 2011 mit einem Raumschiff verglichen: »It's a Circle, so it's curved all the Way around«, hatte Jobs bei der Projektvorstellung am 7. Juni 2011 vor dem Stadtrat von Cupertino gesagt. »There's not a straight Piece of Glass on this Building.«

Die Stadtratssitzung fand in einem betongrauen Raum statt, der einen absurden Rahmen abgab für Jobs' wie stets hochfliegende Pläne. Jobs' Gestalt erschien ausgezehrt vom Krebs, seine Stimme war dünn und brüchig, nur die geschliffene Rhetorik erinnerte noch an den Steve Jobs der einstigen Keynote-Präsentationen. An diesem Tag verkündete er mit den Plänen zum neuen Apple Park sein Vermächtnis. Es vergingen danach noch knapp sechs Jahre bis zum Einzug der ersten Apple-Mitarbeiter in The Ring im April 2017.

Je näher ich auf den Bau zuging, umso banaler erschien er mir beim Blick durch die Glasfassade auf die vier umlaufenden Ebenen. The Ring hat keinen erkennbaren Anfang und kein erkennbares Ende, er stellt keine Bewegung dar, keine Dynamik mit einer klaren Richtung, außer einem Sich-im-Kreis-Drehen. Er ist buchstäblich in sich geschlossen.

Konzerne lassen doch sonst, zumal wenn sie so viel Geld ausgaben wie Apple für dieses Gebäude (fünf Milliarden Dollar angeblich), ihre Architekten Metaphern aus Glas, Stahl und Beton in die Landschaft hieven, die irgendwas mit höher und weiter und nach vorn behaupten. Apples Kreisbau hingegen stellt augenscheinlich eine Ewigkeitsbehauptung auf, die noch perfekter und damit glaubhafter sein soll als die ebenfalls im Kreis angeordneten Gebäude der alten Zentrale *Infinity Loop*. Obwohl doch jede Firma einen Anfang hat, wenn auch kein erwünschtes Ende, signalisiert der neue Bau der 1976 gegründeten Firma: Apple wird nicht nur bleiben, Apple war eigentlich schon immer da. Man kann den Ring auch als Trutzburg betrachten, als defensiven Bau, der Abschottung signalisiert; entweder man gehörte zum Kreis oder nicht.

Als ich nur noch kaum zehn Meter vor dem Gebäude stand, erschien mir ein Motiv aus Eggers' Roman, das ich während der Lektüre als wenig überzeugend empfunden hatte, mit einem Mal nachvollziehbar: dass der Circle, der Tech-Konzern der Zukunft, eben vor allem eine Sekte ist.

Steve Jobs, der den Ring zusammen mit Norman Foster erträumt hat, betonte damals bei der Präsentation der Pläne ausdrücklich, dass die Grenze von Außen und Innen symbolisch aufgehoben sein solle durch die gläserne Außenhaut des Gebäudes. Beim heute real existierenden The Ring ist dort, wo das Betriebscafé mit seinen viertausend Plätzen den perfekten Rundlauf des Rings zumindest im Inneren unterbricht, tatsächlich ein riesenhaftes, vom Boden bis zum Dach reichendes, achtundzwanzig Meter hohes Fenster eingebaut, das elektrisch geöffnet werden kann. Um die Welt oder auch bloß Luft hineinzulassen, symbolisch.

Doch die Welt kommt ja kaum auf das Gelände des Apple Park, in dieses hermetisch abgeriegelte Arkadien einer erfundenen, aber bitte als Renaturierungsmaßnahme zu verstehenden Parklandschaft, die inmitten der eher tristen, engen Suburbia von Cupertino platziert worden ist, von geradezu göttlichen Händen. Es grüßt freundlich aus dem Jenseits, Ihr Steve Jobs, Hirte eines unvollendeten Schäferromans der Zukunft als Ort, an dem wir Erlösung finden. Und er, Jobs, würde uns den Weg dorthin weisen.

Jobs' atemberaubend selbstbewusste – man könnte auch sagen: zutiefst abschätzige – Haltung gegenüber uns anderen war offenbar: Der Mensch ist blind, bis man ihn das Sehen lehrt. Seine fast schon zu Tode zitierte entsprechende Aussage aus der autorisierten Biografie von Walter Isaacson lautet: »People don't know what they want until you show it to them. That's why I never rely on Market Research. Our Task is to read Things that are not yet on the Page.«

Das ist bis heute der Kern von Apples Erzählung von der Möglichkeit der permanenten Zukunft: Wir wissen etwas, das ihr nicht wisst. Apple sieht die Zukunft aber nicht nur voraus, Apple erschafft sie.

Viele Leute, die sich als Gründer begreifen, als, nun ja, Visionäre, nicht nur im Silicon Valley, sondern überall auf der Welt, haben das alte Jobs-Zitat offenbar als Handlungsanweisung missverstanden – sonst wären ja nicht derart viele Start-ups mit ihren Ideen gescheitert. Sich einzubilden, man wisse besser oder zumindest früher als die Menschen selbst, was die wirklich, wirklich wollen, dafür bedarf es Chuzpe oder Arroganz. Womöglich sind jedoch beides nützliche Eigenschaften, wenn man ein Unternehmen führt.

Mich hat an Jobs' Aussage schon immer gestört, dass sie esoterisch klingt. Das ohnehin schon reichlich unangenehme Klischee des Visionärs, das Jobs implizit miterzählte in diesen Sätzen, wurde so mit dem Besitz von prophetischem und geradezu alchemistischem Geheimwissen ausgestattet. Jobs aber hatte bloß geraunt, mutmaßlich sehr bewusst.

Die neben Visionär ebenfalls häufig bei Jobs verwendete Zuschreibung des Popstars traf auf ihn insofern zu, als er wusste, wie Selbstmythologisierung funktioniert: Ein guter Popstar performt die Erwartungen und Hoffnungen, die andere mit einem verbinden; ansonsten macht er sich rar und sorgt dafür, eine halbwegs rätselhafte Figur zu bleiben.

Jobs existierte als Apples Übervater in den guten Jahren nach der Jahrtausendwende in der Öffentlichkeit nur als der Mann im ewig schwarzen Rollkragenpullover mit dem *One more Thing* in Video-Ausschnitten der Keynotes. Der Goldstaub, den er dabei metaphorisch in die Luft warf, brachte die Produkte des Unternehmens zum Leuchten. Der Effekt wurde noch dadurch verstärkt, dass er als einstiger Mitgründer zwischenzeitlich aus der eigenen Firma ausgeschieden war. Im Jahr 1985 war das geschehen, elf Jahre später kehrte Jobs während der größten Krise des Unternehmens zurück als Retter. Seinen Interims-Nachfolgern waren in der Zwischenzeit nur mittelmäßige Computer eingefallen.

Jobs rettete nicht bloß eine finanziell strauchelnde Firma, sondern eine Erzählung, eigentlich eine Ideologie. »Think different« ist der eine bleibende Slogan der Firma, an den man sich als Selbstbeschreibung erinnert. Dabei wurde der Slogan erst 1997 erfunden und fasste mithin die Firmengeschichte rückblickend zusammen.

Verräterisch ist, dass der Glaube an Apple lange zwingend eines abzulehnenden Gegenübers bedurft hat, eines übermächtig Bösen wie erst IBM und später Microsoft. Der Mythos Apple funktionierte lange nur so: in einer David-und-Goliath-Erzählung, von Guten und von Bösen.

Das tatsächlich Gute bei Apple bestand nie zwangsläufig in der objektiv messbaren technologischen Überlegenheit gegenüber den Produkten anderer Hersteller, diese Überlegenheit gab es nämlich nur phasenweise. Das Gute bestand vor allem in der schönen Form von Hard- und Software, der nahtlosen Verbindung der einzelnen Teile und darin, dass alles leicht benutzbar und intuitiv begreiflich war.

Mittlerweile bietet Apple seinen Kunden, uns, mir, ein Ökosystem aus Produkten und Dienstleistungen an, aus dem man eigentlich gar nicht mehr hinaustreten will. Es soll kein Außen mehr geben für uns Nutzer. Der Kreis als Metapher weitete sich damit implizit aus auf die Nutzer als Teil einer, dann eben doch: Sekte, die ihren Ursprung in einem nur symbolischen Sieg Davids gegen Goliath hatte. The Ring ist in diesem Sinne auch bloß die bauliche Realisierung eines Sekten- oder, netter ausgedrückt, Gemeinschaftsgedankens.

Die internationale Journalistengruppe, der ich bei meinem Besuch in Cupertino angehörte, war gleich nach dem Aussteigen aus dem Bus, der uns hergebracht hatte aus dem nahen San José, von einem Spalier aus Apple-Mitarbeitern (petrolblaue T-Shirt-Uniform, das Apple-Logo in Schwarz vorn mittig ungefähr auf der Höhe des Solarplexus) mit tosendem Applaus begrüßt worden. Der Chef des Empfangskomitees bedankte sich freudig bei uns, den internationalen Medien, die wir den Weg aus der ganzen weiten Welt zu Apple auf uns genommen hatten.

Die demonstrative Umkehr der Tatsache, dass die meisten Journalisten offenkundig dankbar waren, eine Einladung von

Apple erhalten zu haben, denn das ist eine erheblich sozialprestigefördernde Sache, mit der man zu Hause und auf sämtlichen Social-Media-Kanälen angeben kann – diese Umkehr also erschien mir atemberaubend: Apple machte auf bescheiden und zeigte mit dem Beklatschen von Journalisten, dass dieser Konzern, im Gegensatz zum amtierenden Präsidenten des Landes, die Medien gerade *nicht* als Feind des Volkes betrachtete.

Apple tat dies jedoch mit einer auf mich irgendwie nordkoreanisch wirkenden Applaus-Choreografie, die von uniformierten Mitarbeitern performt wurde, die zu diesem Zwecke in Reih und Glied angetreten waren. (Eine amerikanische Freundin, die ich am selben Abend traf, lieferte als alternative Erklärung für das Klatschspalier die Art und Weise, wie Freshmen an ihrem ersten Uni-Tag auf US-College-Campussen von älteren Semestern empfangen werden. Demnach wären wir so in die Apple-Gemeinschaft aufgenommen worden.)

Auch standen alle paar Meter auf dem Parkgelände einzelne Träger von petrolblauen Apple-T-Shirts, die uns Tagesbesuchern beim Vorbeigehen nach dem Wohlbefinden fragten und uns viel Spaß wünschten: »How are you today? Great that you could make it! Have fun at Apple!«

Ich antwortete, wie es mir angemessen schien: mit einem wortlosen Lächeln. Ich wagte es nicht, die Wegsteher auf ihre eigentliche Funktion anzusprechen. Was hätten sie denn auch sagen sollen? Dass sie mutmaßlich auch aufpassten, dass keiner der Besucher vom rechten Pfad abkam und die Betriebsabläufe störte? Dass niemand nach den in den Aprikosenbäumen versteckten Lautsprechern zu suchen begann, aus denen die Entspannungsmusik über Apple Park her wehte? Dass die Aufpasser selbst so etwas sein könnten wie menschliche Chill-Faktoren, zuständig bloß für nette Atmo?

Im Auditorium des Steve Jobs Theatre war das Licht ge-
dimmt, metallen glitzerte weit unten an der Rückseite der Bühne das Apple-Logo als Versprechen, während die hereinströ-
menden Berichterstatter (Berichterstatterinnen waren wenige
da) sich einen der eintausend Sitzplätze aussuchten.

Ich setzte mich weit oben hin, um wenigstens räumlich ein
gewisses Maß an Distanz einzunehmen. Wie fast alle anderen
um mich herum kramte ich sodann ein Macbook Pro aus der
Tasche, meines war aus dem Jahr 2015. Ich klappte es auf meinen
Knien balancierend auf, um mitzuschreiben, was auch immer
nun bald gesagt werden würde auf der Bühne. Um das Protokol-
lierte sodann, in einen irgendwie einordnenden Text verwandelt, möglichst bald in die Redaktion nach Hause zu schicken.
Dort würde das Aufgeschriebene noch mal in Form gebracht,
damit ein paar Hunderttausend deutsche Apple-Fans mutmaßlich auf ihren alten iPhone-Modellen etwas über die neuesten
iPhone-Modelle lesen konnten (denn wer sonst sollte ernsthaft
etwas über eine Apple-Produktvorstellung lesen wollen?).

Als Tim Cook auf der Bühne erschien, klatschten fast alle Anwe-
senden. Eine Gruppe, die vorn links an der Bühne platziert worden war, tat das besonders enthusiastisch, das mussten Apple-
Mitarbeiter sein; die anderen, die Berichterstatter also, taten es
etwas weniger laut, aber anhaltend. Ich klatschte nicht. Es war
mein jämmerlicher Versuch, durch Nichtbeteiligung zu doku-
mentieren, dass ich kein Teil einer Sekte sein wollte. Doch wer
sollte im Dunkeln sehen, dass ich nicht klatschte? Und wen
würde das ernsthaft interessieren?

Als die Vorstellung der neuen iPhone-Modelle XS, XS Max
und XR und der neuen Apple Watch beendet war – es waren
einfach noch bessere Versionen der bekannten Produktreihen –,

lagen im Vorraum einige Dutzend der neuen Geräte auf Tischen verteilt. Weitere Apple-Mitarbeiter in petrolblauen T-Shirts warteten darauf, sie den Journalisten bei einem ersten sogenannten Hands-on vorzuführen.

Ich lief an ihnen vorbei, die Treppen hoch in den kreisrunden, verglasten Raum darüber, hinaus an die frische Luft und den Weg hinunter, zum Ausgang des Apple Park, um eine Zigarette zu rauchen – Rauchen war auf dem gesamten Gelände selbstverständlich verboten. Ich musste daran denken, was hier früher einmal gestanden hatte: die Firmenzentrale von Hewlett Packard. Eine Ansammlung praktischer, abwaschbarer Bauten war das, in denen eine frühere, mittlerweile längst als gescheitert geltende Vorstellung von bürocomputerisierter Zukunft erdacht und in hässlichen grauen und beigen Rechnerkästen gerendert worden war. Hewlett Packard hat nie schöne Dinge gebaut.

Die HP-Gebäude sind alle abgerissen, zum Verschwinden gebracht worden von Apple, ersetzt durch eine Architektur, die besagt: Wir bleiben; und anders als IBM oder Hewlett Packard, diese alten Tech-Konzerne, die ihre besten Zeiten hinter sich hatten, werden wir die Zukunft nie verlieren.

Nur – womit wollte Apple eigentlich bleiben? Mit immer neuen Geräten wie den eben gesehenen, die im nächsten Jahr durch wieder neue ersetzt werden würden?

Apples Idee von der permanenten Zukunft ist in der sich nicht mehr sehr total anfühlenden, sondern eher zermarternden Gegenwart angekommen. Die permanente Revolution, die dieses Unternehmen mal versprochen hat, hat sich in eine Evolution der ewig gleichen Geräte und ihres Software- und App-Ökosystems verwandelt.

Sichtbarstes Zeichen dafür ist die stetig fortschreitende Reduktion und Verfeinerung des minimalistischen Designs, das bei Apple längst an die logische Grenze zur Fiktion eines Nichtdesigns gestoßen ist. Alles ist Oberfläche geworden, nichts mehr Form an sich, also Gestalt, und auch wenn hier mal eine Kante oder Ecke abgerundet wird, bleiben die Materialien die immer gleichen, Aluminium und Glas vor allem, und die Oberflächen dieser Materialien bieten keinen Widerstand und keine Reibung. Apples Nichtdesign ist sich selbst genug, als Ikone.

Wirklich neu ist daran nichts mehr, und wir rutschen weiter an glatten Benutzeroberflächen hinab. Aus purer Gewohnheit. Die Faszination, die diese Geräte irgendwann mal ausgelöst haben, ist zumindest bei mir erloschen, wie bei einer müden Zweckbeziehung, aus der man nur mit Mühe noch herauskommt (Android ist als Smartphone-Betriebssystem halt nur der hässlichere Bruder von iOS).

Das iPhone hat im Jahr 2007 ja auch nicht die eigentliche Erfindung des Smartphones bedeutet, sondern nur das konsequente Weiterdenken der Idee des Telefons als Computer, die andere zuvor schon gehabt hatten.

Begreift man die Zukunft als etwas, das sich in der Erfindung von Geräten manifestiert und in den ökonomischen und gesellschaftlichen Veränderungen, die sich durch die Nutzung neuer physischer Dinge vollziehen (und das haben wir uns ja angewöhnt als Menschheit spätestens im Zuge der industriellen Revolution) – dann ist Apple tatsächlich nie etwas wirklich Neues eingefallen, etwas Noch-nicht-Dagewesenes.

Das iPad hatte zwar einen ideellen Apple-Vorgänger im 1993 vorgestellten Apple Newton, war als moderner Tabletcomputer im Jahr 2010 jedoch weit nach denen von Konkurrenten wie Nokia und Fujitsu Siemens herausgekommen; überhaupt hat man schon 1968 in *2001: A Space Odyssey* eine Art Tabletcomputer gesehen. Und die erste richtige Smartwatch ist die Apple Watch bei ihrer Präsentation 2014 auch nicht gewesen, bereits im Jahr 2003 hat Microsoft in der SPOT-Reihe seiner sogenannten Smart Personal Object Technology-Geräte ebenfalls eine Uhr vorgestellt. Vor den Macs hatte es andere Computer gegeben und vor dem iPhone andere Smartphones ...

Apple Park wirkte, als ich so rauchend davorstand, wie ein verwunschenes Land jenseits aller Zeit. Mehr Rückzugsort von der hässlichen Gegenwart als Aufbruchsort zu etwas Neuem. Das Raumschiff The Ring, das Steve Jobs dort hatte landen sehen wollen, sollte gar keine Verbindung zur Welt haben. Es sollte die drinnen vor dem Draußen schützen, dachte ich.

Oder hatte ich mich bloß ganz langweilig mit der Kritik angesteckt, die spätestens nach der Wahl Donald Trumps zum US-Präsidenten im Jahr 2016 gegen das Valley aufgekommen war? Der Widerstand gegen das, was sich die Big Four – Facebook, Google, Amazon und eben Apple – ausgedacht hatten und weiter ausdachten?

Es gab nun noch mehr Texte über die vermeintlich von uns allen dringend zu übende digitale Achtsamkeit. Und dass es mehr von diesen Texten gab, lag offenbar daran, dass die gut klickten, was wiederum selbstverständlich daran lag, dass die Menschen gerade *nicht* achtsam waren, dass sie *nicht* digital detoxten, sondern die Texte auf Social Media weiterverbreiteten wie nichts Gutes.

Und so füllten sich im Jahr 2018 Facebook-Newsfeeds mit Beschwerden über Facebook; und ein Gutteil von Tweets auf

Twitter bestand aus Meta-Tweets darüber, wie Menschen sich auf Twitter verhielten, oder dass sie gar keine Menschen waren, sondern Bots; und die Fotoplattform Instagram wurde zum sozialmedialen Fluchtort vor anderen sozialen Medien, obwohl sich auf den anderen sozialen Medien Leute darüber beschwerten, dass Fotos auf Instagram gar nicht die wirkliche Welt zeigten, sondern nur eine durchgefilterte Version davon, so als ob Fotos nicht schon immer nur einen Ausschnitt der Welt gezeigt hätten und als ob die Menschen, die auf den Auslöser drückten, nicht schon immer die Dinge gerne lieber schöner gehabt hätten auf Fotos als in der Wirklichkeit, außer in, sagen wir, Kriegsfotografien; und die Instagram-Motivmoden wurden auf Facebook diskutiert, Selfie, Food, Yoga-Retreat, Sonnenuntergang und immer so weiter; und die Leute schrieben, dass man sich durch Instagram unter Druck gesetzt fühle immerzu, der eigene Körper, das eigene Essen, die eigenen Sonnenuntergänge waren offenbar nicht schön genug, um mithalten zu können mit den Körpern und dem Essen und den Sonnenuntergängen der anderen; und die konnten aber doch auch nur geschönt sein, und warum niemand die Wahrheit zeigte, aber das taten die, die dazu aufforderten, dann auch nicht; und alles, wirklich alles war nur noch ein einziger Feedback-Loop, eine Meta-Erzählung über etwas, das vielleicht nicht nichtig war, aber auch nicht wirklich wichtig schien, doch was war denn schon noch wichtig; und das wiederum, schrieben die Leute auf Facebook, waren First-World-Probleme; und was überhaupt mit dem Klima war, ob die Leute, also die anderen, nicht man selbst, nicht längst bloß noch für die Fotos verreisten, die sie auf Instagram hochladen konnten, und deshalb immer mehr verreisten und die Umwelt immer mehr verpesteten, mit Abgasen und mit ihren Fotos; und IMMER MEHR war überhaupt die größte Sache auf allen sogenannten Social-Media-Kanälen, es eskalierte so vor sich hin, und ein Ende nahm es nicht …

Es war zum Lachen, aber nicht lustig. Big Tech, hieß es derweil in den amerikanischen Medienberichten, sei in einer Krise. Die aber ging keineswegs einher etwa mit einem Nichtmehrbenutzen der Produkte des Valley. Ganz im Gegenteil.

Facebooks Gesamtumsatz stieg von 40 Milliarden Dollar im Jahr 2017 auf 55 Milliarden Dollar im Jahr 2018, ein Wachstum von 37 Prozent.

Der Gesamtumsatz des Google-Mutterkonzerns Alphabet stieg von 110 Milliarden Dollar im Jahr 2017 auf 136 Milliarden Dollar im Jahr 2018, ein Wachstum von 23 Prozent.

Amazons Gesamtumsatz stieg von 177 Milliarden Dollar im Jahr 2017 auf 232 Milliarden Dollar im Jahr 2018, ein Wachstum von 31 Prozent.

Apples Gesamtumsatz stieg von 229 Milliarden Dollar im Jahr 2017 auf 265 Milliarden Dollar im Jahr 2018, ein Wachstum von 15 Prozent.

Die Krise der Big Four ist keine ökonomische, sondern eine der schwindenden Glaubwürdigkeit. Facebook produziert derart viele Datenskandale, dass die von Google und Amazon fast gar nicht auffallen. Eure Zukunft, schallt es den Tech-Konzernen seit 2016 entgegen, wollen wir nicht. Die Zukunft der vermeintlich ungezügelt voranschreitenden Polarisierung der Gesellschaft durch politische Extreme und ihr Auftreten insbesondere in sozialen Medien; die Zukunft der vermeintlichen Manipulierung unseres Bewusstseins und Denkens durch Fake News und Trolle; die Zukunft der Lenkung unserer Kaufentscheidungen durch Algorithmen; die Zukunft der weiteren Monetarisierung unserer persönlichen Daten.

Doch welche Zukunft wir stattdessen wollen, ist bis heute nicht klar.

Apple hat sich in der ganzen Debatte erstaunlicherweise zum Hüter von Userdaten aufschwingen können. Das liegt daran, dass das Unternehmen nie ein auf Monetarisierung von Nutzerdaten basiertes Geschäftsmodell verfolgt hat wie Facebook und Google. Apple nimmt die Daten zwar gern mit, die Nutzer beim Benutzen von Apple-Produkten hinterlassen, verdient in erster Linie sein Geld jedoch mit dem Verkauf von Hardware und dann auch mit dem der Inhalte für die Hardware, die man im eigenen sogenannten Ökosystem anbietet. Letzteres halbwegs geschlossen gehalten zu haben, also den eigenen Kult stets gegen das Außen geschützt zu haben, erweist sich nun als Glücksfall.

Selbstverständlich ist Apple längst im Besitz unendlich vieler Daten von Nutzern der eigenen Produkte, doch das Versprechen hatte Tim Cook, der Nachfolger von Steve Jobs als Firmenüberfigur, an diesem Morgen im Steve Jobs Theatre im September 2018 noch einmal erneuert: Wir geben eure Daten nicht heraus, an niemanden, nicht an andere Unternehmen und nicht an staatliche Stellen. Bei uns seid ihr sicher. Wir schließen den Kreis um euch.

Das war die heroische Geste *du jour*.

Es war auch eine Abwehr gegen die dystopischen Tendenzen der Gegenwart. Aber es war längst keine Utopie mehr.

Nun sind Utopien, genau wie Dystopien, extreme Ausprägungen ohne historisches Vorbild: Es ist ja niemals alles gut oder alles schlecht geworden, jedenfalls nicht im Laufe der uns bekannten Menschheitsgeschichte. Für uns Menschen geht es am

Ende nie gut aus, denn das Ende ist der Tod, die Auslöschung der eigenen Existenz (außer man glaubt an einen Gott, oder an viele Götter, die ein Leben nach dem Tod versprechen).

Das fortgesetzte Nichteintreten der Apokalypse scheint die Menge und Schrecklichkeit ihrer Erzählvarianten jedoch nicht zu verringern, mit denen sich viele Menschen beschäftigen. Offenbar fallen uns immer neue Arten ein, auf welche der Weltuntergang oder wenigstens die Vernichtung allen menschlichen Lebens auf der Erde künftig eintreten könnte.

Der Mensch wird besonders einfallsreich und kreativ, sobald es um seine Ängste vor der Selbstabschaffung als Spezies geht, dachte ich, als ich fertig geraucht hatte und den Zigarettenstummel entsorgen wollte. Doch auf der Straße vor dem Apple Park gab es natürlich keine Aschenbecher und auch keine Mülleimer. Ein Ende war bei Apple nicht vorgesehen. Nicht eines für die Firma. Nicht eines für die Menschheit. Nicht einmal eines für eine Zigarette.

Anderthalb Jahre später stehe ich auf einem Balkon in Berlin und drücke eine Zigarette in einem Aschenbecher aus. Auch Covid-19 hat mich bislang nicht dazu gebracht, das Rauchen aufzugeben. Die Angst jedoch davor, was eine Infektion meiner Atemwege bedeuten könnte, was das Coronavirus mit meiner Lunge anstellen könnte, lässt sich zunehmend schwerer unterdrücken.

Diese Pandemie ist nicht die Apokalypse. Auch wenn manche Bilder, die in den frühen Tagen des Jahres 2020 aus China, den USA, Italien und Spanien, dystopische sind. Bilder von überfüllten Krankenstationen; von Intensivpatienten, die umringt von medizinischen Gerätschaften mit dem Tode ringen; von Kühllastern, die vor Krankenhäusern in New York City geparkt wurden, weil in den Kühlkammern der Hospitäler kein Platz mehr ist für die vielen Leichen; von menschenleeren Straßen und verrammelten Geschäften. Die Welt scheint stillzustehen, und tut es selbstverständlich doch nicht.

Am 15. April 2020 erreicht mich eine Mail, die Betreffzeile lautet schlicht »iPhone SE: Ein leistungsstarkes neues Smartphone im beliebten Design«, die in Deutschland für Apple arbeitende PR-Agentur hat die Mail geschickt. In der Nachricht steht eine Produktankündigung: Apple bringt ein neues Smartphone auf den Markt, auch wenn dieses nicht *das neue iPhone* ist, sondern bloß ein Zwischenmodell. In die alte Hülle des iPhone 8 wurde der immer noch recht neue Prozessor und die Kameratechnik des aktuellen iPhone 11 eingebaut. Das SE ist das billigste iPhone, das man derzeit kaufen kann. Es könnte das Smartphone für die Wirtschaftskrise nach der Corona-Krise sein. Für Menschen, die immer noch regelmäßig ein neues Smartphone zu brauchen glauben, aber weniger Geld als früher dafür ausgeben wollen. Oder können.

In normalen Zeiten wären Journalistinnen und Journalisten aus der ganzen Welt nach Cupertino gereist, um im Steve Jobs Theatre physisch dabei zu sein, wenn ein solches iPhone vorgestellt würde, selbst wenn es außen herum nicht neu ist. Wochen vorher hätten sie von Apple eine Benachrichtigung erhalten, in der nichts anderes mitgeteilt worden wäre als der Tag, an dem sie sich dort zu versammeln hätten, um überrascht und selbstverständlich überwältigt zu werden von dem, was dort vorgestellt worden wäre. Reisevorbereitungen wären getroffen, Flüge und Hotelzimmer gebucht und Terminkalender freigeräumt worden; Redaktionen hätten ihre Berichterstattung auf die am Tag der Apple-Keynote rasend schnell aus Cupertino abzuliefernden Texte und Videos ihrer Tech-Korrespondenten ausgerichtet; Leserinnen und Leser, Zuschauerinnen und Zuschauer hätten doch dringend darauf gewartet. Und am Ende wären alle ein bisschen ernüchtert und vielleicht über die eigenen Erwartungen vorher verwundert gewesen: Ach, hätten sie gestöhnt, es ist halt wieder ein neues Telefon. What's new? Gibt es noch etwas Neues, kann es das überhaupt noch geben, das absolut Neue?

Nun, da die Pandemie in vielen Ländern der Erde ihre größte Ausbreitung hat, oder jedenfalls die einstweilen größte, stellt Apple seine neuen Produkte per E-Mail vor. Niemand darf reisen, die Flugzeuge stehen geparkt auf dem Boden, die Hotelzimmer sind leer, überall auf der Welt. Und in Cupertino, aber das ist nur eine Vermutung, denn dorthin kommt man derzeit nun einmal nicht, steht das Steve Jobs Theatre einsam und verlassen in der kuratierten Landschaft herum. Wie ein Mahnmal an eine andere Zeit, eine ferne Erinnerung daran, dass sich die Zukunft früher zumindest einmal versprechen ließ.

CUPERTINO

MENLO PARK

SAN MATEO

SCOTTSDALE

SAN DIEGO

SAN FRANCISCO

LOS ANGELES

ARLINGTON

WASHINGTON, D.C.

SHENZHEN

BERLIN

Als ich das erste Mal das Silicon Valley besuchte, im Jahr 1991, war ich ein anständig trauriger, leicht übergewichtiger Zwanzigjähriger, der ausreichend viele, wenn auch keine wirklich originellen Gründe hatte, seine jungmännlichen Sorgen wie Kekse in Schokolade zu tunken und dazu ständig *Behaviour* zu hören, das damals gerade erschienene Album der Pet Shop Boys. Eigentlich hörte ich stets nur das erste Lied, »Being Boring«, in dessen Lyrics der Ich-Erzähler in der Rückschau auf die Erwartungen blickte, die er als junger Mann einmal an ein aufregendes Leben gehabt hatte, als er die Dinge noch auf sich hatte zukommen sehen, die Zukunft: »But I sat back and looking forward …«

Meine Cousine hatte mich eingeladen zu einer Reise durch die USA, erst New York, dann Kalifornien. Dort machten wir zwei Tage Halt im Valley, auf unserem Weg von San Francisco nach Los Angeles, immer den Highway Number One hinunter, klar, natürlich, was sonst. Wir waren Touristen.

Meine Cousine wollte einen der örtlichen Nationalparks am Rande des Valley besuchen, ich aber machte mir schon damals nichts aus Bergketten, Bäumen, der ganzen Natur. Ich ging stattdessen spazieren durch die Computerfirmengegend, in der unser Motel 6 lag.

Ich erinnere mich sehr genau an die Spaziergänge, denn ich unternahm sie aus einem bohrenden Gefühl der Langeweile heraus. Ich schaute mir dabei die glatten Fassaden der Firmenbauten rechts und links der Straßen an und stellte fest, dass ich keinen der Namen der Softwarehersteller und Hardwarezulieferer kannte, die an den Einfahrten auf Schildern standen. Diese Schilder, so schloss ich, würde man rascher abmontieren und durch andere ersetzen können, als wenn man die Firmennamen in großen, leuchtenden Lettern an die Fassaden geschraubt hätte.

Das Eingeständnis des Temporären faszinierte mich: Diese Firmen waren offenbar jederzeit bereit zu gehen, in bessere Immobilien oder in die Insolvenz. Die Klötze, die sie bezogen hatten, waren insofern spektakulär ehrlich: sofort bezugsfähig, sofort wieder zu verlassen. Einer wie der andere, zwei- bis dreistöckig oft, Außenhäute aus nichts als getönten Glasfassaden, nur Ecken und Kanten und vor allem Oberflächen, glatte schwarze und blaue zumeist. Manchmal war das Glas auch verspiegelt, so dass man sich selbst darin erkannte.

»We'll slide down the Surface of Things«: Als ich diesen Satz sieben Jahre später auf dem Einband von Bret Easton Ellis' reichlich verstörendem Roman *Glamorama* las, da dachte ich sofort wieder an diese blickdichten Glasfassaden, an denen meine Blicke herabgerutscht waren. So wie sie heute an Apple-Produkten herabrutschen.

Bis Apple seinen Ring errichtete, ist im Silicon Valley, das sich westlich entlang der Bucht von San Francisco erstreckt, eigentlich nie für die Ewigkeit gebaut worden. Die Visionen, die man zu haben glaubte, wurden hier zumindest früher nicht in Architektur verwandelt. Und schon gar nicht in symbolistische, so wie das anderswo auf der Erde seit langem geschieht, wo Architektur die Überzeitlichkeit von Herrschaft dokumentiert und einen fortwährenden Machtanspruch formuliert.

Visionen können sich in Silicon Valley rasch als nicht zukunftsfähig, als unrealistisch, fehlgeleitet, töricht, überholt erweisen. Die Arbeitsgrundlage des Tals ist der Glaube an die Permanenz der technologischen Revolution, an die nie endende Veränderung, deren Tempo sich darüber hinaus noch immerzu beschleunigen soll, exponentiell.

Architektur hingegen ist die Stilllegung der Zeit in der fixen Form des konkret Gebauten. Und damit das Gegenteil von Veränderung.

Fürs Steinwerden der Ideen glaubt man im Silicon Valley einfach keine Zeit zu haben. Das gilt für alle grob drei Epochen, die hier nacheinander begonnen, aber (noch) keinen Abschluss gefunden haben. Denn die Produkte dieser drei Epochen sind weiter im Gebrauch und werden es mindestens eine Weile lang noch sein, alle zusammen, miteinander verbunden: Hardware, Software, Apps. Biotech soll seit längerer Zeit noch dazukommen, womit die Idee technologischer Effizienzsteigerungen auch in uns Menschen hineinwirken würde. Unsere biologische Bauweise. Arbeitswelt, Kommunikationstechnologie, Unterhaltungsindustrie, Bankenwesen und so weiter: Potenziell alle bestehenden und daher vermeintlich naturgesetzhaft erlahmten Großsysteme versucht das Valley zu *disrupten*.

Die Disruption, die Unterbrechung des vermeintlich gewohnten Laufs der Dinge, hat das Valley als Fortschrittserzählung wieder und wieder vorgeschlagen. Die Uhr tickte schon immer vernehmlicher im Tal, das als solches eigentlich nur beim Anflug auf den Airport von San José erkennbar ist, weil die Bergketten, die das Valley im Westen und Osten formen, da einander so nahe kommen. Die Zeit war dort bereits ein Feind lange vor der Erfindung des Venture Capital, das die neueste, aber nun längst wirtschaftlich gefährdete Epoche der App Economy befeuert hat (es gibt zu viele Apps für zu viele Anwendungsmöglichkeiten, die zu wenige Menschen für nützlich oder gar unverzichtbar halten).

Das wesentliche Merkmal des Wagniskapitals ist nicht seine Darreichungsform als Finanzierungsinstrument von Wetten auf die Zukunft. Sondern seine Endlichkeit: Irgendwann ist der Vorschuss aufgebraucht, den man ausgeben kann für eine Vision, irgendwann muss Geld verdient werden, und zwar dann, wenn die Wettenden langsam die Geduld verlieren, ihren Einsatz zurückfordern oder diesen schließlich abzuschreiben bereit sind. Und wenn sich dieser Endpunkt nicht mehr aufschieben lässt, weder durch neue Finanzierungsrunden noch einen Verkauf von Anteilen oder gar einen Börsengang, dann entscheidet der Markt über die Zukunft.

Dem Markt wird im Tal weiterhin kathartische, also reinigende Wirkung zugeschrieben, wenn sich die kleine Tragödie des kommerziellen Scheiterns einer Idee ereignet. Jedenfalls sieht es auf den ersten Blick so aus, als ob man im Silicon Valley noch an den Markt glaubt, an seine Funktion als ordnende Hand im Zeitstrom der permanenten Veränderung.

Dieser Glaube ist in Wahrheit jedoch relativ begrenzt. Start-ups sind den Regeln des Marktes ja gerade enthoben, solange sie die Zukunftsfantasien von Investoren in immer neue Finanzierungsrunden kultivieren können. Das frische Geld beschützt sie vor dem freien Spiel der ökonomischen Kräfte.

Manche Unternehmen wie der Fahrdienst Uber, die längst schon über den Status des Start-ups hinaus sind und ein börsennotiertes Unternehmen, verbrennen einfach weiter Geld. Nun nicht mehr das von Risikokapital-, sondern von Aktienanlegern.

Deren Bereitschaft, dabei zuzusehen, gründet auf der erstaunlichen Logik, dass irgendwann der große *Turnaround* von Verlusten zu Gewinnen folgen wird. Und zwar dann, wenn die faktische Beherrschung des jeweiligen Marktes wie bei Google und Facebook erreicht ist und das Unternehmen keine Konkurrenz mehr fürchten muss.

Bis dahin wird etwa Uber jede Fahrt, die jemand bei dem Dienst bucht, subventionieren müssen. Was kurzfristig bedeutet: Je populärer Uber wird, desto größer werden die Verluste. Wachse und *dumpe* deine Konkurrenz möglichst rasch in den Tod, sonst stirbst du selbst, lautet die plumpe Idee.

Dass die Dienstleistungen, welche erfolgreiche Quasimonopolisten wie Google (Suchmaschinen) und Facebook (Social Media) auf ihren Gebieten erbringen, erheblich komplexere sind als die Logistikleistung eines Fahrdienstes, wird dabei ausgeblendet. Die Uber-App und deren Funktionsweise, das haben andere Taxidienste demonstriert, lässt sich leicht kopieren; sie ist buchstäblich in ein paar Tagen programmiert. Und das Geschäft mit der Fahrvermittlung produziert ansonsten kaum Netzeffekte und keine Datenberge, die man monetarisieren könnte, wie Google und Facebook es tun.

Uber befördert bloß Leute von A nach B. Ende der Verwertung. Das können viele andere auch, seit Jahrzehnten. Die Idee, die Uber daraufhin hatte, war, auch noch Leihfahrräder und -Scooter anzubieten. Das tun derzeit auch viele andere. Uber wird deshalb mutmaßlich sterben. Die Frage ist nur, wann. Und wie viel Geld bis dahin verbrannt worden sein wird.

Die Zukunft scheint manchmal doch vorhersagbar zu sein im Silicon Valley.

Und wenn nichts mehr hilft, wenn die Wette verloren gegangen ist, das Wagniskapital aufgebraucht, die Geduld, die Zukunft, dann muss man so schnell wieder ausziehen, wie man vorher eingezogen ist in die im Silicon Valley herumstehenden Fertigbaubüroklötze aus Stahl, Glas und manchmal auch ein wenig Beton.

Facebook hingegen expandiert, an seinem Hauptsitz in Menlo Park auch räumlich. Rund 45 000 Menschen (Stand Ende 2019) sind mittlerweile weltweit tätig für das 2004 gegründete Unternehmen. Facebook mag in den vergangenen drei, vier Jahren in der öffentlichen Wahrnehmung rasant an Glaubwürdigkeit verloren haben. Doch der Firma geht es gut. Um ihre wachsende Zahl an Angestellten unterbringen zu können, hat sie ihren Campus in Menlo Park in den vergangenen Jahren stetig erweitern müssen um zusätzliche Gebäude, mittlerweile sind es zwei Dutzend. Als Facebook im Jahr 2011 hergezogen ist, hat das Unternehmen zunächst zehn längst bestehende Bauten übernommen, in denen zuvor die Computerfirma Sun Microsystems logiert hatte. Sun ist längst in einer Fusion mit *Oracle* auf- und damit eigentlich untergegangen. Sun ist Geschichte.

Ich habe die Zeit mit meinem iPhone gestoppt: Es dauert genau 49 Minuten, einmal um Facebook herumzugehen. Jedenfalls wenn man wie ich ein relativ großer Mann mit einem halbwegs schnellen Schritt ist.

Die Facebook-Gebäude sind links und rechts entlang des Bayfront Expressway gruppiert, der dort ein paar Kilometer lang direkt an der Bucht von San Francisco verläuft. Zum Wasser hin stehen die alten Gebäude, jenseits der Autobahn die neuen, nach und nach hinzugebauten.

Man darf sich nun keinen schönen Blick aufs Wasser vorstellen. Vom erschütternd großen Facebook-Parkplatz aus jedenfalls sah ich bei meinem Spaziergang im März 2018 nur flaches, graugrünes Marschland hin zur Bucht, von wo an diesem Tag – diese Pointe in Bezug auf Facebook ließ sich die Natur nicht nehmen – ein modriger Geruch von verfaulenden Pflanzen herüberwehte.

Das vernehmbarste Geräusch war das Rauschen der Autos auf dem nahen sechsspurigen Expressway. Vrooom, vrooom. Der Himmel war leicht verhangen, es war diesig, es war trist.

Die zehn ursprünglichen Sun-Gebäude an der Firmenadresse von Facebook Inc. – 1 Hacker Way – sind schmucklose niedrige Plattenbauten, die wie alle anderen Facebook-Bauten durchnummeriert sind. Mit ihren hoffnungslos bunten Fensterrahmen sehen die alten nach zu groß geratenen Kleinstadtreihenhäusern an einem Dorfplatz aus, den nur Mitarbeiter und Mitarbeiterinnen von Facebook betreten dürfen.

Das Gelände »Campus« zu nennen, so wie im Valley fast jeder größere Firmensitz heißt, als seien die Angestellten nie aus der Uni rausgekommen und weiterhin in irgendeiner Art Bildungs- und Forschungsauftrag tätig, ist eine ästhetische ebenso wie politische Beleidigung jedes Universitätslebens.

Wenn Apple Park eine (landschafts-)architektonische Verheißung ist, ein abgeschlossener Ort, an dem der Mensch dem Dreck alles Irdischen entkommen kann, wo er in einer renaturierten künstlichen Idylle zu seiner höheren Bestimmung findet und eine bessere Zukunft konzipiert (zumindest für die draußen, die sich die schönen und teuren Apple-Produkte leisten können und wollen) …, dann ist der Facebook-Campus das genaue Gegenteil.

Er ist, wenn auch sicherlich unbeabsichtigt von der Unternehmensführung, ein fabelhaftes Symbol dafür, wie Facebooks Geschäftsfeld Social Media heute allgemein gesehen wird: als eine digitale Manifestation des menschlichen Drangs, sich selbst darzustellen. Mitunter von den hässlichen Seiten.

Gemeinsam mit den Konzerntöchtern Instagram und Whats-App ist Facebook der größte Kommunikationsraum, der je erschaffen wurde. Milliarden Menschen füllen ihn täglich mit neuen Botschaften an Freunde, Verwandte, Follower.

Auf Facebook beglückt man andere Leute mit seinen beruflichen und anderweitigen, sozial und kulturell kapitalisierbar erscheinenden Erfolgen, inklusive Hochzeits- und Geburtsbeweisen per Statusmeldung (ansonsten beklagt man sich gern ausführlich über die Unpünktlichkeit von Bahnen und Flugzeugen).

Auf Instagram beglückt man andere Leute mit Bildbelegen des eigenen, stets fabelhaft aussehenden Lebens, das dem Anschein nach vor allem aus dem Betrachten verdächtig fotogen angerichteter Speisen und aus Urlaubmachen besteht.

Und auf WhatsApp beglückt man andere Leute mit dem unstillbaren Bedürfnis, immer weiterreden zu wollen.

Das alles gilt selbstverständlich auch umgekehrt, auf Social Media ist man auch Empfänger, nicht nur Versender von sogenanntem Content. Man beglückt nicht nur, man lässt sich auch beglücken. Auf dass niemals Stille herrsche, niemals dunkles Nichts.

Von dem einstigen Versprechen, dass sich über Facebook alle Menschen miteinander verbinden können, ja Freunde werden und hierarchiefrei miteinander kommunizieren können, ist eigentlich nichts geblieben als Verdruss über genau diese Idee.

Die Facebook-App, die Hunderte Millionen Menschen auf ihren Smartphones installiert haben, ist wie ein Kanalrohr, durch das die Gegenwart hinein- und hinaussuppt, zum Beispiel in und aus Apple-Zukunftsgeräte(n). Das gehegte und gepflegte Ökosystem Apples, in dem man die tollsten Filme und

Serien kaufen, leihen, streamen kann, in dem die coolste Musik und die klügsten Podcasts laufen – dieses Ökosystem ist nicht hermetisch abgeschlossen wie der Apple Park. Die Welt und deren Gegenwart lassen sich nicht draußen halten aus dem Smartphone. Beides soll ja gerade hindurchfließen durch dieses Gerät.

Die Welt stinkt nur leider oft, und der Geruch dringt auch und vor allem durch Facebook in unser Leben.

Das Interessante aber ist: Trotz allem können wir uns keine Zukunft ohne Social Media mehr vorstellen. Wen ich auch gefragt habe auf meiner Reise durch die Zeit in den vergangenen knapp vier Jahren: Niemand hielt es für denkbar, dass es ein Zurück zu vorsozialmedialen Zeiten geben könne, und niemand konnte sich ein Danach ausmalen.

Dass einzelne Social-Media-Plattformen verschwinden können, hat sich zwar an MySpace gezeigt. Facebook, Instagram und WhatsApp müssen also auch nicht für die Unendlichkeit gemacht sein, Twitter, Snapchat und TikTok ebenso wenig. Doch abgeschafft wird Social Media wohl nicht. Die eine Plattform wird lediglich durch eine andere ersetzt werden.

Social Media ist der Teil des Netzes, der irre erfolgreich ein offenbar intrinsisches Bedürfnis des Menschen nach öffentlicher Selbstrepräsentation und nach dem Performen dessen befriedigt, was wir für unsere Persönlichkeit halten – oder als wer wir von anderen gesehen werden möchten. Manche Menschen mögen dieses Bedürfnis bei sich als nicht besonders stark empfinden und nur anderen auf den Plattformen beim Ausagieren von deren Bedürfnissen folgen; manche Menschen mögen auch nur spezielle Plattformen ablehnen und sie deshalb nicht nutzen; manche Menschen mögen in der Lage sein, irgendwann auf Social Media zu verzichten, aus Ekel, Überforderung, Langeweile. Doch dass diese Art der digitalen Kommunikation völlig verschwinden wird, scheint zumindest derzeit völlig undenkbar.

Nur mit Facebook selbst, dem Unternehmen, lässt sich nicht gut kommunizieren. Ich hatte nicht einmal versucht, für meinen Besuch dort im März 2018 einen Gesprächstermin zu bekommen, mit wem auch immer. Die Firma beantwortete zu jener Zeit Medienanfragen zögerlich bis gar nicht, jedenfalls wenn sie von deutschen Pressevertretern stammten. Im Grunde, und das ist eigentlich ganz lustig an Facebook, gibt es auch absolut nichts zu reden. Über Facebook – mit Facebook.

Die Plattform liegt völlig offen da in all ihrer Unübersichtlichkeit, man muss sich nur als Nutzer einloggen. Sie ist mit digitalen Analysetools zumindest teilweise von außen zu durchleuchten, etwa daraufhin, wie sich die Follower-Zahl von bestimmten Pages entwickelt, wie viele Likes Postings bekommen oder wie viele Kommentare darunterstehen.

Aber an die eigentlichen Geheimnisse Facebooks kommt man nicht heran, und niemand bei Facebook wird sie jemals lüften, auch weil niemand sie letztlich lüften kann, nicht einmal der Firmengründer Mark Zuckerberg. Mit gewaltigen Rechnerkapazitäten mögen sich die enormen Datenspuren alle analysieren lassen, die laut Facebook 2,5 Milliarden monatliche Nutzer (Stand Ende 2019) auf der Plattform produzieren. Doch es lässt sich immer noch nicht annähernd sagen, was Facebook mit den Nutzern, den Gesellschaften, letztlich der Welt wirklich macht. Wir haben alle eine Meinung über Social Media, wissen im Grunde aber nichts über ihre Wirkung. Wie sollte man die auch messen?

Es sei denn, sie erscheint so handfest wie die Wahlmanipulation im Falle von Cambridge Analytica. Ich war zur falschen Zeit am falschen Ort: Am Tag nach meinem Rundgang um Facebook veröffentlichten am 17. März 2018 die *New York Times*, der *Observer* und der Fernsehsender *Channel 4* ihre Recherchen zu Facebook und Cambridge Analytica, jener britischen Datenanalysefirma, die für politische Kampagnen wie etwa die von Donald Trump 2016 gearbeitet und dabei den bis dahin umfangreichsten Missbrauch von Facebook-Daten begangen hat.

Cambridge Analytica hat zuvor Zugang zu persönlichen Daten von 87 Millionen Profilen auf der Social-Media-Plattform erhalten, 70 Millionen davon seien von amerikanischen Staatsbürgern gewesen, gab Facebook im April 2018 zu.

Erste Berichte über Cambridge Analytica und den Versuch der Firma, mittels sogenanntem Microtargeting über Facebook gezielt Wahlwerbung an Nutzer der Plattform auszuspielen und sie mittels Methoden der sogenannten Psychographik angeblich zur Wahl des gewünschten Kandidaten zu bewegen, hatte es jedoch schon mehr als zwei Jahre zuvor gegeben. Bloß hatten die vorangegangenen Recherchen unter anderem des *Guardian* und des Magazins des schweizerischen *Tages-Anzeiger* keine belastbaren Zahlen zu betroffenen Nutzern enthalten. Facebook hat sich zu keiner dieser ersten Berichte geäußert, wollte die Causa Cambridge Analytica also offenbar aussitzen.

Seine Unschuld hat Facebook jedoch schon lange zuvor verloren. Prominente Tech-Publizisten kritisieren das Unternehmen seit Jahren mit bemerkenswerter Zähigkeit, Leute wie der aus Weißrussland stammende Amerikaner Evgeny Morozov, der einstige Internet-Utopist Jaron Lanier, der Vox-Media-Gründer Ezra Klein oder in Deutschland Sascha Lobo.

Sie alle warnen vor dem Geschäftsmodell der Monetarisierung von Nutzerdaten durch Facebook; vor dem plattform-übergreifenden Austausch dieser Daten und vor dem absurd laxen Umgang mit ihnen; vor den Algorithmen, die uns immer mehr von dem liefern, was wir offenbar mögen, weil wir draufgeklickt oder ein Like dafür vergeben haben. Sie warnen vor Feedback-Loops, Echokammern, Filterblasen, der Polarisierung der Gesellschaft, vor Hassbotschaften, digitalem Bullying und was alles sonst noch möglicherweise von Social Media befördert wird. Und davor, dass Apps wie die von Facebook absichtlich so programmiert seien, dass wir sie möglichst lange benutzen und wir geradezu süchtig nach ihnen werden.

Das ist alles richtig. Die Menge von Facebooks täglichen wie monatlichen Nutzern – das ist die Währung, in der Social-Media-Unternehmen ihre Relevanz messen – stiegen und steigen trotzdem weltweit.

Daran änderte auch die Veröffentlichung der Zahl derjenigen Facebook-Nutzer nichts, die vom Cambridge-Analytica-Fall betroffen waren. Die Enthüllungen vom März 2018 markierten dennoch eine geradezu historische Zäsur, einen Wendepunkt für Facebook. Nur auf völlig andere Weise, als der Skandal öffentlich weitgehend diskutiert worden ist, als bis dahin zahlenmäßig größten Datenmissbrauchsfall bei Facebook.

Viel bedeutsamer ist: Facebook ist dabei Opfer der eigenen Marketingversprechen an Werbetreibende geworden. Cambridge Analytica hat behauptet, dass dieses Versprechen von Facebook wirklich funktioniert, nicht nur für Produkte, die Unternehmen an die Leute bringen wollen, sondern angeblich auch bei Wahlentscheidungen: Man kann das Verhalten von Menschen beeinflussen, indem man die von ihnen auf Social-Media-Plattformen hinterlassenen Datenspuren gleichsam gegen sie einsetzt.

Die Pointe ist jedoch, dass Cambridge Analytica genau das nicht bewiesen hat. Die Firma hat bloß behauptet, sie könne Menschen über Facebook manipulieren.

Und wir haben es geglaubt. So wie man früher geglaubt hat, Bücher, Musik, Filme, Videospiele hätten eine direkte Wirkung auf das Verhalten von Menschen. Jedes neue Medium, jede neue Kunstform wird begleitet von seiner und ihrer Verteufelung.

Das Magazin des Schweizer *Tages-Anzeigers* hat schon im Jahr 2016 beschrieben, wie Cambridge Analytica an Facebook-Nutzerinformationen kam, nämlich durch einen Wissenschaftler des Psychometrics Centre der Universität von Cambridge, zu der die Firma Cambridge Analytica trotz ihres hochmögenden Namens ansonsten keinerlei Verbindung hatte.

Der Wissenschaftler hatte ursprünglich Daten mittels einer Persönlichkeitstest-App erhoben, deren Fragebogen man über Facebook ausfüllen konnte, was angeblich einige Hunderttausend Leute taten. Die Nutzerinformationen, die sie dabei von sich mitlieferten, ließen sich durch die lange sperrangelweit offen stehende Entwicklerschnittstelle von Facebook absaugen.

Diese Informationen beinhalteten unter anderem die Freundeslisten derjenigen Leute, die den Persönlichkeitstest ausgefüllt hatten. Damit stieg die Zahl der Betroffenen von einigen Hunderttausenden auf viele Millionen. Diese ahnten nichts davon, dass Angaben etwa über ihre Namen, ihren Wohnort, ihren Geburtstag und ihre Like-Historie auf Facebook zum vermeintlich wissenschaftlichen Gebrauch bei einem Cambridge-Wissenschaftler gelandet waren.

Einer seiner Universitätskollegen verkaufte den kompletten Datensatz später offenbar an Cambridge Analytica, was gegen die Vereinbarung verstieß, die Facebook zum damaligen Zeitpunkt bereits mit Entwicklern über die Verwendung von Daten der Plattform hatte. Cambridge Analytica warf diese Daten dann angeblich mit solchen aus anderen, oft freizugänglichen Quellen wie etwa den US-Wählerregistern zusammen, um möglichst viele Datenpunkte über möglichst viele wahlberechtigte US-Bürger zu gewinnen. Diese Daten will Cambridge Analytica eigenen Angaben zufolge zur Erstellung von Persönlichkeitsprofilen benutzt haben, in die sich die Wählerschaft habe aufsplitten lassen. Cambridge Analytica habe bei diesen jeweils spezifische Bedürfnisse identifiziert und mit Hilfe von *Behavorial Microtargeting* passgenau erstellte Facebook-Werbung an Menschen ausgespielt, die man so für den eigenen Auftraggeber – etwa Donald Trump – begeistern konnte. Letztlich habe die Firma durch die Anwendung dieser psychografischen Methoden über Facebook Trump die entscheidenden Wähler etwa in hart umkämpften US-Bundesstaaten zugetrieben, so dass der überraschend Hillary Clinton schlagen konnte.

Ob Cambridge Analytica tatsächlich im Auftrag der Trump-Kampagne psychografische Methoden eingesetzt hat, ist bis heute unklar. Vertreter der Firma dementierten das später. Am 1. Mai 2018 stellte Cambridge Analytica die Geschäfte ein.

Im Rückblick erscheint das Produktversprechen von Cambridge Analytica wie eine fantastische mathematische Gleichung, sie lautete: Das Verhalten von Menschen an einem Tag X (Wahltag) bei einer Entscheidung Y (in der Wahlkabine) würde gleich Z (Kreuz bei dem Kandidaten, für den Cambridge Analytica arbeitete) sein, weil Z herbeiführbar sei, und zwar durch die psychografischen Methoden von Cambridge Analytica. Man braucht bloß genug Datenpunkte über Menschen, dann kann man sie manipulieren.

Die Wirksamkeit dieser ohnehin steilen These lässt sich jedoch nicht überprüfen. Wahlentscheidungen werden in der analogen Welt realisiert, unter den Bedingungen einer geheimen Wahl, weshalb sich im Geschäftsfeld von Cambridge Analytica zum Beispiel keine Klicks nachverfolgen lassen, die in einen Online-Store und zu einer Kaufentscheidung führen.

Die langfristige Zukunftserzählung der Methoden, derer sich Cambridge Analytica bedient und deren Wirksamkeit das Unternehmen schlicht behauptet hat, ist eine größere über den Menschen an sich: Er ist nicht nur vorhersehbar manipulierbar, er wird es in einer zukünftigen Welt dank dieser neuen Methoden auch für jeden Akteur mit Interesse an Manipulation sein. Das ist der Deal der Digitalisierung: die Fernsteuerbarkeit des Menschen. Oder es ist erst einmal: die Hypothese. Und eine Hypothese ist auch nichts anderes als eine Behauptung, die sich erst in einer unbestimmten Zukunft verifizieren lässt. Oder sich als falsche Annahme herausstellt.

Ob die Methoden von Cambridge Analytica auch nur im Geringsten wirksam waren, war aber eigentlich sogar egal, jedenfalls für die öffentliche Wirkung im Fall Facebook. Allein die Ausmaße des Datenmissbrauchs und die Verbindung der Firma zu Trump waren entscheidend.

Und noch ein zweiter Umstand: Der US-Sonderermittler Robert Mueller hat im Februar 2018, nur knapp vier Wochen vor den CA-Enthüllungen von *Guardian*, *New York Times* und *Channel 4*, Anklage gegen Beschäftigte einer russischen Firma namens Internet Research Agency (IRA) erhoben, die laut Muellers Ermittlungen vor allem über Facebook eine Netzkampagne zur Beeinflussung der US-Präsidentschaftswahlen im Jahr 2016 betrieben hat. Es kam schlicht zu viel zusammen für Facebook.

Die IRA ist eine in Sankt Petersburg ansässige Troll-Farm und lanciert seit 2014, offenkundig im Auftrag russischer Geheimdienste, politische Beeinflussungskampagnen über Social Media, vor allem auf Facebook, aber auch auf Twitter. Die USA sind nur ein Betätigungsfeld, Russland selbst und die von Russland teilbesetzte Ukraine offenbar ein viel größeres:

Als Facebook im April 2018 nach eigenen Angaben 70 Facebook-Profile, 138 Facebook-Pages und 65 Instagram-Accounts, die von der IRA unterhalten worden waren, von seinen Plattformen entfernte, stammten die mit Abstand meisten Follower aus Russland und der Ukraine. 95 Prozent der Posts waren auf Russisch verfasst. Die bis heute aktive IRA operiert, wie man es von einer Internet-Company erwarten kann, grenzüberschreitend.

Wenn von der russischen Einmischung in die US-Präsidentschaftswahlen 2016 die Rede ist, die Robert Mueller untersucht hat, dann sind die Aktivitäten der IRA die am eindeutigsten belegten, wenngleich sie in ihrer scheinbaren Widersprüchlichkeit oft schwer nachvollziehbar waren. Die IRA hat im Jahr 2016 Pro-Trump-Veranstaltungen ebenso wie Pro-Clinton-Veranstaltungen in den USA über Facebook organisiert; sie hat über Fake-Twitter-Accounts Bernie Sanders gegen Hillary Clinton unterstützt; sie hat auf Facebook politische Anzeigen geschaltet und Fake-Accounts, Fake-Pages und Fake-Organisationen unterhalten. Letztere gaben vor, Interessen wahlweise von Schwarzen, Muslimen, der progressiven LGBT-Community oder von rechten Tea-Party-Anhängern zu vertreten.

In dem im April 2019 veröffentlichten Mueller-Report steht, dass laut Facebook »von der IRA kontrollierte Accounts über 80 000 Posts absetzten, bevor sie im August 2017 deaktiviert wurden, und dass diese Posts mindestens 29 Millionen US-Bürger erreicht haben und ›womöglich bis zu geschätzten 126 Millionen Menschen insgesamt‹«. Einzelne der von der IRA gegründeten und entsprechend fingierten Facebook-Gruppen hatten relativ große Follower-Zahlen: Der als Anti-Trump-Gruppe zu verstehenden Seite »United Muslims of America« folgten 300 000 Facebook-Nutzer, den als rechten Pro-Trump-Gruppen konzipierten Pages »Being Patriotic« und »Secured Borders« folgten 200 000 beziehungsweise 130 000.

Das sind große, wenn auch keine riesigen Facebook-Gruppen. Die AfD Deutschland, um ein Beispiel einer sozialmedial höchst aktiven deutschen Partei zu nennen, hat fast 500 000 Follower auf Facebook.

Die 29 Millionen US-Bürger ungenannten Alters (ein Teil davon wird mutmaßlich minderjährig gewesen sein), die mindestens einen der 80 000 IRA-gesteuerten Posts auf Facebook gesehen haben, sind auch sehr viele Menschen. Allerdings folgen zum Beispiel doppelt so viele weltweit der Sängerin Beyoncé Knowles, sie hat 61 Millionen Follower auf ihrer Facebook-Page.

Eine kleine Rechnung: Nach Schätzungen des »United States Elections Project« der University of Florida waren von den etwa 324 Millionen Einwohnern der Vereinigten Staaten am Tag der US-Präsidentschaftswahlen, dem 8. November 2016, rund 250 Millionen im Erwachsenenalter, aber nur etwa 230 Millionen waren stimmberechtigt; in den USA lebende Menschen, die keinen amerikanischen Pass besitzen, sowie Gefängnisinsassen dürfen nicht wählen. Knapp 135 Millionen Amerikaner gaben dann tatsächlich bei der Wahl eine gültige Stimme ab.

Facebook gestattet es Menschen ab dreizehn Jahren, einen Account anzulegen, gibt allerdings keine Zahlen zur Altersstruktur der Mitgliederschaft heraus. Um ein Facebook-Profil anlegen zu können, muss man keinen Pass oder anderen Identitätsnachweis vorlegen, auf dem zum Beispiel die eigene Postanschrift und das eigene Alter angegeben wäre. Deshalb könnten unter den US-Nutzern der Plattform auch sehr viele

Menschen unter dreizehn Jahren sein; und ebenso solche, die keine US-Staatsbürgerschaft besitzen, ihren Wohnort bei Facebook aber als innerhalb der USA angegeben haben.

Selbst wenn Facebook per Geolocation-Verfahren überprüft, ob Leute sich auch tatsächlich innerhalb der USA in die App oder Website eingewählt haben – und Facebook trackt seine Nutzer überall auf der Welt routinemäßig –, weiß Facebook also nicht, ob diese Menschen US-Bürger sind.

Mit anderen Worten (und um es nicht noch komplizierter zu machen): Wie viele der laut Facebook 29 Millionen US-Bürger, die von der IRA beauftragte Posts auf Facebook gesehen haben, tatsächlich US-Bürger und 2016 wahlberechtigt waren, lässt sich nicht sagen. Und schon gar nicht, wie viele am Ende tatsächlich ihre Stimme abgegeben haben und für welchen Kandidaten oder welche Kandidatin.

Und noch wesentlich unklarer ist, wie viele Hunderte, Tausende, Zehntausende andere Posts diese 29 Millionen US-Bürger in der ganzen Zeit rund um die Wahlen sonst noch gesehen haben in ihrem Newsfeed, die nicht von der IRA stammten, sondern von Tante Jane, dem alten Schulfreund John oder von werbetreibenden Unternehmen auf Facebook – wieso sich also irgendein Facebook-Nutzer in den USA im endlosen Mahlstrom der Posts auf Facebook an die fingierten der IRA erinnern sollte. Man erinnert sich als Facebook-Nutzer ja nicht einmal an alle Posts, die man selbst irgendwann geschrieben hat.

Ob die Kampagne der IRA also die Wahlentscheidung auch nur eines einzigen Menschen beeinflusst hat, ist bis heute völlig unklar. Sehr wahrscheinlich ist es nicht.

Auch die Zahlen, die der Mueller-Report von Twitter zitiert, erscheinen nur auf den ersten Blick gewaltig. Der Kurznachrichtendienst hat im Nachhinein 3814 Accounts gefunden, die mit der IRA assoziiert gewesen seien, teilte Twitter Ende Januar 2018 mit. In den zehn Wochen vor der US-Präsidentschaftswahl 2016 seien von diesen Accounts exakt 175 993 Tweets abgesetzt worden. Von diesen bezogen sich allerdings laut Twitter nur »ungefähr 8,4 Prozent« inhaltlich auf die bevorstehende Wahl.

Twitter erklärte außerdem, die Firma habe 1,4 Millionen ihrer Nutzer darüber informiert, dass diese auf der Plattform mutmaßlich in Kontakt gekommen seien mit IRA-gesteuerten Accounts. Die Nutzer hätten Posts der IRA-Fake-Profile entweder retweetet, in eigenen Botschaften zitiert oder erwähnt, hätten sie gelikt oder auf diese eine Antwort gepostet.

Auch das sind viele Menschen. Doch gemessen an den knapp über 50 Millionen Amerikanern, die Twitter regelmäßig besuchen, wirkt die Menge der Betroffenen schon nicht mehr so groß. Und Twitter hat keine Angaben gemacht über die Nationalität derer, die in Kontakt gekommen sind mit IRA-Tweets. Twitter könnte auch gar keine seriösen Informationen dazu liefern, weil die Plattform es Nutzern noch einfacher macht, als Facebook dies auf seinen Plattformen tut, totale Fantasie-Accounts einzurichten. Twitter hat es schwer genug, am Posting-Verhalten von Accounts festzustellen, ob sich dahinter überhaupt Menschen verbergen oder nicht bloß maschinell betriebene Bots.

Die Paradoxie der ganzen Causa IRA besteht darin, dass die Datengrundlage, auf der man deren mögliche Wahlbeeinflussung beurteilen könnte, auf den doch so sehr datengetriebenen Social-Media-Plattformen viel zu dünn ist.

Die Idee hinter den IRA-Kampagnen war offensichtlich gar nicht, ein erwünschtes Wahlergebnis herbeizuführen. Sondern Social Media zur Waffe in einem Informationskrieg zu machen.

Dessen vorrangiges Ziel war das Aufstacheln verschiedener gesellschaftlicher Gruppen und politischer Interessen in den USA gegeneinander, letztlich eine Disruption des gesellschaftlichen Friedens. Soziale Netzwerke wurden dazu mit Informationen geflutet, die einseitig waren, verdreht, falsch, erfunden.

Der Informationskrieg russischer Prägung ist ein permanenter, er hörte nach den US-Wahlen 2016 nicht auf, er geht bis heute weiter, er ist nicht auf die USA begrenzt. Und eine der schlimmsten Folgen – es lässt sich nicht genau sagen, ob das ein weiteres Ziel ist oder nur ein Kollateralschaden – ist der Zweifel. Dieser Krieg sät Zweifel bei Menschen darüber, was wahr ist und was falsch, was Fakten sind, was Objektivität ist, was genau die Wahrheit sein könnte, ob es sie überhaupt gibt. Und obwohl dieser Informationskrieg wie ein poststrukturalistisches Spiel mit Zeichen, mit Signifikanten und Signifikaten, mit Texten und Bildern funktioniert, ist es alles andere als ein Spiel.

Die digitale, sozialmediale Infrastruktur für diesen Krieg, in dem keine echte Waffe abgefeuert wird, stellen die Tech-Firmen des Silicon Valley mit ihren Plattformen. Im Fall von Facebook und Twitter tun sie es sogar gratis. Das ist der eigentliche Irrsinn: Der Informationskrieg ist superbillig, und bei dem, den Russland gegen die USA führt, liefert das Angriffsziel sogar die Mittel und Wege für den Angriff.

Ganze Bücher sind über die Art bereits geschrieben worden, wie Social Media zur Waffe in Informationskriegen gemacht wurde und wird. Peter Pomerantsev etwa erzählt ganz fantastisch in seinem im August 2019 veröffentlichten Buch *This Is Not Propaganda* von – so der Untertitel – »Adventures in the War Against Reality«. Pomerantsev, der britischer Staatsbürger ist, aber 1977 in Kiew geboren wurde, erinnert der von Firmen wie der IRA im staatlichen russischen Auftrag begonnene »Krieg gegen die Realität« an sowjetische Zeiten. Mit dem Unterschied, dass der heutige Propagandakrieg auf Social Media nicht der Machterhaltung eines Regimes dient, sondern der Zersetzung demokratisch verfasster Systeme.

Wenn nicht mehr klar ist, was überhaupt die »Realität« ist, und das Vertrauen in demokratische Strukturen schwindet, gerät die Demokratie selbst in Gefahr.

Die Sache ist bloß die: Auch diese Betrachtung der Disruption von Realität ist in ihrer Wirkung nicht objektiv messbar. Sie ist eine Glaubenssache. Wenn wir an die Wirkung der Informationskriege glauben, machen wir uns bereits zu deren Opfer. Wir spielen mit und haben dadurch schon verloren.

Der Wahlsieg Donald Trumps ist auch deshalb ein so verführerischer für den Glauben an die Wirksamkeit von Informationskriegen, weil er so knapp war und so unerwartet kam. Und weil es so viele konkurrierende Erklärungsversuche für das uns unerklärlich Erscheinende gibt.

Als da wären: Trumps Kontrahentin Hillary Clinton hatte historisch schlechte Sympathiewerte. Die Bekanntgabe der FBI-Ermittlungen zu den von Russland gehackten und von Wikileaks veröffentlichten Clinton-E-Mails kurz vor der Wahl hat ihrer Kampagne extrem geschadet, und die Bekanntgabe der Einstellung der Ermittlungen kurz vor der Präsidentschaftswahl hat den Schaden nicht mehr wettgemacht. Und weiter: Clintons Wahlkampfleute haben die, wie sich herausstellen sollte, am Ende entscheidenden drei Bundesstaaten Wisconsin, Michigan und Pennsylvania grob vernachlässigt, die Trump mit je hauchdünnem Vorsprung überraschend gewann. Seriöse Medien wie die *New York Times* haben während des Wahlkampfs unverhältnismäßig breit über vermeintliche Skandale um Clinton berichtet im Vergleich zu den viel größeren um Trump. Clinton hat potenzielle Trump-Wähler »Deplorables« genannt, klägliche Menschen, und sie damit verloren. Überhaupt hat die Partei der Demokraten bei dieser Wahl die sogenannten normalen Menschen verloren, die nicht in den Großstädten der amerikanischen Küsten leben und sich abgehängt fühlen.

Stimmt alles irgendwie. Reicht alles nicht, weder allein noch zusammen, um zu erklären, was bis heute nicht erklärbar scheint: Donald Trump im Weißen Haus. Das war und ist eine Beleidigung unseres Verstandes. Eine tiefe Verletzung unseres Glaubens an die Vereinigten Staaten von Amerika als Hort des Fortschritts, der Zukunft.

Im April 2020, mitten in der Corona-Krise, erscheint das Videobild des Briten Peter Pomerantsev auf meinem Laptop. Pomerantsev ist Senior Fellow am Institute of Global Affairs der London School of Economics, als Autor schreibt er regelmäßig für den *Atlantic* und die *London Review of Books*.

Nun sitzt Pomerantsev im Bademantel in seiner Wohnung in London und sagt, nachdem ich ihn eher aus Höflichkeit nach seinem Befinden gefragt habe: »Ganz okay, ich bin nur etwas müde. Nach neun Tagen Fieber habe ich erstmals wieder Normaltemperatur, dafür leide ich immer noch unter Kurzatmigkeit und Husten.«

Ob er etwa an Covid-19 erkrankt gewesen sei? »Mutmaßlich«, sagt Pomerantsev. Genau wisse er es nicht, er sei nicht getestet worden. In Großbritannien herrscht zu diesem Zeitpunkt noch ein eklatanter Mangel an Corona-Testkits. »Ich war offenbar nicht krank genug«, sagt Pomerantsev, man habe ihm den Test schlicht verweigert.

Ich wollte unbedingt mit Pomerantsev sprechen, weil ich mir Antworten auf eigentlich nur drei Fragen von ihm erhoffte.

Erstens: Welche Rolle haben die russischen Desinformationskampagnen auf Social Media denn nun wirklich bei der US-Präsidentschaftswahl 2016 gespielt?

Zweitens: Was lässt sich daraus für die US-Präsidentschaftswahl im November 2020 schließen?

Drittens: Lässt sich anhand dessen, was an Informationen, Falschmeldungen und womöglich gezielter Propaganda zum Coronavirus über Social-Media-Kanäle verbreitet wird, etwas zur Zukunft von so etwas wie der Wahrheit und objektiven Fakten sagen in einer Welt, die zunehmend durch politische Polarisierung gekennzeichnet scheint, und am meisten in den USA?

Die Frage zu der US-Präsidentschaftswahl 2016 sei einfach zu beantworten, sagt nun Peter Pomerantsev: Es ließe sich mit hoher Wahrscheinlichkeit ausschließen, dass die russischen Desinformationskampagnen etwa auf Facebook eine größere Rolle dabei gespielt hätten, wen die Amerikaner 2016 gewählt hätten.

Er, Pomerantsev, halte die Untersuchungsergebnisse der US-Kommunikationswissenschaftlerin Kathleen Hall Jamieson von der University of Pennsylvania dazu für schlüssig. Jamieson argumentiert in ihrem ursprünglich 2018 erschienenen und 2020 in einer um neue Forschungsergebnissen ergänzten Fassung veröffentlichten Buch *Cyberwar: How Russian Hackers and Trolls Helped Elect a President – What We Don't, Can't, and Do Know*, dass sich allein nach der Veröffentlichung der gehackten E-Mails aus dem Clinton-Lager durch Wikileaks und der sich daran anschließenden Medienberichterstattung ein signifikanter Effekt auf die Wählerumfragen in den USA zeigte. Dass sich ähnliche Effekte durch russische Beeinflussungsversuche auf Social Media nicht nachweisen ließen, müsse nicht bedeuten, dass sie keinen Einfluss gehabt hätten, sagt nun Pomerantsev. Aber was man nicht messen könne, das könne nur Gegenstand von Spekulationen sein. Und nicht von Wissenschaft.

Darum ließe sich, das zu meiner zweiten Frage, auch nicht ausschließen, dass es neuerliche Versuche der Wählerbeeinflussung auch im US-Wahlkampf 2020 geben werde, auch wenn die Plattformbetreiber Facebook und Twitter durchaus etwas getan hätten, um eine Wiederholung der Social-Media-Propagandawelle von 2016 zumindest einzudämmen. Aber man könnte mehr tun. Zum Beispiel könnten Gesetzgeber Troll-Aktivitäten schlicht für illegal erklären, und die Plattformbetreiber seien auch dazu in der Lage, diese technisch zu verhindern. Man müsse sie lediglich dazu zwingen.

Nur zeige sich in der Corona-Krise, und damit kommen wir zur dritten Frage, dass sich die Hauptverbreitungswege von Falschinformationen verändert hätten: Sie verschwänden zunehmend in der Unsichtbarkeit von Messenger-Gruppen, insbesondere auf denen des Facebook-Tochterunternehmens WhatsApp.

Dank Ende-zu-Ende-Verschlüsselung hat nicht einmal die Firma selbst eine Ahnung, was über ihre Kanäle verbreitet wird. WhatsApp weiß lediglich, wie viel und in welcher Form über den eigenen Messenger kommuniziert wird. Ob dort und in welchem Maß erfundene und gezielt gestreute Falschinformationen weitergegeben werden oder bloß dumme Gerüchte herumgeistern, weiß WhatsApp nicht.

»Das macht es fast unmöglich, den Ursprung und die Verbreitung dieser Gerüchte zu analysieren, sie kursieren nun einmal in verschlüsselten Chats«, sagt Pomerantsev. Klar sei nur: »Das Angebot, aber auch die Nachfrage nach Falschinformationen sind im Zuge der Corona-Pandemie regelrecht explodiert.«

Neu sei diese Entwicklung aber keineswegs. Vielmehr vollende sich nun ein Wechsel, der sich seit Langem angedeutet habe: »Die Bedeutung gezielter Propaganda von oben nimmt tendenziell ab, die der Propaganda von unten eher zu.«

Es sei auch nicht neu, dass Leute am ehesten die Darstellungen von Wirklichkeit akzeptierten, die in ihr Weltbild passten. Nur sei das Angebot an vermeintlichen Realitäten extrem gestiegen. »Das Modell staatlicher Propaganda des 20. Jahrhunderts funktionierte noch nach der Gleichung zwei plus zwei ist fünf – selbst wider besseres Wissen sollten die Leute das offenkundig Falsche glauben«, so Pomerantsev. Heutzutage machten soziale Medien Falschinformationen nicht nur erheblich leichter verfügbar und verbreitbar. Das Entscheidende sei, dass daraus geschlossene Weltbilder konstruiert werden könnten, um die sich politische, gesellschaftliche und kulturelle Identitäten gruppierten. »Die neuzeitliche Propaganda versucht nicht mehr, den Leuten Unfug einzuhämmern, sondern in sie hineinzukriechen«, sagt Peter Pomerantsev. »Das ist ein klassischer Marketing-Ansatz.«

Der kann sich das von Facebook angebotene Microtargeting zunutze machen, um leicht Adressaten für die eigene Propaganda zu finden. Oder bei WhatsApp die Tatsache, dass ein Messenger-Dienst eine kommunikative Black Box ist, in die niemand hineinblicken kann.

Das Silicon Valley ist in Gestalt vor allem von Facebook so zugleich Wegbereiter für Propaganda und Opfer seines eigenen Ansatzes geworden. Vor allem Facebook steht seit Trumps Wahlsieg 2016 als mitschuldig da an der diagnostizierten Polarisierung der amerikanischen Gesellschaft. Durch die Enthüllungen um Cambridge Analytica im Jahr 2018 und die Veröffentlichung der Ermittlungsergebnisse Muellers zur Internet

Research Agency 2019 wirkt es so, als habe Facebook einerseits einer britischen Privatfirma eine Datenausspähung ermöglicht, die vergleichbare Dimensionen hatte wie die durch den US-Geheimdienst NSA, die Edward Snowden knapp fünf Jahre zuvor öffentlich gemacht hatte; und als habe Facebook andererseits nicht erkannt, dass es zum Schlachtfeld von Informationskriegen geworden ist.

Obwohl Facebook nach Angaben von Mark Zuckerberg bereits vier Jahre zuvor sein ursprüngliches Unternehmensmotto »Move fast and break Things« aufgegeben hatte, wurde dieser Satz, der den Vorgang der Disruption auf den Punkt brachte, der Firma nach der Veröffentlichung der Ermittlungsergebnisse zur russischen Internet Research Agency und den Enthüllungen zu Cambridge Analytica wieder vorgehalten. Zuckerberg, hieß es nun, habe binnen anderthalb Jahrzehnten ein Monster erschaffen, eine in Deutschland gern so genannte »Datenkrake«, die weite Teile der Welt im Griff hielt. Und was Facebook bei seiner rasanten Expansion zu zerstören drohte, sei die Demokratie westlicher Prägung.

Das ist selbstverständlich übertrieben. Noch funktioniert die Demokratie ja. Genauso übertrieben waren andererseits die übermäßig positiven Darstellungen, die während des Arabischen Frühlings ab Ende 2010, Anfang 2011 über Social Media kursierten: dass es ein entscheidendes Kommunikationstool für die Massenproteste in Ägypten, Tunesien, Syrien, Marokko gewesen sei. Die Demonstranten hatten sich damals keineswegs auf Facebook oder Twitter organisiert zum Aufstand gegen ihre alten Herrscher. Lediglich die Kunde von ihren Protesten hatte sich über Social-Media-Plattformen schneller und leichter in der ganzen Welt verbreitet, als es früher über klassische Medien geschehen wäre.

So stand ich nun im Frühjahr 2018 auf dem riesigen Facebook-Parkplatz, vor dem berühmten Firmenschild von Facebook, auf dem unter dem Like-Daumen die Adresse 1 Hacker Way gepinselt war, die Facebook der offiziellen Adresse des ehemaligen Sun-Geländes – 1601 Willow Road – einfach aufgepfropft hat.

Das belegt die ursprüngliche pubertäre Albernheit des Unternehmens wohl ganz gut. Oder schon die Hybris, die man ihm nunmehr nachsagte.

Was auch immer Facebook einmal hatte hacken wollen, die menschliche Kommunikation womöglich, unsere Aufmerksamkeit und Wahrnehmung, die Art, wie wir unser angenommenes Selbstbild nach außen hin repräsentierten auf digitalen Plattformen, oder bloß, wie Werbung im Netz funktioniert: Facebook ist nie ein Laden gewesen, der irgendetwas mit irgendeinem Hacker-Ethos zu tun gehabt hat. Das Wort war für Facebook bloß ursprünglich mal ein schickes Label für vermeintliche Widerständigkeit. Man zieht es sich an wie einen verdammten Hoodie, den zu tragen allein einen ja auch nicht zum Tech-Gründer macht oder zum Visionär.

Ich schaute noch pflichtschuldig nach, ob auf der Rückseite des Firmenschildes am Eingang des Geländes wirklich das Logo von Sun Microsystems zu finden war. Check: »Sun« stand noch immer da geschrieben. Mark Zuckerberg, ging die Legende, hatte beim Bezug der Bauten im Jahr 2011 angeblich verfügt, das Sun-Schild einfach umzudrehen und auf die dann neue Vorderseite den Facebook-Daumen draufzumalen. Die Sun-Rückseite ließ sich so als eine Art Memento mori verstehen für Facebook: Nichts im Silicon Valley ist für die Ewigkeit gemacht, jeder Erfolg ist nur vorläufig.

Es war einerseits billiger gewesen, ein Firmenschild umzudrehen und auf die Rückseite sein eigenes Logo pinseln zu
lassen. Andererseits hatte für Facebook die alte Sun-Nutzarchi-
tektur über die Jahre auch etwas Tarnendes bekommen. Die
Architektur des Stammsitzes ließ das Unternehmen weiterhin
harmlos wirken und wie eines, das buchstäblich am Rande si-
tuiert ist. Ein versteckter, leicht zu übersehender Gigant.

Auf der anderen Seite des Autobahnzubringers stehen die
neuen Facebook-Gebäude mit den Nummern 20 und 21, die
beide von Frank O. Gehry konzipiert worden sind. So wie Apple
mit Norman Foster hat auch Facebook mit Gehry einen alten,
weißen Mann der eigentlich längst vergangenen Star-Architek-
tur-Ära engagiert.

Gehrys Meisterwerk ist das 1997 eröffnete Guggenheim-Mu-
seum in Bilbao, eine wild auskragende, mit Titanplatten verklei-
dete Architekturskulptur. Die langgestreckten neuen Facebook-
Bauten haben nichts mit diesem erstaunlichen Museumsbau
gemein. Es sind kastenförmige Glas-und-Stahl-Gebäude mit
Dachgärten darauf, die wohl zum Flanieren und gemeinsamen
Abhängen einladen sollen; die großen Glasflächen der Fassaden
sollen offenbar Transparenz symbolisieren.

Die Fotos, die es vom Inneren des Gebäudes gibt, zeigen lange Flure, von denen unzählige Glasbüros abgingen. Es könnten
auch Bilder einer Shopping-Mall sein, nur ohne Geschäfte und
Food Court.

Am Bayfront Expressway steht eine Fußgängerampel. Ich
drückte auf den Ampelknopf, wartete brav, dass der Strom der
Autos zum Stehen kam, nur für mich, und überquerte als einziger Fußgänger den Autobahnzubringer.

Gebäude 20 und 21 lagen nun links von mir. Auf meinem

Telefon suchte ich auf Google Maps die weiteren Facebook-Gebäude ab, die hinter Nummer 20 und 21 entlang der Chilco Street liegen, die einen langgestreckten Linksbogen macht: rechts der Straße Gebäude Nummer 29, links der Straße Gebäude 23, ich hatte keine Ahnung, was dort drinnen gemacht wurde, wer dort drinnen arbeitete und woran.

Ich strebte auf das Headquarter von Facebooks Tochterfirma Instagram zu, der Fotoplattform, auf der ich mittlerweile wesentlich mehr Zeit verbringe als auf Facebook. Einander bloß noch Bilder zu zeigen, ist die konsequentere Art, sich eine sozialmediale Existenz zu erschaffen, als zum Beispiel durch Facebook-Textpostings, habe ich irgendwann für mich befunden. Worte kann man nicht photoshoppen. Bilder brauchen keine Worte. Bilder machen viel bessere Laune als Worte.

Hinten, im Scheitel der Linkskurve auf der Chilco Street, liegt das kleine Instagram-Gebäude, in dem zum damaligen Zeitpunkt 2018 rund 350 Leute arbeiteten. Mehr braucht es nicht für den Betrieb der Fotoplattform. Innen drin in dem flachen Gebäude, auch das hatte ich auf Fotos gesehen, sieht es genauso bunt und schön aus wie auf vielen Instagram-Bildern selbst.

Und die Menschen, die nun aus dem Gebäude strömten, freitags war offenbar früher Schluss bei Instagram, lächelten alle. Sie schienen gutgelaunt ins Wochenende zu streben. Im Gegensatz zur Mutterplattform Facebook ist Instagram bislang zumindest kein Schauplatz von Informationskriegen. Die größte Sorge von Instagram-Mitarbeitern ist, dass auf der Plattform Bilder oder Videos von nackten Menschen zu sehen sein könnten und sich die Nutzerinnen und Nutzer in Kommentaren beschimpfen oder beleidigen. Instagram, das ist die Idee, soll der schönste digitale Ort sein und bleiben auf der Welt.

Einen Einblick in die Denke von Facebook-Mitarbeitern dagegen bekam ich, als ich einige Tage später mit Antonio García Martínez telefonierte. García Martínez hat von 2012 bis 2014 als Projektmanager in genau jenem Ad-Team von Facebook gearbeitet, das verantwortlich war fürs Entwickeln von Microtargeting-Tools, mit denen Werbekunden passgenau kleinste Zielgruppen für Anzeigen auf Facebook finden können. Diese hat dann auch Cambridge Analytica benutzt, um Wähler für seine Auftraggeber zu suchen.

García Martínez wurde 2014 von Facebook gefeuert. Weil er im Gegensatz zu den meisten anderen Leuten, die im Silicon Valley arbeiten und halt hin und wieder ihre Jobs verlieren, offenbar nicht vorhatte, jemals wieder einen im Tal anzunehmen, schrieb er nach seiner Zeit bei Facebook ein sehr lustiges Enthüllungsbuch. *Chaos Monkeys: Obscene Fortune and Random Failure in Silicon Valley* erschien im Jahr 2016 in den USA. Es ist die Sorte von Buch, mit der man die Brücken hinter sich nicht nur abbricht, sondern in die Luft jagt. Ich fand das bei der Lektüre des Buches eine sympathische und absolut nachvollziehbare, wenn auch nicht sehr praktische Art und Weise, beruflich *nicht* vorankommen zu wollen.

Von dem Geld, das García Martínez bei Facebook und später mit seinem Buch verdiente, hat er sich eine kleine Yacht gekauft, auf der er zum Zeitpunkt unseres Gesprächs zeitweise wohnte, und ein Stück Land oben im Bundesstaat Washington mit einer Hütte darauf.

»Ich lebe dort im Wald, schlage Holz und mache den ganzen Mist, den man da so macht«, sagte García Martínez am Telefon. Und dass er aber gerade in der Marina sitze in San Francisco, dreißig Meter von seiner Yacht entfernt. Als ich ihn fragte, ob er nun glücklich sei, glücklicher jedenfalls als während seiner

Zeit im Valley, antwortete er: »Es gibt da diese berühmte Stelle in ›Paradise Lost‹ von John Milton … Dort heißt es: ›The Mind is its own Place, and in itself can make a Heaven of Hell, a Hell of Heaven.‹ Man schleppt seine Dämonen doch überall mit sich hin. Ich weiß nicht, ob es mich wirklich glücklich gemacht hat, die Tech-Welt zu verlassen.«

Ich folgte García Martínez damals schon eine ganze Weile auf Twitter, wo er von sich selbst eine Persona kultiviert hat, die sich am liebsten über Leute lustig macht, die Tech-Firmen moralisch kommen wollen und an deren Verantwortungsbewusstsein appellieren. Diese Leute haben offensichtlich nichts kapiert.

García Martínez' Theorie des Silicon Valley geht ungefähr so: Das Tal ist in Wirklichkeit eine Insel, und wer nicht drauf wohnt, versteht weder die Technologien, die dort entwickelt werden, noch die Gründe, warum diese Technologien das sind, was sie nun einmal sind: Produkte von Menschen, die sich nur für diese Produkte interessieren und nicht für die realen Auswirkungen, die sie haben.

»Es klingt furchtbar, und niemand im Silicon Valley würde es je laut sagen, aber für Tech-Leute sind alle außerhalb der Blase schlicht Idioten.« Tech-Leute verstünden andersherum nicht, warum sich Menschen, die nicht auf der Insel Silicon Valley leben, über vermeintlich verantwortungslosen Umgang mit Nutzerdaten beschweren. Und dass sie sich dystopische künftige Gesellschaften vorstellen, in denen persönliche Daten nicht nur von merkwürdigen Firmen wie Cambridge Analytica, sondern von ernstzunehmenden Konzernen und schließlich auch Staaten missbraucht würden: »Hier ist eine News für alle, die es immer noch nicht mitgekriegt haben: Facebook ist von Anfang an so mit Nutzerdaten umgegangen.«

Für Facebook sei es eine Herausforderung, offen und ehrlich gegenüber den eigenen Nutzern zu sein, wenn die einfach nicht kapieren wollen, wie die Technologie funktioniert. Denen etwas zu erklären sei ungefähr so, als wolle man seinem 80-jährigen Großvater beibringen, was Instagram ist: »Erst gibt man sich Mühe. Dann wird man ungeduldig. Irgendwann gibt man auf und hält einfach den Mund. So ungefähr ist die Haltung von Facebook gegenüber den eigenen Nutzern. Das ist bedauerlich, aber wahr.«

Im Silicon Valley gebe es tatsächlich die Denke, sagte García Martínez, dass alle Tech-Firmen Sekten seien, »und eine Sekte ist immer auf deren Gründer ausgerichtet. Man kann über Facebook nicht reden, ohne über Mark Zuckerberg zu reden. Das Unternehmen spiegelt ihn und seine Ideen in hohem Maße wider. Ob man ihn nun für alles verantwortlich machen sollte … Nun ja, als ich noch dort gearbeitet habe, hingen an den Wänden noch Poster mit dem Spruch ›Move fast and break things‹. Beweg dich schnell und mach Sachen kaputt, das war Zucks Motto, und die Mitarbeiter haben es als Mantra verstanden.«

García Martínez hatte 2012 an einem Wendepunkt für die Firma dort angefangen: Der Börsengang stand bevor, das Ende des Wagniskapitalverbrennens für Facebook. Acht Jahre nach der Firmengründung war der Spaß endgültig vorbei. Mark Zuckerberg habe sich nie darum gekümmert, »wie genau seine Firma eigentlich Geld verdient. Plötzlich wurde Facebook nun ein börsennotiertes Unternehmen und brauchte auf der Plattform Tools, um gezielt Werbung ausspielen zu können.« Facebook brauchte ein Geschäftsmodell, um potenziellen Aktienanlegern zu beweisen, dass eine Investition in die Wertpapiere der Firma künftige Renditen versprach.

Wie das sein könne, fragte ich García Martínez womöglich etwas naiv, dass der Gründer und Chef eines Unternehmens, das zum Zeitpunkt unseres Gesprächs mittlerweile einen Jahresumsatz von 40 Milliarden Dollar erwirtschaftete, kein Interesse an Geld habe?

García Martínez antwortete in höflichem Ton: »Es ist ein großes Missverständnis anzunehmen, den Chefs von Facebook, Google oder Snapchat gehe es nur ums Geld.« Das sei fast nie der wichtigste Antrieb dieser Leute. Erst wenn sie der Frage nach dem Geldverdienen gar nicht mehr aus dem Weg gehen könnten, ließen sie ein Erlösmodell erarbeiten: »Zuck interessiert sich tatsächlich nicht für Geld. Auch nicht für Werbeanzeigen auf Facebook, die Frage hat er an seine COO Sheryl Sandberg delegiert und den jeweils aktuellen Chef der betreffenden Abteilung.« Mark Zuckerberg, davon war García Martínez überzeugt, interessiert sich nur für die Programmierung der Plattform Facebook, für das Innere der Maschine sozusagen und deren Funktionsweise.

Der Skandal bei Cambridge Analytica bestand für García Martínez auch nicht darin, »dass die Firma mit ihren Methoden Menschen wirklich beeinflussen könnte in ihrem Denken. Der Skandal besteht für mich darin, dass diese Firma faktisch mit gestohlenen Daten hantierte, Facebook diesen Diebstahl jedoch hätte verhindern können. Zucks Schwäche ist tatsächlich, dass er sich mit den eigenen Werbe-Tools nicht richtig auskennt.« Auch nicht nach den ganzen Facebook-Datenskandalen zuvor? »Er hat mit Sicherheit keine schlaflosen Nächte verbracht damit, sich mögliche Szenarien von Datenmissbrauch bei Facebook vorzustellen. So was überlässt er anderen.«

Leuten wie ihm, schien García Martínez damit sagen zu wollen. Jedenfalls war er früher einer von diesen Leuten.

Martínez betrachtete Facebook nicht als Auslöser gesellschaftlicher Probleme: »Die Plattform wird für vieles schlicht als Sündenbock benutzt. Natürlich trägt Facebook zu Veränderungen bei, zum Wiedererstarken von Nationalismen etwa, zur zunehmenden politischen Polarisierung, überhaupt zur grundsätzlichen Beschissenheit, die wir so in Politik und Wirtschaft beobachten. Manche zeigen nun auf Trump und sehen in ihm das Ergebnis dieser Entwicklung. Ich glaube eher, dass wir uns an einem potenziellen Wendepunkt in der Geschichte westlicher, liberaler Demokratien befinden. Den hat Facebook nicht herbeigeführt. Aber die Plattform fungiert als eine Art Megafon des Wandels. Facebook verschlimmert, was gerade geschieht.«

Facebook und Mark Zuckerberg als Person strahlten auch in die Tech-Welt ab, insofern müsse man sie als Einfluss auf andere verstehen, sagte García Martínez. »Es gibt eine für Europäer vermutlich wenig nachvollziehbare Wildwestmentalität im Silicon Valley. Man ist libertär eingestellt, gegen den Staat und grundsätzlich rücksichtslos. Diese Haltung ist auch verantwortlich dafür, dass die Produkte, die Tech-Firmen entwickeln, so aussehen, wie sie aussehen. Um neue Technologien zu erfinden, braucht es keine andere Motivation, als eben neue Technologien erfinden zu wollen. Amerikaner sind Evangelikale, manche von ihnen beten zu Gott, manche zu Technologie. Dem Silicon Valley ist nicht Jesus heilig, sondern das iPhone. Und das Ziel ist letztlich, die Welt zu verändern.«

Am Ende landet man also doch bei der Weltveränderung. Oder zumindest bei dem Traum davon, der sich im Fall von Mark Zuckerberg und Facebook in einen Alptraum verwandelt zu haben scheint, in eine weitere Geschichte von einem Zauberlehrling, der die Geister, die er beschwor, nicht mehr beherrschen kann. Selbst wenn man Cambridge Analytica und den Fallout dieses Skandals in erster Linie als ein PR-Problem für Facebook betrachtet – und vieles spricht dafür, dass Zuckerberg die Dinge so betrachtet und sogar Recht damit hat –, so zeigen sich an diesem Beispiel die potenziell dunklen Seiten der sogenannten Skalierbarkeit von digitalen Technologien. In anderthalb Jahrzehnten von einem Programmierer (Zuckerberg) zu zweieinhalb Milliarden Nutzern: Was für eine ungeheure Skalierung! Die nur funktioniert hat, weil Facebook scheinbar gratis zu haben und kein physisches Produkt ist. Ein letzteres hätte man kaum in so großer Zahl an so viele Leute ausliefern können in einer so kurzen Zeitspanne.

Selbstverständlich hat Mark Zuckerberg die Welt mit Facebook verändert. Eine Kultur, die die individuelle Gründerfigur derart ins Zentrum stellt wie die im Silicon Valley, macht sich aber nicht nur von den Fantasien einzelner Menschen abhängig. Sie bürdet diesen einzelnen Menschen auch eine Verantwortung auf, der diese unmöglich gerecht werden können. Was soll Mark Zuckerberg denn bitte tun?

Eine Maschine wie Facebook, die von derart vielen Menschen benutzt wird und derart viele Akteure auch mit düsteren Absichten anlockt, lässt sich offenkundig nicht mehr beherrschen. Nicht von seinem Erfinder. Nicht von seinen 48 000 Angestellten (Stand März 2020). Auch nicht von Algorithmen. Oder von deren Steigerung, der künstlichen Intelligenz, die die Geschehnisse auf der Plattform künftig regeln soll.

Die Maschine ist außer Kontrolle. Jedenfalls ist sie das in unseren dunklen Fantasien der Gegenwart und Zukunft. Für die ist unerheblich, ob die britische Firma Cambridge Analytica Erfolg mit ihren Methoden hatte oder nicht. Und nur an unseren dunklen Fantasien könnte das Silicon Valley scheitern. Wir halten die Maschine letztlich ja am Laufen. Mit jedem Posting, mit jedem Aufruf der App auf unseren Smartphones. Bis wir damit aufhören. Oder uns eine andere App und eine andere Plattform suchen. Eine andere Maschine.

Nach ersten Berichten, etwa im *Atlantic* zum Wahlkampf 2020 von Trump, will dessen Kampagnenorganisation in der heißen Phase im Herbst Facebook regelrecht mit getargeten Anzeigen fluten. Die Wahrheit – im herkömmlichen Sinne des Wortes – wird in diesen Anzeigen voraussichtlich keine Rolle spielen. Mark Zuckerberg hat angekündigt, dass politische Werbung, die auf Facebook geschaltet werde, nicht auf den Wahrheitsgehalt ihrer Aussagen überprüft werde.

CUPERTINO

MENLO PARK

SAN MATEO

SCOTTSDALE

SAN DIEGO

SAN FRANCISCO

LOS ANGELES

ARLINGTON

WASHINGTON, D.C.

SHENZHEN

BERLIN

»Wir erzählen uns von der Zukunft, bevor sie uns erreicht«, sagte Paul Saffo, »und würden wir das nicht tun, erreichte sie uns nicht in der Form, in der sie es tut.«

Wir saßen vor einer Starbucks-Filiale in der Sonne, dort, wo das Silicon Valley beginnt: in San Mateo, einem Vorort von San Francisco. In südöstlicher Richtung, entlang des Westufers der San Francisco Bay, folgen hinter San Mateo die noch berühmteren Kleinstädte des Valleys, Menlo Park (Facebook), Palo Alto (Stanford), Mountain View (Google), Cupertino (Apple).

Die Implosion der Gegenwart hatte ich am Beispiel von Facebook nachvollziehen können. Das Leerlaufen der Verheißung von der permanenten Zukunft in der Gegenwart hatte ich bei Apple erlebt (und wie gut sich das Leerlaufen trotzdem anfühlt).

Mit Paul Saffo wollte ich nun das Entstehen der Zukunft ergründen. Wie sie nach Amerika und ins Valley gekommen ist. Wie sie dort gedacht wird und was sie im Kern ausmacht.

Saffo hatte sich sein Leben lang mit der Zukunft beschäftigt, lehnte die Berufsbezeichnung »Zukunftsforscher« allerdings ebenso für sich ab wie die des Futurologen. Er hat einen dieser fantastisch klingenden amerikanischen Gelehrtenlebensläufe, die sich zugleich mit dem Silicon Valley verbinden: Studium in Harvard und Stanford, Abstecher nach Cambridge; später Professor für Prognostik an seiner Alma Mater, der Stanford University, mittlerweile arbeitet Saffo dort im Forschungsnetzwerk Stanford Media X. Außerdem leitet er den Forschungszweig

»Future Studies« an der Singularity University, einer dieser herrlich merkwürdigen Privateinrichtungen des Valley mit wildem Namen, leicht aufgeblasen wirkendem Mission Statement und mehr oder weniger visionären Gründern (in dem Fall dem Tech-Vielunternehmer Peter Diamondis und dem Google- und Life-Extension-Guru Ray Kurzweil). Und schließlich sitzt Saffo noch im Vorstand der Long Now Foundation, die so etwas wie die Stiftung der guten Zukunftsweisen des Valley ist. Stewart Brand hat sie gegründet, der Erfinder des *Whole Earth Catalog*, der Ende der Sechziger-, Anfang der Siebzigerjahre das Leitmedium der damals neuen kalifornischen Gegenkultur war.

Paul Saffo, mittlerweile Mitte sechzig, gehört also zur großen alten Valley-Schule. Er selbst nennt sich »Forecaster«, Prognostiker. Das bedeutet, dass er sich wissenschaftlich mit der Zukunft beschäftigt, ohne sie exakt vorhersagen zu wollen.

Pauls Forschungsmaterial sind vor allem Erzählungen, Narrative, Geschichten, weniger Daten, Zahlen, Statistiken. Saffo ist eine Art Literaturwissenschaftler der Zukunft. »Geschichten stoßen Entwicklungen an«, sagte er, »und geben den Entwicklungen in ihrem Verlauf eine Form.« Man müsse dann nur noch herausfinden, welche Narrative sich durchsetzen würden. Darin bestehe die Kunst und das Handwerk des Prognostikers.

Saffo trug an diesem Nachmittag zeitgenössische Tech-Klamotten aus Fleece und atmungsaktiver Synthetik, sah allerdings mit seiner mittellangen Halbglatzenfrisur und seinem Schnauzer eher so aus, als sei er aus der Vergangenheit gekommen, zirka 1984. *Magnum*, oder *Ein Colt für alle Fälle*.

Ich hatte rund ein Jahr zuvor zum ersten Mal mit ihm gesprochen, da noch am Telefon von Berlin aus. Ein *Wired*-Kollege hatte mir Saffos Kontakt gegeben, als ich ihn fragte, ob ihm jemand einfiele, der einem anlässlich des zehnten Geburtstages des iPhone im Jahr 2017 halbwegs seriös vorhersagen könne, wie lange wir Menschen eigentlich noch Smartphones benutzen würden und was wohl danach käme, welche Form von Kommunikationsgerät, welche Art der Kommunikationstechnologie überhaupt.

Saffos Antworten zum Smartphone – er gab dem Gerät noch mindestens zehn weitere Jahre und blieb ansonsten bei Vorhersagen über die Zukunft der Kommunikation sehr vage – hatten sich für mich weniger interessant angehört als eine seiner Nebenbemerkungen. Der weltweite Siegeszug des Smartphones sei im Wesentlichen darauf zurückzuführen, hatte Saffo gesagt, dass es in Form und Funktion das Portemonnaie abgelöst habe: als den persönlichsten Gegenstand, den wir in der Hosentasche herumtragen.

Die Ähnlichkeiten bei Größe und Gewicht seien dabei nicht entscheidend. Ebenfalls nicht, dass man mittlerweile mit dem Smartphone auch Dinge bezahlt, einen Kaffee bei Starbucks etwa oder den Einkauf an der Supermarktkasse. Entscheidend sei vielmehr die Tatsache, dass das Smartphone wie zuvor das Portemonnaie zutiefst intime Dinge enthalte.

Im Geldbeutel seien das die Fotos von Familienangehörigen, Kindern, Partnerinnen, Partnern gewesen und erst danach die Kredit- oder Bankkarte als Nachweis der eigenen Identität.

Im Smartphone seien es nun vor allem die darauf gespeicherten Fotos, die es uns als zutiefst persönlichen Gegenstand begreifen ließen. Zudem markierten die Social-Media-Apps mit direktem Zugang zu unseren Profilen auf Facebook, Instagram und WhatsApp einen wichtigen Teil unserer neuen Identität als sozialmedial verfasste Wesen.

Paul Saffo also hatte, lange bevor der Apple-Chef Tim Cook versprochen oder eher gedroht hatte, dieses »persönlichste aller

Geräte noch persönlicher zu machen«, das Smartphone als genau das beschrieben. Saffo hatte es nur anders gemeint. Er hatte vom sentimentalen Potenzial von Technologie erzählt, von den persönlichen Geschichten, die sich mit Fotos und unserem Dasein auf Social Media verbinden. Cooks Zugang zum eigenen Produkt iPhone scheint hingegen bloß eine Geschichte der permanenten Optimierung eines Geräts zu sein.

In Cooks Beschreibung ist das iPhone ein Instrument der individuellen Zukunftsgestaltung, als Ingenieur entwickelt er Technologien und verkauft sie als Wunscherfüllungsmaschinen. Paul Saffo betrachtet Technologien und ihre Auswirkungen auf das Alltagsleben der Menschen zwar auch intensiv, interpretiert aber vor allem die Erzählungen, die über Technologien kursieren. Saffo hat genügend Zukünfte kommen und gehen sehen, um sich von der Aufregung um die gerade neuesten Geräte, Maschinen, Programme, Algorithmen-Anwendungen, Forschungsergebnisse nicht mehr mitreißen zu lassen.

»Storys sind das Kapital im Leben«, sagte er bei unserem treffen in San Matteo und blinzelte in die Sonne, »die Basis unserer sozialen Verbindungen. Ich sage Studenten immer: ›Ich verrate euch jetzt ein großes Geheimnis, wie ihr im Geschäftsleben erfolgreich sein werdet – diejenigen Manager, die die besten Geschichten erzählen, kommen am weitesten. Sie haben die Storys, die Menschen inspirieren.‹«

Saffo zeigte mit dem Finger auf mich. »Was ist da am Ende Ihres Sakkoärmels?«, fragte er.

Ich hob meinen Arm an und blickte hinab: »Ein Knopf?«

»Nicht nur einer, es sind vier. Warum?«

»Tradition?«

»Antworten Sie bitte spezifischer.«

»Bei Männerkleidung lässt sich fast alles aufs Militärische zurückführen, fast jedes unserer Kleidungsstücke hat seinen Ursprung in der Uniform.«

»Warm.«

»Hat es also was mit dem Militär zu tun?«

»Wärmer. Die Antwort lautet: Napoleon.«

Dessen Armee, sagte Saffo, sei eine der ersten gewesen, die Uniformen besessen habe. Doch was taten die Soldaten? Sie wischten sich mit den Ärmelenden der schönen Uniformröcke den Rotz von ihren Nasen: »Irgendwann war Napoleon es satt. Er verfügte, dass das aufhören müsse. Also wurde an jedes Ärmelende ein Haufen Knöpfe genäht. Wenn Soldaten dann noch versuchten, sich die Nase mit dem Ärmel abzuwischen, wurde das ein schmerzhaftes Erlebnis. An der Jacke, die Sie heute tragen«, dabei zeigte er wieder auf mich, »befinden sich also die rudimentären Reste der Story dieser napoleonischen Uniformknöpfe.«

Ich verstand nicht ganz, worauf er hinauswollte, unterbrach aber nicht, die Pointe würde schon irgendwann kommen.

Saffo fuhr fort: »Die Sakkoform selbst stammt nicht von der Uniform ab. Sie ist ein Ergebnis der industriellen Revolution in England. Die Männer, die in den englischen Großstädten in ordentlichen Berufen wie Ingenieur arbeiteten und erste Firmen gründeten, wurden von Landadeligen finanziert. Diese Adeligen trugen Tweed-Röcke, um sich auf ihren Anwesen auch in unschönem Wetter bequem bewegen zu können. Wenn sie etwas mit Unternehmern zu besprechen hatten, kamen sie in die Stadt und trugen auch ihre Mäntel aus Tweed. Und was machten die Unternehmer? Sie äfften die Landadeligen nach, indem sie anfingen, genau solche Tweed-Mäntel zu tragen. Obwohl die doch eigentlich für die Moorlandschaften Englands gemacht worden waren und nicht für die Städte. Immer wenn ich heute Männer in Tweed sehe, amüsiert mich das.«

»Und was bedeutet das?«, fragte ich.

»An dieser Anekdote erkennt man: Storys sind nicht nur dafür da, uns die Zukunft auszumalen. Storys sind Gespräche über die Zukunft. Diese Gespräche wiederum werden von der Vergangenheit geformt und später in reale Dinge verwandelt.«

Die Zukunft ist laut Paul Saffo also immer schon da, in unser aller Gesprächen – wobei »Gespräche« im weitesten Sinne zu verstehen sind. Sie sind die Summe dessen, was gesagt, geschrieben, gezeigt, getan wird; man könnte sie den »Diskurs« nennen, das kollektive Raunen, das Flüstern wie das Schreien, das große Blubbern der Gegenwart. Man muss in dem Gewirr der unzähligen Stimmen nur das wichtige vom unwichtigen Gesagten trennen, dann hört man das heraus, was sich zu Melodien formt, zum Chor des Werdenden – der Zukunft.

Die wird seit vielen Jahrzehnten mit den Vereinigten Staaten von Amerika verbunden. In den USA wurde, spätestens seit der Erfindung der Atombombe, stets die nächste Zukunft erdacht und gebaut. Das gilt für Technologien, aber auch dafür, wie sich Gesellschaften verändern und wovon Menschen träumen oder wovor sie sich fürchten: Die USA zeigen, wohin der Weg führt. Nicht bloß wegen ihrer Stellung als Supermacht. Sondern weil dort die besten Ideen entstehen und weil die USA überhaupt ein leuchtendes Vorbild sind. Das jedenfalls war das Selbstverständnis dieser Nation im 20. Jahrhundert.

Der Glaube daran wurde spätestens seit dem Beginn der Präsidentschaft Donald Trumps erschüttert, in den USA selbst und auf der ganzen Welt. Trump sprach in seiner Amtseinführungsrede im Januar 2017 von der Gegenwart in den USA als »This American Carnage«, vom »amerikanischen Massaker« also. Das Land, so musste man den neuen Präsidenten verstehen, war in erbärmlichem Zustand, weil es sich vom Rest der Welt übervorteilen ließ und sich selbst vergessen hatte. Das würde nun sofort aufhören, versprach Trump. Seine Lösung aller Probleme jedoch war die Rückkehr in die Vergangenheit: »Make America Great Again.«

Der Teil der amerikanischen Bevölkerung, der Trump nicht gewählt hat und ihn im Zweifel verachtet, sieht in Trump die Verkörperung der schlimmsten Auswüchse dessen, wofür die USA eben auch symbolisch stehen: Selbstüberschätzung, Großsprech, Dummheit, Ungerechtigkeit, Nationalismus, Isolationismus, Rassismus, letztlich Wahnsinn. Trumps Versprechen, die USA zurück zu alter Stärke und damit in eine idealisierte Vergangenheit zu führen, ist für seine Gegner eine Rückkehr in das, was man längst überwunden glaubte.

So sind sich mittlerweile beide Seiten einig: Die USA sind in einer tiefen Krise, sie haben die Zukunft verloren. Der Unterschied zwischen beiden Interpretationen der Lage ist lediglich, worin diese Krise besteht.

Um die Heftigkeit der Erschütterung zu verstehen, muss man deshalb in die Vergangenheit des Selbstverständnisses der USA und ihres Bildes in der Welt zurückgehen.

Im Grunde galt Amerika schon immer als Ort der Zukunft, bereits seit Christopher Kolumbus, der doch ganz woanders hinwollte, nach Indien, sich aber maßlos verrechnet hatte. Er landete in dem, was man ab da die Neue Welt nannte.

Amerika war das Land, das scheinbar keine Vergangenheit hatte. Es wurde dann das Land, in dem jeder neu beginnen konnte. Und wer dort der Zukunft entgegenreisen wollte, im Planwagen, viel später im Zug, Auto, Flugzeug, kannte die Himmelsrichtung, in die er streben musste: immer nach Westen.

Die amerikanische Siedlungsbewegung begann im 17. Jahrhundert an der Ostküste, doch erst Ende des 19. Jahrhunderts lieferte der Historiker Frederick Jackson Turner einen Überbau für das, was schon länger die »Frontier« genannt worden war: die ständig weiter nach Westen verschobene Grenzlinie zwischen besiedeltem und unbesiedeltem Land. In den Augen der weißen Eroberer war das auch die zwischen Zivilisation und Wildnis.

In seinem 1893 verfassten Essay »The Significance of the Frontier in American History« zitierte Turner einen Volkszähler, der im Jahr 1890 rückwirkend das Ende der Frontier ausgerufen hatte: Bereits zehn Jahre zuvor, 1880, sei die Besiedlung des Westens so weit fortgeschritten gewesen, dass man von keiner Grenzlinie zwischen besiedeltem und unbesiedeltem Land mehr habe sprechen können. Die Idee der Frontier wurde also geboren, als es sie in der Wirklichkeit schon nicht mehr gab.

Die territoriale Ausdehnung hatte westwärts die Gestade des Pazifiks erreicht. Ihr war das Land ausgegangen, das sich noch erobern und entdecken ließ. Doch damit war die Idee der Frontier nicht aus der Welt.

Aus der Bedeutung der Frontier leitete der Historiker Turner die These vom »American Exceptionalism« ab, also von der absoluten Einzigartigkeit des amerikanischen Experiments, das zwangsläufig eine neue Demokratie hervorbrachte.

Dieses Narrativ kann man etwas mehr als ein Jahrhundert später für Unfug halten, historisch, politisch, ideengeschichtlich. Es ändert aber nichts an dessen nachhaltiger Wirkung.

Zu der ursprünglichen Vorstellung von der Frontier gehörte auch die Fiktion, dass das Land jenseits der Grenze menschenleer sei beziehungsweise lediglich von Wilden bewohnt, womit jegliche Brutalität gegen diese gerechtfertigt sei. Opfer dieser Fiktion wurden die *Native Americans*.

Die Frontier setzte sich nicht nur als geografischer, territorialer Begriff durch. Sondern auch als Metapher für die Zeitschwelle: als Linie zwischen Vergangenheit und Zukunft. Die Gegenwart verläuft in diesem Bild entlang der Frontier. Diesseits ist das, was man hinter sich lassen möchte, vielleicht nicht gänzlich vergessen, wovon man sich aber nicht beherrschen lassen will: die tendenziell triste Vergangenheit. Jenseits ist das, dem man zustrebt: die Zukunft, das bedrohlich Ungewisse ebenso wie die Verheißung auf ein besseres Leben.

John F. Kennedy hat die Frontier viel später entgrenzt und in seiner Nominierungsrede zum Präsidentschaftskandidaten auf dem Parteitag der Demokraten am 15. Juli 1960 neu definiert. Seine Rede trug den Titel »The New Frontier«.

Den Umstand, dass er sich in Los Angeles aufhielt, nutzte Kennedy: Er stellte sich in seiner Rede gleichsam auf die Frontier, indem er sagte: »Ich stehe hier heute Abend und schaue nach Westen, wo einst die letzte Grenze war.« In seinem Rücken lägen dreitausend Meilen Land, sagte Kennedy, er meinte damit die ganze Landmasse der USA. Pioniere hätten ehedem Sicherheit, Behaglichkeit und mitunter auch ihr Leben hergegeben, um nach Westen zu streben durch dieses Land und die neue Welt zu bauen, die »stark und frei« sein sollte, »ein Vorbild für die Welt«.

Kennedy verstand die Frontier aber ebenfalls nicht mehr nur als geografische Schwelle, sondern auch als eine zwischen dem Alten und dem Neuen. Er stellte seine Idee von der New Frontier in eine Reihe mit denen des »New Freedom« (Woodrow Wilson) und des »New Deal« (Franklin D. Roosevelt). Das Neue symbolisiert in diesen jeweiligen politischen Erzählungen, die US-Präsidenten formuliert haben, eine Tradition nicht der grundsätzlichen Ablehnung des Alten, sondern des Darauf-Aufbauens, aber auch des Heilens früherer Konflikte und des Aufbruchs ins Neue, Verheißungsvolle, Unbekannte.

Damit wird der Gründungsmythos der Vereinigten Staaten zugleich erneuert und als etwas bestätigt, das nicht endet: Die USA bleiben immer weiter in Bewegung. Der Gedanke des Unvollendeten steckt auch schon in der Präambel der amerikanischen Verfassung: »In Order to form a more perfect Union«. Der Verweis auf das noch zu Leistende fehlt seitdem eigentlich in keiner »State of the Union«-Rede eines US-Präsidenten. Amerika kennt keinen Abschluss, nur Stoßrichtungen.

Die damit verbundene Idee des Vordringens in »Unchartered Territories«, ins noch nicht vermessene Land, ist auch wieder nicht nur geografisch zu verstehen, sie ist eine Metapher für die Eroberung des Neuen, der Zukunft schlechthin.

Alle Forschung bewegt sich ins Unbekannte, und die USA verstehen sich auch als ein demokratisches und soziales Experiment, das nach innen vertieft und nach außen exportiert werden kann (diese Idee hat unter Donald Trump allerdings beträchtlichen Schaden genommen).

John F. Kennedy hat in seiner Kandidatenrede 1960 betont, dass seine New Frontier keine Verheißungen enthalte, sondern nur Herausforderungen. Jenseits ihrer Grenzlinie warteten verschiedenste Probleme auf die Amerikaner, soziale, gesellschaftliche, aber auch wissenschaftliche. Und überdies lägen, jenseits dieser Frontier, unerforschte Gebiete von Wissenschaft und

(Welt-)Raum. Expandieren lässt sich eben nicht nur nach außen, sondern auch nach innen; und nicht nur in horizontale Richtung, sondern auch in vertikale, nach oben.

Zwei Jahre später, am 12. September 1962, hielt Kennedy, diesmal als Präsident, dann die Rede, in der die Wendung »We choose to go to the Moon« von der ersten Landung des Menschen auf dem Mond kündete. Den dann sieben Jahre später Neil Armstrong betrat.

Die Erzählung der Frontier, befreit von ihrem ursprünglichen Rahmen und reduziert auf die reine Bewegung, auf das Verlassen des Bekannten und das Hinstreben zum Ungewissen, war da längst zu einem Hauptmotiv der amerikanischen (Populär-)Kultur geworden. So steckt es etwa in der zunächst fast ausschließlich Männern vorbehaltenen Figur des Westernhelden, der sein altes Leben verlassen hat und dann in unzähligen Variationen als Fremder in einer Stadt auftaucht, als Namenloser, Geschichtsloser, Outlaw, als Gefürchteter wie Beneideter, gar Angehimmelter: ein Mensch, der sich die Freiheit, die Ketten seiner Herkunft abzustreifen, genommen hat und nehmen konnte. Um sich im Unbekannten neu zu erfinden.

Die gleiche Sehnsucht nach dem Fortgehen, dem Aufbruch durchzieht als Individual- wie Paarerzählung auch unzählige Songlyrics: »A Runaway American Dream« heißt sie etwa bei Bruce Springsteen in »Born to Run«, dem immer noch amerikanischsten aller amerikanischen Rocksongs: »We gotta get out while we're young / 'Cause Tramps like us, Baby we were born to run.«

Paul Saffo und ich rannten nirgendwohin, wir saßen weiter vor der Starbucks-Filiale in San Mateo, vorm Parkplatz einer kleinen Shopping-Mall. Links von uns war eine Reinigung, rechts

95

eine griechische Pizzeria mit Wandmalereien, die generische mediterrane Motive zeigten.

Das Tal von San Mateo ist ein liebliches, die Hänge sind grün bewachsen. Auf früheren Reisen durch weite, karge amerikanische Landschaften, durch Nevada, Utah, Teile von Colorado, ist mir immer wieder etwas durch den Kopf gegangen: Mussten die Siedler einst nicht furchtbar enttäuscht gewesen sein, wenn sie auf dem Weg nach Westen wieder mal einen Höhenzug überwunden hatten – und dahinter wieder nur tundrische Ödnis auf sie wartete, das Nichts?

Und musste denen, die es bis nach Kalifornien geschafft hatten, in den fruchtbaren Teil im Norden jedenfalls, dieses endlich grüne Land nicht wie der wahrhaftige Garten Eden erschienen sein, das Paradies?

Brauchte die Idee von Turners »American Exceptionalism« vielleicht gar keine weitere Begründung mehr als diejenige, dass Menschen in unbekannten Landschaften ihre Zukunft zu sehen glaubten? Wer konnte es den ersten Siedlern Kaliforniens verdenken, dass sie sich wie Auserwählte fühlten, wie die kommenden Bewohner eines neuen Atlantis?

Welche der von Saffo so genannten »Gespräche« über die Zukunft, fragte ich ihn, haben die gegenwärtige kalifornische Denke des Silicon Valley geformt?

Saffo beschrieb daraufhin eine Art Dreisprung von vergangenen Zukunftserzählungen als den Ursprung des Valley. Der Kalte Krieg habe der Entwicklung der Satellitentechnologie einen wesentlichen Schub gegeben, »mit Satelliten konnte man die atomare Aufrüstung des Gegners beobachten«. Die Satellitentechnologie wiederum habe der Halbleitertechnologie einen wesentlichen Schub gegeben. Und dadurch sei Silicon Valley entstanden.

Okay, das ist die extrem kurze Fassung der Story.

»Aber: Immer ging es um Geschichten«, wiederholte Saffo. »Das ist für mich die entscheidende Eigenschaft des Menschen: Am Ende wird bei ihm alles zur Story. Es gab die Geschichte über die Drohung atomarer Zerstörung, die die Entwicklung des Satelliten begünstigte. Satelliten mussten von der Erde aus gesteuert werden, und so bekamen wir den Mikroprozessor. Beziehungsweise: Die erste integrierte Halbleiterschaltung wurde so mindestens ein Jahrzehnt früher entwickelt, als es ohne Satellitentechnologie der Fall gewesen wäre, und entsprechend kam der Mikroprozessor viel früher, als er ohne die Satellitentechnologie entwickelt worden wäre.«

Saffo zählte die einzelnen Erfindungen auf. Im Jahr 1947 stellten John Bardeen, Walter Brattain und William Shackley den ersten Transistor vor. Der erste integrierte Schaltkreis folgte 1962, 1963, die ersten Mikroprozessoren gab es Ende der Sechzigerjahre, Anfang der Siebzigerjahre. »Meine Über-den-Daumen-Regel lautet: Die meisten Dinge brauchen zwanzig Jahre – um dann über Nacht ein Erfolg zu werden.«

Zwanzig Jahre bis zum Erfolg über Nacht, konkret vom Transistor zum Halbleiter: Saffo und ich mussten über diese Pointe lachen. Ich war mir allerdings ziemlich sicher, dass sie ihm nicht gerade erst eingefallen war, so gut, wie sie saß.

»Alles lediglich Gedachte und noch nicht Realisierte«, sagte Paul, »ist immer seiner Zeit voraus – bis jemand es in die Gegenwart zerrt. Die Zukunft wartet auf ihre Realisierung stets ganz leicht hinterm Horizont, so dass die Menschen sie noch nicht wirklich erkennen können. Dort hat sie noch keine Gestalt, jemand muss ihnen in Gedanken eine Form geben. Und dann kommt ein Besessener und macht daraus die Gegenwart. Ob das nun Isambard Brunel war, als er das erste große Dampfschiff gebaut hat – und dann feststellen musste, dass es als Passagierschiff ein Misserfolg war. Oder eben die Leute, die die ersten Satelliten entwickelt haben ...«

Überhaupt sei der Satellit ein sehr gutes Beispiel, fand er. Der bedeutende Science-Fiction-Autor Arthur C. Clarke gelte weithin als derjenige, der in den Vierzigerjahren als Erster geostationäre Satelliten erdacht habe. Clarke habe sich Satelliten allerdings als Raumstationen vorgestellt, die mit menschlicher Besatzung im unteren Orbit fliegen, sagte Paul Saffo. Die Astronauten wären in Clarkes Vorstellung so etwas wie Telefonisten gewesen, die Kabel hin und her stecken. Clarke habe sich keinen robotischen Satelliten vorstellen können, der Telefonverbindungen selbstständig herstellen könne.

Der erste Kommunikationssatellit namens »Echo« sei 1960 im Prinzip ein riesiger Ballon mit einem Radiosignalreflektor daran gewesen. Dann habe es die Satelliten »Tiros« und »Telstar« gegeben und immer so weiter ... »Ich bin mir sicher, dass die Tatsache, dass Arthur C. Clarke über Satelliten geschrieben hat, deren Erfindung erst ermöglicht hat.«

Wir mussten also über Science-Fiction reden. Obwohl ich das eigentlich hatte vermeiden wollen. Mich langweilte Science-Fiction, und zwar schon schon seit Jugendtagen, wenn Jungen doch angeblich genau diese Art von Literatur verschlingen.

Schuld war ein einziges *Perry Rhodan*-Heftchen. Das hatte ich gekauft, kurz nachdem ich *Die Rückkehr der Jedi-Ritter* gesehen hatte, den dritten Film der *Star Wars*-Saga, der im Dezember 1983 in die deutschen Kinos kam. Ich war zwölf Jahre alt, also im besten Alter, um Sci-Fi-Fan zu werden.

Die Opening Line aller *Star Wars*-Filme vor Science-Fiction lautet: »A long time ago in a galaxy far, far away ...« Das betonte nicht nur die märchenhafte Form der Erzählung, sondern platzierte die Handlung auch explizit in der Vergangenheit und stellte die Saga außerhalb des Science-Fiction-Genres.

Manche Sci-Fi-Fans nahmen das *Star Wars* furchtbar übel, ich hingegen fand mich bestätigt: *Star Wars* war toll. *Perry Rhodan* (Superintelligenz? »Arkonidische Technologie«?) anödend, und Science-Fiction existierte einzig in Form von dämlichen Groschenheftchen. Statt Wells oder Verne, Orwell oder Huxley, Lem oder Dick, Asimov oder Clarke, Ballard oder Gibson zu entdecken kam bei mir nach den *Lustigen Taschenbüchern* und Agatha Christie also gleich der amerikanische Teil der klassischen Moderne dran.

F. Scott Fitzgerald und Ernest Hemingway wurden meine Schriftstellerhelden. Deren Geschichten handelten von Gefühlen, vom Dasein des Menschen in seiner jeweiligen Gegenwart. Science-Fiction hingegen, so glaubte ich fälschlicherweise, müsse fast immer vom Eintreten oder Gerade-noch-Abwenden ultimativer Katastrophen erzählen. Niemand würde doch über die Zukunft schreiben oder einen Film drehen, wenn man darin nicht wenigstens mit dem Weltuntergang drohen konnte!

Das, was in der Science-Fiction an Technologien erdacht wurde, schien mir lediglich eine Nebenwirkung der eigentlichen Haupthandlung zu sein.

In *Blade Runner* zum Beispiel (sehr gute Sci-Fi-Filme mochte ich dann doch), dem an Philip K. Dicks *Träumen Androiden von elektrischen Schafen?* angelehnten Film von Ridley Scott aus dem Jahr 1982, dessen Handlung übrigens im November 2019 spielt, geht es ja eben nicht um fliegende Autos. Es geht ganz fundamental ums Menschsein und die Zeit, die uns auf Erden gegeben wird. Die humanoiden Replikanten dienen lediglich als Spiegel des Menschen, der sich in ihnen erkennt oder eben nicht (oder selbst ein Replikant ist).

Und doch: Die in dem Film so genannten »Spinner«-Autos haben dazu beigetragen, dass das Konzept des fliegenden Autos zumindest als kollektive Fantasie bis heute weiterlebt, obwohl es physikalisch total widersinnig ist. Denn um sicher auf der Straße zu liegen, braucht ein Auto ein gewisses Gewicht, das in dem Moment zur Last wird, wenn das Auto abheben soll.

Paul Saffo, der Prognostiker, schien meine Skepsis an Science-Fiction als Vorhersage sogar zu teilen. Er tat das nur aus völlig anderen Gründen: »Man muss sich bewusst sein, dass Science-Fiction niemals von der Zukunft handelt – Science-Fiction handelt von der Gegenwart, in der sie erdacht wird.« Aber was ist nun mit dem Weltuntergang, welche Rolle spielen Technologien in der Science-Fiction, und warum muss man sie lesen, um etwas über die Zukunft zu erfahren?

»Science-Fiction-Geschichten funktionieren meist so, dass eine Folie aus Hypothesen einer weit vorausliegenden Zukunft über eine Fragestellung, ein Problem, eine Herausforderung der jeweiligen Gegenwart gelegt wird«, sagte Paul. »Die fiktiven Technologien, die dann beschrieben werden, sind meist nur der Deus ex Machina, der die Geschichten antreibt. Die Technologien werden in der Sci-Fi dafür erfunden, das Dilemma zu erschaffen, das aufgelöst werden muss. Oder sie liefern die Lösung des Dilemmas selbst. Aber in Wirklichkeit geht es nur um die Gegenwart. Das ist das Besondere an Science-Fiction: Es wird durch ein erdachtes Objektiv der Zukunft auf die Gegenwart geschaut. Dafür müssen die Autoren sich künftige Technologien ausdenken. Und die Leute, die das lesen, konzentrieren sich dann leider häufig zu sehr auf die Technologien.«

Paul schaute auf seinen wiederverwendbaren Alu-Kaffeebecher, den er im Starbucks hatte auffüllen lassen: »Kennst du den Ausdruck ›MacGuffin‹? Technologie und Erfindungen sind in der Science-Fiction genau das: MacGuffins. Es geht überhaupt nicht um sie in den Storys. Der MacGuffin Technologie dient lediglich als Vorwand dafür, eine Geschichte zu erzählen.«

George Lucas hatte die rollende Roboterbüchse R2-D2 als einen MacGuffin bezeichnet, das wusste ich als *Star Wars*-Fan.

Zuschauer finden R2-D2 in erster Linie süß, putzig, lustig – das ist die vom Drehbuch vorgesehene Nebenfunktion dieses Roboters. Seine Hauptfunktion indes besteht darin, Handlungsprobleme zu lösen: Muss das elektronische Schloss einer Tür geknackt werden, tut R2-D2 das; müssen Informationen aus einem Computersystem herausgezogen werden, tut R2-D2 das; muss ein Hologramm mit einer Botschaft von Prinzessin Leia projiziert werden, tut R2-D2 das. R2-D2 ist ein mobiler Werkzeugkasten für die Drehbuchautoren – aber keine wesentliche Filmfigur.

Saffo sagte nun: »Ich habe mir mal genauer angeschaut, welche Science-Fiction-Bücher Ingenieure als Teenager gelesen haben, und festgestellt, dass sie fünfzehn Jahre später oft an den Dingen gearbeitet haben, die sie als Fünfzehnjährige in diesen Büchern gelesen hatten.«

Er nannte ein klassisches Beispiel, die Idee des Cyberspace: William Gibson hat den im Jahr 1984 in *Neuromancer* so genannt und beschrieben, er tauchte aber auch bereits in *True Names* von Verner Vinge aus dem Jahr 1981 auf. Gibson und Vinge hatten beide eine ähnliche Idee eines digitalen Bereichs, der irgendwann bewohnt werden und nicht nur dazu dienen würde, Botschaften hin und her zu schicken: »Gibson hatte die Details richtiger vorhergesagt. Zehn Jahre später hob das World Wide Web langsam ab. Tim Berners-Lee, der Erfinder des World Wide Web, war natürlich nicht direkt von Gibson beeinflusst. Aber es ist kein Zufall, dass wir dieses Ding Cyberspace nennen.«

Ähnliche Einflüsse hätten auch frühere Science-Fiction-Bücher auf ganze Generationen gehabt: »Die Mercury-Astronauten des ersten bemannten Raumfahrtprogramms und die Ingenieure, die daran arbeiteten, sind alle mit *Buck Rogers*-Comics und deren Radiohörspielversionen und dem literarischen Genre der Space Opera aufgewachsen. Und alle Wissenschaftler, die auf der US-Seite an der Entwicklung der Atombombe gearbeitet haben, haben als Kinder und Jugendliche H. G. Wells gelesen, der schon von einer Monsterbombe gesprochen hatte.«

Aber war es damit nicht vorbei? Setzte das nicht voraus, dass Science-Fiction-Erzählungen als Kulturprodukte die Massen erreichten?

Der Comic *Buck Rogers* etwa wurde in den Dreißiger- und Vierzigerjahren in den USA in heute unvorstellbarer Auflage durch Tageszeitungssyndizierung verbreitet. Die Serienvertonung in Form von Hörspielen lief beim mächtigen CBS-Radio in den Dreißigern und hatte in diesen *radiodays* vor der Massenverbreitung des Fernsehens mutmaßlich viele Millionen Zuhörerinnen und Zuhörer. Eine Entsprechung in der Gegenwart gab es nicht. Selbst ein Kulturphänomen wie die Science-Fiction-Serie *Black Mirror* des Streaming-Portals Netflix hatte keine auch nur ansatzweise vergleichbare Verbreitung wie einst *Buck Rogers*. Wie sollte sie in zirka 15 Jahren eine ähnliche Wirkung entfalten, wie Paul Saffo sie *Buck Rogers* für die späten Fünfziger- und frühen Sechzigerjahre unterstellte, während denen das Mercury-Programm lief?

Ich mache da einen Denkfehler, sagte Saffo: Es kam und komme auch heute nicht auf die Verbreitung einer Erzählung an. Sondern darauf, wer sie wie weitererzählt.

In unserer Gegenwart seien die Tech-Milliardäre die großen Geschichtenerzähler. Und der beste von allen? Das sei Elon

Musk. Es käme nicht nur darauf an, welche Projekte der Gründer der Elektroautomarke Tesla und der Weltraumfirma SpaceX selbst umsetze: »Niemand, auch nicht Elon, hat genug Geld, um etwas allein in Gang zu setzen. Elons Erfolg und sein Reichtum geben ihm aber die Credibility, um andere zu überzeugen, Dinge zu wagen. Allein wie er die Hyperloop-Idee gestartet hat! Nämlich mit der Botschaft: ›Ich habe dafür keine Zeit. Aber hier ist die Idee, jeder kann damit anfangen, was er will.‹«

Der Hyperloop, muss man wissen, ist eine der Ideen, deren Ausarbeitung Elon Musk fördert: Durch Tunnels, in denen Vakuum herrscht, sollen eines Tages zugähnliche Kapseln mit Hochgeschwindigkeit geschossen werden.

»Der Hyperloop wurde nicht von Elon Musk erfunden«, sagte Saffo. »Er wurde auch nicht von mir erfunden, als ich vor Jahren an einem vergleichbaren Projekt gearbeitet habe. Er wurde auch nicht vom Stanford Research Institute erfunden, als das 1958 ein vergleichbares Projekt plante. Die Frage danach, wer die Idee des Hyperloop erfunden hat, ist ungefähr die gleiche, als würde man fragen: Was ist der Ursprung des Nils?«

Saffo machte eine bedeutungsvolle Pause: »Es gibt nicht den einen Nil. Beziehungsweise: Es gibt viele kleine Flüsse, die sich irgendwann zum Nil vereinen. So ähnlich ist das mit den meisten Ideen. Es lässt sich bei ihnen kein wirklicher Ursprungspunkt identifizieren, sehr wohl aber ein Punkt, an dem die Ideen Kraft entwickeln.« In dem Ozean aus Ideen, die fortwährend erdacht und in den Zeitgeist eingespeist werden, müsse man auf die achtgeben, die im Laufe der Zeit wieder und wieder aufpoppen an der Wasseroberfläche. Diese Ideen besäßen offenkundig etwas, bei dem es sich lohnte hinzuschauen.

Musk eröffne als Großerzähler eine Art intellektuelle Tränke – und finanziere im Fall des Hyperloop nun die Leute, die sich mutmaßlich durchsetzen würden mit der Idee: »Musk ist der größte Wo-ist-mein-fliegender-Rucksack-Dude und zugleich ein weitschauender Futurist … Ich muss gerade an einen meiner Harvard-Professoren denken, der Homer lehrte, die *Odyssee* und die *Ilias*. Er erzählte mir einmal, wie diese beiden zentralen Werke der Weltliteratur wiederentdeckt wurden, die ja der mündlichen Überlieferung entstammen. Sie wurden im späten 18. und frühen 19. Jahrhundert noch immer mündlich überliefert in den entlegensten Ecken Mazedoniens. Die Geschichtenerzähler damals waren dieselben Typen wie Homer, der blinde Barde. Und Elon Musk ist auch so jemand – einer, der am Feuer sitzt und Menschen Geschichten erzählt …«

Paul schaute mit der Begeisterung eines Geschichtenerzählers über seinen Kaffee hinweg, dessen Geschichten eben das Geschichtenerzählen selbst war. Meine Begeisterung hielt sich derweil in Grenzen.

Schon die Behauptung von historischen Monokausalitäten erscheint mir problematisch. Die Vorstellung, es existierten auf der Welt überhaupt kausale Verknüpfungen, ist schon im 18. Jahrhundert von dem Philosophen David Hume als eine gewohnheitsmäßige Erklärung für die Abfolge von Ereignissen beschrieben worden, obwohl es hier, auf diesem Planeten, keine notwendigen Verknüpfungen gebe. Andererseits existiert die Welt auch nach Hume bereits eben nur als unsere Vorstellung von ihr: Wir nehmen sie wahr. Und diese Vorstellung wiederum besitzt die Form der Erzählung. Sie nimmt sie jedenfalls fast zwangsläufig an in dem Moment, da wir sie weiterkommunizieren: Selbst Sprechakte, die von ihrem Sprecher oder ihrer Sprecherin als Beschreibungen oder Argumentationen intendiert sind, lassen sich semantisch und pragmatisch letztlich als Erzählungen verstehen, auch wenn sie strenggenommen keinen entsprechenden konventionellen Aufbau besitzen, keine erkennbaren Anfänge, Mittelteile und Enden und bedauerlich selten Pointen.

Betrachtet man Pauls Behauptung von den Kausalitäten und dass das Eine stets zum Anderen führen kann, nun so, dass er einfach zwei Erzählungen zu einer neuen verbindet, deren Verhältnis auch ein korrelatives sein könnte und deren Ursache-Wirkung-Zusammenhang bloß behauptet sein könnte – dann ergibt das vor allem eine gute Geschichte. Die muss gar nicht wahr und also überprüfbar sein im konventionellen Sinne.

Vielleicht ist Paul Saffo einfach auch ein verdammt guter Storyteller. Vielleicht ist die eigentliche Magie des Geschichtenerzählens wirklich die, dass wir die Erzählungen von der Zukunft irgendwann für so wahr halten, dass wir aus ihnen die Gegenwart bauen.

Die Zukunft braucht mitunter auch noch einen viel längeren Anlauf, als von Paul Saffo beschrieben. Der Science-Fiction-Autor Edward Everett Hale hat in der Erzählung *The Brick Moon*, die in der Oktoberausgabe des Jahres 1869 des *Atlantic Monthly* erschienen ist, bereits einen bemannten Satelliten beschrieben. Der allerdings sollte aus Mauerwerk sein. Doch der gemauerte Mond sollte bei Hale dem Vermessen der Erde dienen. Hale hat noch nicht darüber nachgedacht, dass die Menschheit ihren Heimatplaneten einmal verlassen könnte, um andere Planeten zu betreten oder gar zu kolonisieren. Hales Fantasie hat offenkundig nicht ausgereicht, um sich die Zukunft der Menschheit als »multiplanetare Spezies« vorzustellen. Das ist eine weitere Idee – von Elon Musk.

Aber ist die Funktion von Science-Fiction tatsächlich, eine kommende Zeit vorherzusagen? Paul Saffo hatte mich darauf gebracht, dass das womöglich die falsche Fragestellung nicht nur an die Science-Fiction, sondern an die Erzählungen von der Zukunft schlechthin ist. Es klingt vielleicht banal, doch die Folgen sind es nicht, wenn man eine andere Frage stellt: Was, wenn man statt »What's next?« fragt: »What if?« Statt »Was kommt?« also: »Was wäre, wenn?«

CUPERTINO

MENLO PARK

SAN MATEO

SCOTTSDALE

SAN DIEGO

SAN FRANCISCO

LOS ANGELES

ARLINGTON

WASHINGTON, D.C.

SHENZHEN

BERLIN

»Ich glaube fest daran, dass ich mit einer neuen Wahrnehmung der Welt wiedererwachen werde.«

»Der Welt, wie sie wirklich ist.«

»Zu einer Zeit, die gar nicht so fern sein muss. Und darüber denke ich nach, wenn ich mir die Zukunft vorstelle. Wiedergeboren werden in eine tiefere und wahrere Wirklichkeit. Linien aus strahlendem Licht, jedes Stück Materie in seiner Gänze, ein heiliger Gegenstand.«

An diesen Dialog aus Don DeLillos Roman *Null K* musste ich als Erstes denken, als ich das Gebäude der »Alcor Life Extension Foundation« in Scottsdale, Arizona betrat.

In *Null K* verbringt die todgeweihte Artis ihre letzten Tage in einem ebensolchen Institut. Im Roman wie auch bei Alcor werden Menschen unmittelbar nach dem Tod kryokonserviert, im herkömmlichen Sprachgebrauch also »eingefroren«, um in der Zukunft, sobald eine entsprechende Technologie erfunden ist, wieder ins Leben zurückgeholt werden zu können.

DeLillos Institut liegt einsam irgendwo in der vorderasiatischen Steppe einer ehemaligen Sowjetrepublik. Alcor hingegen hat seit 1994 seinen Sitz in Scottsdale nahe Phoenix, in einer Gegend mit unscheinbaren Bürobauten. Immerhin umgibt Scottsdale auch eine Wüste, die von Sonora. Alcor ist in jeglicher Hinsicht ziemlich weit draußen.

Das Institutsgebäude im Roman erinnerte an die modernistischen Bösewicht-Bauten, die der Setdesigner Ken Adam einst für die ersten Bond-Filme konstruieren ließ und die uns heute so retrofuturistisch erscheinen. Das Laboratorium in *Diamantenfieber*, in dem der Super-Bösewicht Blofeld Doppelgänger von sich klonen lässt. Der Bahnhof seiner Geheimorganisation SPECTRE in einem Weltraum-Vulkan (*Man lebt nur zweimal*). Strombergs Unterwasserstation Atlantis in *Der Spion, der mich liebte*. Drax' Raumstation im All in *Moonraker*.

Glatte Oberflächen, leere Gänge.

Der Sitz von Alcor, der größten der vier Institutionen auf der Welt, die Körper von amtlich Verstorbenen in heruntergekühlter Form aufbewahren, wirkt von außen architektonisch denkbar unspektakulär. Man drückt eine Klingel, wird von der Sekretärin durch die schlichte Haustür eingelassen und befindet sich dann gleich in einem überschaubaren Eingangsbereich, von dem eine Handvoll Büroräume abzweigen.

Gegenüber dem Eingang stehen ein schwarzes Sofa, einige ebenso bezogene Sessel und ein U-förmiger Couchglastisch, auf dessen Glasfläche ein paar Magazine zum Thema »Life Extension« ausliegen.

Die Wände sind dunkelblau und weiß gestrichen, der Boden sieht nach hellem Laminat aus. Auf den ersten Blick: Möbelhauseinrichtung, Mitte der Neunzigerjahre.

Außer der Sekretärin schien an diesem Tag bei Alcor niemand anwesend zu sein. Es war Mittag, draußen brütete eine angenehm trockene Hitze, und während ich im vollklimatisierten Eingangsbereich auf der Couch auf das Erscheinen des Alcor-CEO Max More wartete, klingelte nicht ein einziges Mal das Telefon. Man hörte einzig und allein das Klickern, das die Sekretärin auf ihrer Computertastatur produzierte.

Ich hatte Max More schon einmal auf einem Festival getroffen. Ich hatte ihm die Hand geschüttelt, er hatte mir seine Visitenkarte gegeben und gesagt, ich könne mich ja mal bei ihm melden. Als More an diesem Mittag eintraf, trug er die gleiche Sorte Kleidung wie damals, es schien seine Uniform zu sein: schwarze Jeans und schwarzes T-Shirt. Unter Letzterem zeichnete sich ein muskulöser, durchtrainierter Oberkörper ab. More trug die rötlichen Haare kurzgeschoren. Seine Erscheinung hatte etwas zugleich Soldatisches wie Mönchshaftes.

Woher kommt ein Mensch, der andere Menschen bis zu ihrer Wiedererweckung einfriert? Wie muss er sein, damit sich Leute ihm ante *und* post mortem anvertrauen?

More, Mitte fünfzig, stammt ursprünglich aus Großbritannien, hat in Oxford Philosophie, Wirtschafts- und Politikwissenschaften studiert und Mitte der Neunzigerjahre an der University of Southern California seine Dissertation geschrieben. Sie handelt von der menschlichen Identität, vom Selbst und vom Tod. More hatte sich in der Theorie also frühzeitig mit dem befasst, womit er nun, ein Vierteljahrhundert später, praktisch zu tun hat: der Bewahrung des Selbst nach dem Tod.

Denn den Tod, das war klar, akzeptierte Max More nicht. Man solle die Menschen, die hier bei Alcor aufbewahrt würden, am besten nicht »Tote« oder »Verstorbene« nennen, sagte er während einer kleinen Führung durch die Stiftungsräume. Ich schaltete mein Aufnahmegerät an.

Neben dem kleinen Bürotrakt gibt es nur vier weitere Räume, in denen die eigentliche Dienstleistung von Alcor erbracht wird. Ein Konferenzraum, zwei medizinische Räume mit einem OP sowie der Kühlraum, der bei Alcor »Patients' Care Bay« genannt wird, »Patientenversorgungsbereich«.

Alcor ist nach dem »Cryonics Institute« in Clinton, Michigan die Stätte, wo am meisten Menschen im Zustand Kryostase aufbewahrt werden; in Europa gibt es offiziell lediglich das Institut KrioRus, das in der Nähe von Moskau Kryokonservierte beherbergt.

Der Alcor-Kunde muss sich vor seinem Ableben entscheiden, ob sein ganzer Körper für eine spätere Wiedererweckung vorbereitet und aufbewahrt werden soll oder nur der Kopf. Eine Kryokonservierung und die anschließende Aufbewahrung des ganzen Körpers kostet 200 000 US-Dollar. Falls ein Kunde zum Beispiel von außerhalb der USA abgeholt werden muss, kostet das extra. Eine Vitrifizierung nur des Kopfes ist günstiger, sie kostet ab 80 000 Dollar.

Ich möge die bei Alcor ruhenden Menschen »Patienten« nennen, sagte More. Sie seien Komatösen gleich, nur dass sie keinen Stoffwechsel besaßen. Und keinen Herzschlag, dachte ich im Stillen. Keinen Herzschlag: mehr. More hätte vermutlich »derzeit« gesagt. Und dass für Menschen, die sich kryokonservieren ließen, der Tod nur eine Pause vom Leben ist.

Als Erstes betraten More und ich den Operationssaal von Alcor. Dort stand ein OP-Tisch, auf dem eine Art Metallbadewanne mit einem V-förmigen Profil angebracht war, in die Alcor-Patienten gelegt werden, wenn sie zum Beispiel aus einem Hospiz oder Krankenhaus hergebracht worden sind.

Alcor selbst ist keines von beiden, das Institut sieht auch keine intensivmedizinische Betreuung vor. Die meisten Patienten kommen nur zweimal her. Beim ersten Mal unterzeichnen sie die für eine spätere Kryokonservierung nötigen Unterlagen und Verträge, würden also bei Alcor Mitglied, wie in einem Verein.

Beim zweiten Mal werden sie durch den Hintereingang hinein-
getragen, als Hirntote.

Ich stand in dem geräumigen Operationssaal, heller Linoleum-
boden, weiße Wände, mittendrin der OP-Tisch, alles sehr leer
und geordnet. Ich dachte: Das sieht erfrischend unspektakulär
aus alles. Dafür, dass Menschen hier einerseits für eine vollkom-
men fantastisch klingende Idee von einem zukünftigen Leben
nach dem Tod vorbereitet werden. Eigentlich sind dafür ja nur
Religionen zuständig.

Andererseits stellte ich mir vor, wie chaotisch es hier zugehen
mochte, wenn ein Patient eingeliefert wird. Ein Dutzend Mediziner und Techniker seien dann hier im Raum, bestätigte More.
Sobald Alcor über das bevorstehende Ableben eines der Mitglieder durch Verwandte oder Krankenhäuser informiert würde,
entsende das Unternehmen ein Team dorthin, wo auch immer
auf der Welt der Sterbende sich befand. Und sobald dann die
Ärzte, die den Patienten bis dahin betreut hätten, offiziell dessen Hirntod feststellten, übernähme das Team von Alcor die Betreuung vor der Kryokonservierung.

Als Erstes würden sie den leblosen Körper des Patienten in
ein Eisbad legen, um ihn herunterzukühlen, damit keine Ver-
wesung einsetzte. Der Blutkreislauf des Patienten würde wäh-
renddessen mit einem künstlichen Herzschlag maschinell auf-
rechterhalten, auch damit dem Körper zunächst verschiedene
Medikamente beigegeben werden könnten. Diese sollten unter
anderem verhindern, dass der faktisch Verstorbene eine Form
von Bewusstseinszustand wiedererlangen könnte. Der Patient
lebte also und tat es doch nicht. Dergestalt vorgekühlt würde er
im Eisbad nach Scottsdale zu Alcor transportiert.

Ganzkörper-Patienten würden auf dem OP-Tisch in die Wanne gelegt, sagte More. Dann übernähme der institutseigene Chirurg. Er öffnete den Oberkörper des Patienten, um an alle wesentlichen Organe herankommen zu können, schlösse dann das Gefäßsystem des Patienten an eine Art Kältemaschine an, mithilfe derer dem Körper zunächst so viel Blut wie möglich entzogen würde, während ihm im Austausch gleichzeitig Frostschutz- und Kryokonservierungsmittel beigegeben würden.

Die Idee dahinter sei, die Zellstruktur des Körpers so zu fixieren, wie sie zum Zeitpunkt des Ablebens war, um sie zu einem späteren Zeitpunkt wieder freigeben zu können. Beim Körper würde sozusagen der Pausenknopf gedrückt. Das würde nicht durch den Gefriervorgang selbst erreicht, sagte More, sondern durch eine Vitrifizierung, eine Art Verglasung mittels der Konservierungsmittel. Im Laufe einiger Tage würde der Körper des Patienten bis zu seiner endgültigen Lagertemperatur von minus 196 Grad Celsius heruntergekühlt und schließlich als gefrorener Glasblock in einem der Dewargefäße im Kühlraum deponiert.

Einige Meter vom OP-Tisch entfernt befand sich ein Ständer, auf dem ein transparenter Kasten aus Acrylglas angebracht war, der für die Vitrifizierung von menschlichen Köpfen vorgesehen war. Der Kopf von Patienten, die sich für diese Art der Kryokonservierung entschieden hätten, werde, wie More in sachlichem Ton ausführte, zuvor am Halsansatz vom restlichen Körper getrennt, der dann üblicherweise ganz konventionell bestattet werde. Nur der Kopf werde hier im OP-Saal in den Glaskasten eingespannt und darin nach demselben Prinzip wie ganze Körper vitrifiziert.

Dass nicht bloß Hirne kryokonserviert werden, sondern die ganzen Köpfe mit den Hirnen darin, geschieht keineswegs deshalb, weil die Patienten davon ausgehen können, dass sie irgendwann in den Spiegel schauen und darin das ihnen bekannte, also *erinnerte* Gesicht sehen werden. Der Kopf diene, so More, in erster Linie als Behältnis des Hirns. Würde man dieses vor der Vitrifizierung aus der Schädelhöhle entfernen, wäre die Gefahr viel zu groß, dass das Hirn verletzt würde. Also belasse man es an seinem natürlichen und ursprünglichen Aufbewahrungsort.

Wer sein Gesicht für sein unverkennbares physiologisches Alleinstellungsmerkmal hält, das Kennzeichen der Einzigartigkeit seines oder ihres Daseins; wer im Gesicht vor allem die eigene Wiedererkennbarkeit sieht, ich bin ich und niemand sonst; oder wer in ihm das dem Alterungsprozess ausgesetzte, aber dennoch eigentliche Trägermedium von allen Vorstellungen von Schönheit betrachtet – wer allen diesen Ideen nachhängt, muss sich als Patient von Alcor davon verabschieden. Die Wahrscheinlichkeit ist hoch, dass Alcor das ursprüngliche Gesicht nicht retten können, nicht retten wollen wird, wenn das Institut eines unbestimmt fernen Tages die Menschen aus dem Reich der Toten aus ihrem eiskalten Wartestand zurückholt.

Kryokonservierte warten in eisigen Temperaturen auf die Zukunft und den Zeitpunkt, an dem außen entschieden wird, sie wiederzubeleben. Wann und ob überhaupt jemals eine Technologie dafür entwickelt werden kann, ist völlig offen.

Heutzutage ist auch noch völlig unklar, ob der Kopf oder gar der ganze Körper künftig einmal in seiner letzten Form zu retten sein werden für die Fortsetzung der Existenz. Max More konnte mir am Tag meines Besuches auch nicht erklären, ob und wann eine Technologie dafür zur Verfügung stehen wird und wie genau sie einmal funktionieren soll.

More befindet sich als Chef von Alcor im Grunde ebenso im Wartestand wie die eingelagerten Patienten des Instituts. Alle harren darauf, dass die Wiederbelebung von Kryokonservierten eines Tages möglich wird. Alcor selbst arbeitet nur an der kontinuierlichen Verbesserung der eigenen Vitrifizierungstechnologie. Die Utopie der Rückholung der Toten in den Kreis der Lebenden müssen andere wahr werden lassen.

Genau diese Unbestimmtheit macht die Idee der Kryokonservierung so faszinierend: Es gibt also Menschen, die die Fortsetzung ihrer Existenz nach dem natürlichen Tod planen und schon zu Lebzeiten Geld dafür zurücklegen – im Hinblick auf die Zukunft, von der sie absolut nicht wissen können, wie sie beschaffen sein könnte, ja ob es sie überhaupt geben wird.

»Die Menschen darin träumen übrigens nicht, falls Sie diesen Film mit Tom Cruise gesehen haben, in dem es für Kryonikpatienten eine Traum-Option gibt«, unterbrach Max More meine Überlegungen. Wir standen nun im Kühlraum von Alcor. More spielte auf den Film *Vanilla Sky* an, wie mir später einfiel; in diesem Moment aber kamen wir beide nicht auf den Titel.

In dem Aufbewahrungsbereich standen in bläulichem Licht rund ein Dutzend etwa vier, fünf Meter hohe, metallisch glänzende sogenannte Dewargefäße, doppelwandige Silos aus rostfreiem Stahl. Dewargefäße sind dafür da, einen Temperaturunterschied zwischen Innen und Außen aufrechtzuerhalten, und im Prinzip ist es egal, ob es drinnen kälter oder wärmer ist als draußen. Das gebräuchlichste Dewargefäß sind Isolierkannen für Kaffee. In den Dewargefäßen bei Alcor lagerten zum Zeitpunkt meines Besuchs die sterblichen Überreste von exakt 156 Menschen und 60 Haustieren.

Die Menschen in den Dewargefäßen bei Alcor sind nicht einfach bloß eingefroren. Sie sind in der Zeit fixiert, jeder und jede ab dem Punkt seiner oder ihrer Kryokonservierung (es warten erheblich mehr Männer bei Alcor als Frauen auf ihre Wiedergeburt). Sie waren verschiedensten Alters, als ihre Leben unterbrochen wurden. Manche waren noch kleine Kinder, manche schon Greise; manche hatten eine lange Leidenszeit als Kranke hinter sich, andere sind Opfer eines unvorhersehbaren Unfalls geworden. Nun eint sie die Zeit, die unablässig draußen verstreicht, jenseits der Dewargefäße, in der Welt der Lebenden.

Hatte übersteigerte Selbstgewissheit die Kryokonservierten zu diesem Schritt veranlasst? Eine Unfähigkeit, abtreten oder das Leben loslassen zu können?

Wohl kaum. Nicht tot sein zu wollen, sich für eine selbstbestimmte Wiedererweckung des Selbst ohne absehbare Form zu entscheiden, statt sich der Ungewissheit auszusetzen, ob es ein Leben nach dem Tode im Himmel, Paradies oder durch Wiedergeburt gäbe: Das erscheint mir mutig, imponierend und absolut nachvollziehbar.

Ich zumindest stelle mir die Entscheidung für eine Kryokonservierung so vor, als stünde man auf einem Sprungbrett und bereite sich auf einen Satz ins Nichts vor, ins Dunkle, das sich im Unbekannten und Unerzählbaren, weil noch Ungeformten endlos ausbreitet. Man weiß nicht einmal, welchen zeitlichen und räumlichen Dimensionen man sich in der Zukunft ausliefert.

»Bei 196 Grad minus existiert kein Metabolismus und keine neuronale Aktivität«, sagte More, während er an eines der Gefäße klopfte, in dem pro Ebene vier Ganzkörperpatienten hochkant gelagert Platz finden. »Biologisch macht es keinen Unterschied, ob man einen Tag oder einhundert Jahre hier drinnen ist.«

Im Jahr 1976 hat Alcor zum ersten Mal einen Menschen kryokonserviert, er war der Vater des Institutsgründers Fred Chamberlain. Irgendwo in einem der Silos lagert also jemand, der seit bald einem halben Jahrhundert fort ist aus dem Weltbewusstsein. 1976: Damals war Jimmy Carter der amtierende US-Präsident und der Vietnamkrieg gerade erst vorbei. Was der Mensch, der 1976 kryokonserviert wurde, in der Zwischenzeit alles verpasst hatte und was er noch alles verpassen wird, bis er womöglich eines fernen Tages aufgeweckt wird ...

Um sich ein derartiges Fortsein aus der Welt vorzustellen, während man körperlich noch immer da ist, dazu braucht es verdammt große Fantasie. Und tatsächlich entstammt die Idee der menschlichen Kryokonservierung ursprünglich einer Science-Fiction-Geschichte.

Im Juli 1931 erschien die Short Story *The Jameson Satellite* von Neil R. Jones in dem amerikanischen Pulp-Heftchen *Amazing Stories*, das als erstes amerikanisches Magazin regelmäßig moderne Science-Fiction-Geschichten veröffentlichte. Jones hat für die Story zwei unterschiedlich weit entfernte Zukünfte erdacht: Im Jahr 1958, heißt es im ersten Absatz, bestimmt der Protagonist Professor Jameson, dass er nach seinem Tod in einer Rakete in den Weltraum befördert werden solle. Diese würde in einer Höhe von 65 000 Metern einem Satelliten gleich in einen Orbit um die Erde einschwenken.

So geschieht es dann auch, die Rakete umrundet die Erde allerdings in 20 000 Metern Höhe. Sie tut es ganze vierzig Millionen Jahre lang, bis Mitglieder einer außerirdischen Zivilisation auf die Rakete stoßen. Die »Zoromes« sind Maschinenwesen vom Planeten Zor. Sie öffnen Professor Jamesons Rakete, befördern Jamesons Leiche in ihr eigenes Raumschiff, entnehmen dem Leichnam das Gehirn, bauen es in eines ihrer

Maschinenwesen ein – und erwecken das Gehirn so wieder zum Leben.

Der wiederentdeckte Professor Jameson erblickt in der Geschichte die Erde und wird furchtbar traurig. Der Planet hat vor langer Zeit aufgehört sich zu drehen und sich in einen wüsten, menschenleeren verwandelt. Die eine Hälfte ist wegen der permanenten Sonneneinstrahlung kochend heiß, die andere Hälfte wegen der permanenten Abgewandtheit von der Sonne eingefroren. Professor Jameson lebt wieder. Doch die Erde ist tot.

Einer der Leser von *The Jameson Satellite* war im Jahr 1931 zwölf Jahre alt. Er hieß Robert Ettinger und lebte mit seinen Eltern in Detroit. Seine Mutter stammte aus der Sowjetunion, sein Vater aus Deutschland. Robert war ein Science-Fiction-Fan und seit seinem achten Lebensjahr regelmäßiger Leser des Schundheftchens *Amazing Stories*.

Als junger Mann wurde Ettinger Soldat, zog in den Zweiten Weltkrieg und kehrte verwundet in die USA zurück. Die kommenden vier Jahre verbrachte Ettinger in unterschiedlichen Armeekrankenhäusern. Dort begann er zu schreiben – Science-Fiction-Geschichten. Eine davon wurde im Jahr 1948 in dem Pulp-Heftchen *Startling Stories* veröffentlicht, das wie anfänglich *Amazing Stories* von dem aus Luxemburg stammenden US-Verleger Hugo Gernsback herausgegeben wurde, der Dutzende Magazine verlegte, darunter auch Technik- und Medizinhefte.

Ettingers Kurzgeschichte aus dem Jahr 1948, die in *Startling Stories* erschien, trug den Titel *The Penultimate Trump* und handelte von einem Greis namens H. D. Haworth, der mit den Mitteln modernster Medizin und stetigen chirurgischen Eingriffen zusammengehalten wird. Er beauftragt einen jungen Wissenschaftler damit, ihn, Haworth, einzufrieren – und ihn erst wieder auftauen zu lassen, wenn die Forschung dafür bereit wäre.

Ettinger schrieb *The Penultimate Trump* unter dem Eindruck seiner eigenen, schwer angeschlagenen Gesundheit. Die Idee mit dem Einfrieren ließ ihn fortan nicht mehr los. In den folgenden Jahren verfasste er auch zahlreiche nichtfiktionale Texte in anderen Magazinen darüber. Im Jahr 1962 erschien dann Ettingers Kryonik-Manifest: »The Prospect of Immortality«. Und anderthalb Jahrzehnte später, im Jahr 1976, gründete Ettinger schließlich das »Cryonics Institute« und damit Alcors größten Konkurrenten.

Robert Ettinger starb im Jahr 2011. Er ließ sich in dem von ihm gegründeten Cryonics Institute kryokonservieren, sein vitrifizierter Leichnam lagert dort bis heute.

Die entscheidende, weder belegbare noch falsifizierbare Hypothese der Kryonik lautet: Unsere Erinnerung ist physisch eingeschrieben in der Zellstruktur unseres Hirns. Sollte man die Hirnfunktion eines Kryokonservierten in der Zukunft wieder in Gang setzen können, so geht die Hypothese weiter, würde die Erinnerung des Menschen demnach unverändert bestehen, weil die Zellstruktur des Hirns im Prozess der Vitrifizierung fixiert wurde.

Nach dem Menschenbild der Kryonik macht vor allem die Erinnerung uns als Individuen aus. Mit Kategorien wie dem Selbst, dem Bewusstsein und dem Unterbewussten tun sich die Kryoniker schwerer. Max More jedenfalls, der doch in der Theorie so viel vom Selbst weiß, sprach mir gegenüber nur von der Erinnerung.

Wie aber beginnt man mit der Erinnerung an ein altes ein neues Leben? Diejenigen Alcor-Patienten, die ihren gesamten Körper vitrifizieren haben lassen, gingen offenkundig vor ihrem Tod davon aus, dass sie ihr neues Leben eines Tages wieder in ihrer bisherigen Hülle verbringen würden. Oder dass die zumindest das Grundgerüst ihrer zweiten, der wiederaufgenommenen und gegenwärtig nur pausierten Existenz sein würde. Denn man stirbt schließlich nicht mit physiologisch intaktem Körper. Man stirbt, weil der Körper nicht mehr lebensfähig ist.

Eine weitere völlig offene Frage der Kryonik ist, welche Gestalt eine Reaktivierung des Hirns und damit der Erinnerung darin annehmen wird – in welchem Gefäß letztlich, welchem Körper (wenn überhaupt in einem) die Menschen zurückkehren werden.

Im Vertrag, den man mit Alcor schließt, kann man wählen, die Zukunft ist bei Alcor multioptional. Da das Institut aber nicht im Bereich der Futurologie tätig ist, überlässt es die Vorstellungen des Kommenden weitgehend den Patienten selbst. Alcor definiert sich als ein Ermöglicher, Wunscherfüller der Ideen künftiger Daseinsformen.

Alcor gibt allerdings keine Garantien ab. Nur eine Willensbekundung, den Wünschen des Patienten zu entsprechen, so das technologisch irgendwann machbar ist. Juristisch einklagbar sind diese Wünsche sowieso nicht, es existiert ja kein gesetzlicher Rahmen für etwas, das es noch gar nicht gibt: Wiederauferstehung.

Je nach Todesursache würden bei der Wiederbelebung von Kryokonservierten medizinische Eingriffe nötig sein, sagte More. Wer an einem Herzinfarkt gestorben sei, bräuchte womöglich ein neues Herz. Wer an Krebs gestorben sei, könnte nicht in einem von Krebs befallenen Körper ein zweites Leben beginnen.

Und diejenigen Kryonikpatienten, die ein langes erstes Leben hatten vor der vorübergehenden Verglasung und Tiefkühlung ihrer selbst, hatten sich bei der Entscheidung, wie sie unter die Lebenden zurückkehren wollten, wahrscheinlich ohnehin gefragt, ob sie das als biologisch alter Mensch tun wollten. Oder ob es nicht doch viel sinnvoller wäre, körperlich noch einmal neu zu beginnen. Zum Beispiel mit einem sexy Muskelapparat und tollen Lungen und womöglich sogar optimierten Geschlechtsorganen, schöneren Brüsten, einem größeren Penis vielleicht.

Die Aussicht darauf, sich als, sagen wir, Achtzigjähriger oder Achtzigjährige im alten Körper durch die Unsterblichkeit zu schleppen, wäre doch eher trist. Denn natürlich ist der Zweck der Wiederbelebung, dass in der Zukunft, die sich Alcor-Patienten zu ihren ursprünglichen Lebzeiten vorgestellt haben, der Tod abgeschafft sein wird. Man würde sich ja nicht von den Toten wiederauferwecken lassen, um später noch einmal zu sterben.

Alcor-Patienten legen zu ihren Lebzeiten fest, in welcher Form ihre zweiten Lebzeiten stattfinden sollen.

Die Idee allein erscheint mir einigermaßen irre: Wie kann man sich als Lebender ein neues Leben nach dem Tod überhaupt vorstellen? Und sich dann wie auf einer multioptionalen Menükarte für die physische oder sogar nichtphysische Form einer neuen Existenz entscheiden, von der man nicht einmal wissen kann, ob sie jemals beginnt? Was muss man für gedankliche Sprünge machen, um dann auch noch zu sagen: Falls Option A nicht klappt, nehme ich Option B oder vielleicht Option C, weil die womöglich rascher zur Verfügung stehen könnte als die Optionen A und B?

Sosehr ich den Wunsch nachvollziehen kann, nicht sterben zu wollen: Mir erscheint die Überwindung der eigenen Sterblichkeit durch eine Rückkehr ins Leben nach dem Tod buchstäblich undenkbar, zumindest für mich selbst. Es ist erstens eine reine Fiktion, für die man sich da entscheidet, und Fiktion ist nun einmal Fiktion, weil sie nicht die Wirklichkeit ist – selbst wenn die Fiktion Wiedergeburt irgendwann in der Zukunft Wirklichkeit werden sollte.

Doch dann steckt der eigene Körper oder zumindest der eigene Kopf dann ja immer noch bei minus 196 Grad in einem Dewargefäß und kann nicht sagen: Ja, ich möchte, dass die Fiktion nun Wirklichkeit wird, weck mich auf, ich nehme Option C!

Die Willenlosigkeit, das nichtvorhandene Bewusstsein eines Kryokonservierten macht ihn faktisch eben doch: zu einem Toten. Diese gedankliche Hürde jedoch müssen die heute als kryokonservierte Patienten bei Alcor Untergebrachten als Lebende übersprungen haben.

Ganzkörperpatienten gingen davon aus, dass sie in einem Körper weiterlebten, der genetisch ihrem eigenen entsprechen werden wird. Entscheidend dabei ist der Begriff »genetisch«, denn der Körper könnte in der Zukunft aus nachgezüchteten Organen und Körperteilen bestehen, die zwar neue wären, aber die DNA des Patienten enthalten werden.

Diejenigen Alcor-Patienten nun wiederum, die lediglich ihren Kopf vitrifizieren und sich zuvor bei faktisch totem Leibe chirurgisch enthaupten ließen – und das waren nach Aussage Mores knapp über die Hälfte –, haben offenkundig ohnehin nicht daran geglaubt, dass sie ihren alten Körper in Zukunft noch brauchen würden.

Was aber mit dem Hirn geschehen würde, sollte es wiederbelebt werden, ist bei den Kopfpatienten noch viel mehr als bei Ganzkörperpatienten (die in der Regel von der Möglichkeit einer gleichsam ganzheitlichen Wiederauferweckung ihrer Körper ausgegangen waren) eine Sache der reinen Imagination. Manche haben vor ihrer Vitrifizierung offenbar geglaubt, ihr Hirn werde eines Tages in einen anderen menschlichen Körper transplantiert; manche sind davon ausgegangen, es werde eben in einen bionischen oder womöglich rein robotischen Körper eingepflanzt, der bei auftretenden Defekten oder Alterungserscheinungen jederzeit reparierbar oder austauschbar sein würde, physisch updatebar also.

Und wieder andere sind offenbar der Meinung gewesen, dass es in Zukunft gar nicht darum gehen wird, dass Menschen noch in Körpern oder anderen Bewegungsapparaten existieren werden; das, was den Menschen ausmacht – neben seinen Erinnerungen auch sein Denkvermögen als Ganzes – könnte stattdessen zukünftig ausgelesen werden und dann körperlos existieren, in elektronischer Form.

Der Körper, dieses Gebilde aus Fleisch und Blut und Knochen und Gefäßen und Organen, muss dieser letzten Gruppe von Kryokonservierten als ein mit Haut umhülltes Gefängnis erschienen sein. Oder jedenfalls als physisch und zeitlich begrenztes Trägerobjekt ihres eigentlich für die Endlosigkeit bestimmten Daseins.

Der Tod kann diesen Menschen nur wie der erste Schritt einer Befreiung vom Körper vorgekommen sein. Was danach käme, die Existenz als nichtphysisches Selbst, würde womöglich nur die digitalisierte Fassung dieses Selbst sein, das dafür in Code übersetzt werden müsste.

Die biologische Intelligenz müsste dafür in dem Prozess in eine künstliche überführt werden. Das brächte zunächst ein algorithmisches Problem mit sich: Ein Menschenhirn befindet sich in konstanter Veränderung. Zum Beispiel altert es und produziert permanent neue Erinnerungen. Es wird unter Umständen krank. Es bleibt einfach nicht stehen, bis zum Augenblick des Todes.

Das für seine elektronische Auslesung wiederbelebte Hirn wäre – so jedenfalls stelle ich mir das in *meinem* Hirn vor – eine Art Schnappschuss des Hirns in seinem letzten lebendigen Moment.

Oder würde man von der letzten verfügbaren Version irgendwann zu einer früheren zurückkommen können, mit der man neu beginnen könnte und die man zugleich als Backup hätte, für Notfälle? Würde man sich womöglich aussuchen können, ob das Hirn in seiner dann digitalisierten Form einen Mechanismus einprogrammiert bekäme, der eine weitere Fortentwicklung, ein weiteres Altern simulierte?

Oder würde man das für ethisch nicht vertretbar halten und das digitalisierte Hirn nur in seinem Wiederbelebungszustand belassen? Und wofür wäre ein Denkapparat, eine Erinnerungsmaschine überhaupt gut – ohne Körper drum herum?

Was werden körperlose Hirne den lieben langen Tag so tun? Vor sich hin denken? Mit welchem Ziel? Wie würden die körperlosen Hirne miteinander kommunizieren? Und wozu eigentlich? Was wäre ihre Existenzberechtigung? In welchem Universum wären sie beheimatet, und wie würden die Außenbeziehungen zur physischen Welt geregelt werden? Oder gäbe es ein Kontaktverbot zwischen dem Reich der körperlich Lebenden und der elektronisch Weiterlebenden, um sie voreinander zu schützen?

Und wenn die Heimat der Untoten die Cloud wäre, die im Netz verfügbare digitale Rechenkapazität, was man aus unserer heutigen technologischen Sicht für wahrscheinlich halten kann: Wäre die Cloud dann der Ersatz für den Himmel, den sich Christen als Paradies, als Garten Eden vorstellen?

Das absolut Atemberaubende an der Idee der Kryokonservierung ist, dass es heute auf keine dieser Fragen eine gesicherte Antwort gibt. Und geben wird, bis eine Technologie zur Verfügung stehen wird, die eine zweite Existenz ermöglicht nach dem, was wir (noch) natürlichen Tod nennen, und der angenommenen Übergangzeit des Kryokonserviertseins.

Diese Technologie würde zugleich den Tod abschaffen und die Kryokonservierung überflüssig machen. Man müsste ja nicht mehr sterben, um eine zweite Existenz zu beginnen. Ob die in einem physischen Körper gelebt würde oder zum Beispiel in Form eines Softwarecodes, einer künstlichen Intelligenz, die unserer natürlichen nachgebaut wäre, würde keine Rolle spielen. Das Ergebnis, eine zweite, potenziell unendliche Existenz, wäre dasselbe.

Solange jedoch keine der denkbaren Technologien existiert, ist das alles bloß Spekulation. Leute, die sich kryokonservieren lassen, kennen die Zukunft nicht, müssen sich aber für eine Existenzform entscheiden, in der sie zu einem Zeitpunkt, den sie ebenfalls nicht kennen, ins Leben zurückkehren werden. Sie werden so zu Autoren ihrer eigenen Science-Fiction-Erzählung, in die sie einmal als reale Protagonisten eintreten wollen – ohne dass sie zum Zeitpunkt des Verfassens ihrer Geschichte wissen, wie die Zukunft um sie herum aussehen wird, in die sie als Wiederlebende kommen werden.

Laut Max More werden die Kryokonservierten keineswegs alle zum selben Zeitpunkt wiederbelebt, sondern je nach der technologischen Verfügbarkeit der von ihnen gewählten Form künftiger Existenz. Die Wiederherstellung ganzer Körper zum Beispiel könnte womöglich viel später erst möglich werden als das digitale Auslesen von Erinnerungen aus Hirnen.

Es wird jedenfalls keine Zombie-Armee-Apokalypse geben, dachte ich still bei mir, während ich More zuhörte, keinen Tag X, an dem sie alle gemeinsam auferstehen und losziehen werden, von Scottsdale, Arizona aus (und von einer Armeestärke ist man bei Alcor ja noch weit entfernt mit weniger als 200 kryokonservierten Patienten).

Als Lebender kann man sich aber nicht unendlich viele Zukunftsszenarien für unendlich viele Zeiten vorstellen. Das würde jedenfalls mein Hirn zum Platzen bringen. Und wäre dann der Moment gekommen, an dem andere Menschen darüber befänden, man könne nun aufgeweckt werden, hätte man selbst gar kein Mitspracherecht dabei. Was, wenn einem die Zukunft gar nicht gefällt, in die man hineingeworfen werden sollte? Würde man dann sagen: Leute, friert mich wieder ein, auf den Scheiß da draußen habe ich echt keine Lust – das hat ja nichts mit der Welt zu tun, die ich mir vorgestellt habe!?

Wie würde man überhaupt zurechtkommen als Wiederbelebter und Wiederbelebte?

Max More beantwortete letztere Frage so: »Ich gehe davon aus, dass es für diese Menschen eine Art Wiedereingliederungsprozess in die Gesellschaft geben muss.« Die Toten würden also dereinst resozialisiert werden müssen wie Strafgefangene in unserer Gegenwart.

More und ich standen noch eine Weile schweigend in dem Aufbewahrungsraum für die Kryokonservierten. Die Kühlanlage erzeugte einen leisen Brummton, den ich später auch auf dem Audiofile meines Aufnahmegerätes hören konnte.

In meinem Kopf stürzten die kulturellen Referenzen nur so ineinander. Ich dachte an den »Tears in the rain«-Monolog aus der Verfilmung von *Blade Runner* von 1982. Der Schauspieler Rutger Hauer sagt in der Rolle des Replikanten Roy Batty, in den ein Ablaufdatum eingeschrieben war, einen Monolog auf: »Ich habe Dinge gesehen, die ihr Menschen niemals glauben würdet. Gigantische Schiffe, die brannten, draußen vor der Schulter des Orion. Und ich habe C-Beams gesehen, glitzernd im Dunkeln, nahe dem Tannhäuser Tor. All diese Momente werden verloren sein in der Zeit, so wie Tränen im Regen. Zeit zu sterben.«

All diese Momente: Die Erinnerungen von Replikanten sind erfundene, das weiß man als Zuschauer von *Blade Runner*; sie sind den Replikanten einprogrammiert worden und nicht das Ergebnis von tatsächlichen Erinnerungen. Weiß Batty das? Der Replikantenjäger Rick Deckard, der Batty in der Filmszene diesen Monolog sprechen hört, weiß davon definitiv. Doch was unklar bleibt, nicht nur in dieser Szene auf den Dächern hoch über dem fiktiven Los Angeles des Jahres 2019, sondern letztlich auch in der 2017 von Denis Villeneuve gedrehten Fortsetzung *Blade Runner 2049*, die im Jahr 2049 spielt: Ist Deckard, der sein Geld mit dem Fangen respektive Töten von Replikanten verdient hat, selbst einer? Sind auch seine Erinnerungen bloß einprogrammierte?

Werden sich die in einer fernen Zukunft wiederauferweckten Kryokonservierten die gleiche Frage stellen: »Ist das, was ich für meine Erinnerung halte, wirklich meine eigene?« Denn was mit ihren Hirnen und Körpern geschehen sein wird während ihrer Lagerung in minus 196 Grad Celsius über Jahre, Jahrzehnte, womöglich Jahrhunderte, das werden sie nicht wissen können. (Max More sagte, er glaube, mit den ersten Wiederbelebungen würde es vermutlich noch fünfzig Jahre dauern. Mehr als einhundert aber nicht.)

Was überhaupt ist die Erinnerung?, überlegte ich im Kühlraum von Alcor – ich traute meiner eigenen ja nicht einmal. Was alles vergesse ich, habe ich vergessen, was habe ich mir gemerkt und was nicht? Ist das, woran ich mich zu entsinnen glaube, wirklich faktisch richtig, oder besser gesagt: Wie viel faktisch Richtiges enthalten meine Erinnerungen? Wie sind sie überformt von subjektiver Wahrnehmung, von den lückenhaften Speichervorgängen des menschlichen Hirns; und wie viel von diesen Erinnerungen erzählt sich das Hirn immerzu neu und womöglich in stetig weiter variierter Form, wenn wir zu uns selbst oder zu anderen Menschen sagen: »Ich erinnere mich.« – »Weißt du noch, damals?« – »Wenn ich mich nur entsinnen könnte.« – »Hab ich sie, hab ich ihn je wirklich geliebt?«

»All diese Momente werden verloren sein in der Zeit, so wie Tränen im Regen.« Der Grund, warum dieser Satz aus *Blade Runner* so bewegend ist, lautet: Er gilt auch für uns Nichtreplikanten, wenn wir eines Tages sterben, in der Wirklichkeit, nicht in der Fiktion. Zumindest dann, wenn wir nicht daran glauben, nach dem Leben in den Himmel aufzusteigen und unsere Existenz in anderer Form fortzusetzen, bei Gott. Zeit zu sterben: Nicht nur für Kryokonservierte muss das ein unerträglicher Gedanke gewesen sein, bevor sie sich verglasen und einfrieren ließen.

Ich dachte in diesem Augenblick auch an eine Inszenierung von René Pollesch an der Volksbühne in Berlin, an »Schmeiß dein Ego weg!«, uraufgeführt im Jahr 2011. Pollesch hat darin die Schriften des französischen Philosophen Jean-Luc Nancy zitiert und variiert, es ging um Nancys Essay *Corpus*. Der Schauspieler Martin Wuttke rief die üblicherweise wahnsinnig langen und verdrehten Pollesch-Passagen hinaus ins Publikum, die in einer Aussage zusammenliefen: »Die Seele ist eine Außenbeziehung des Körpers mit sich selbst!« In Polleschs Interpretation ist Seelenerkundung offenbar eine relativ große Zeitverschwendung; da nutzt man die Zeit, die einem in der hinfälligen Hülle »Körper« gegeben ist, doch besser zur Kultivierung anderer Außenbeziehungen, zu sozusagen diplomatischen Beziehungen mit anderen Körpern, die wiederum auch ihre Außenbeziehungen zu ihren darin behausten Seelen nicht überstrapazieren sollen. Mit anderen Worten: Wir alle sollen offenbar mehr miteinander Sex haben, sooft und solange es unsere irdische Existenz zulässt. Dann sollen wir abtreten. Statt über die Beschaffenheit unseres jeweiligen seelischen Inneren nachzudenken und uns gar zu viel darüber verbal auszutauschen.

Das wäre ein ganz hübscher Dreh für das klischeehafte Intensitätsdenken, dem man in unserer Gegenwart andauernd begegnet, in Besinnungsaufsätzen und Instagram-Kommentaren. Die Leute wollen ja scheinbar alle total superintensiv leben! Und ganz wild! So wie die Leute am Theater! Und eines Tages werden alle umfallen und tot sein. Bestenfalls wird unser Herz explodieren mit einem lauten Knall im richtigen Augenblick. Und das soll uns dann als völlig in Ordnung erscheinen, außer vielleicht im Moment des Sterbens, was, so sieht es ja aus, wenn wir anderen beim Sterben zusehen müssen, ein unendlich schmerzhafter Prozess zu sein scheint.

Ein Körper im Zustand der Kryokonserviertheit ist das größtmögliche Gegenteil einer intensiven Existenz. Dieser Körper ist faktisch eben doch eine Leiche, die im besten Fall nur wenige Stunden nach dem Ableben der Person in den Zustand des vitrifizierten Stillstandes versetzt worden ist.

Bei meinem Vater vergingen sieben Jahre zwischen der Diagnose Lymphdrüsenkrebs und dem Tod.

Der liegt mittlerweile über zehn Jahre zurück.

Zu Lebzeiten meines Vaters habe ich mich stets gefragt, wie er nach der Krebsdiagnose Zeit wahrnahm. Die Hoffnung, dass er die Krankheit überleben würde, war von Beginn an gering. Welche Idee von Zukunft hatte er angesichts dessen?

Ihm diese Frage zu stellen, habe ich mich nicht getraut.

Vielleicht wäre es schöner, dachte ich, meinen Vater hier in Arizona hinter dem Metall eines der Dewargefäße zu wissen als auf dem Friedhof der westdeutschen Kleinstadt, in der ich aufgewachsen bin. Die Endgültigkeit der Trennung, die Unwiederbringlichkeit des Todes wäre so aufgehoben. Es gäbe wenigstens eine theoretische Hoffnung darauf, meinen Vater irgendwann wiederzutreffen. Ich müsste nicht daran glauben, dass es den Himmel wahrhaftig gibt.

Ob ihn denn wohl der Tod schrecke, wollte ich von More wissen. Nein, sagte Max More daraufhin ganz ruhig und gelassen. Auch wenn es keine besonders beglückende Vorstellung sei, danach in einem Dewargefäß zu stecken auf unabsehbare Zeit, sei das doch viel besser als die Alternative: »Von Würmern und Bakterien angeknabbert zu werden oder verbrannt zu werden, die Vorstellung finde ich nun gar nicht toll.«

Als Philosoph, der er nun einmal sei, mache es schlichtweg

keinen Sinn, sich vor dem Tod zu fürchten: »Tot zu sein bedeutet nicht, in einem leeren Raum herumzusitzen und sich zu langweilen. Es bedeutet schlicht: das Nichts. Davor muss man keine Angst haben. Was ich schlimm finde, ist die Abwesenheit alles Guten, der Möglichkeit des Am-sich-Wachsens, zu lernen, Dinge zu erfahren, Beziehungen zu haben. Und die Möglichkeit zu alldem soll uns willkürlich entzogen werden an einem bestimmten Punkt? Ich verstehe nicht, warum man sich dagegen nicht wehren und etwas unternehmen sollte.«

Nun sprach ich More auf die Idee der »Life Extension« an, die insbesondere im Silicon Valley mittlerweile viele Anhänger hat. Diese hoffen darauf, die gesunde Lebensspanne des Menschen vor allem durch (bio-)technologische Erfindungen zu verlängern, bestenfalls um Jahrzehnte. Das Endziel ist letztlich die Abschaffung des Todes.

Ob die Kryokonservierung angesichts der Idee der Life Extension also nicht nur eine Übergangstechnologie sei, eine bestenfalls zu vermeidende Vintage-Methode, ausgedacht vor Jahrzehnten, ohne jeden Beweis auf ihre Tauglichkeit?

Da lächelte Max More und sagte: »Wir hoffen darauf, möglichst bald aus dem Geschäft gedrängt und überflüssig zu werden – dass Kryokonservierung also nicht mehr notwendig wäre, Krankheiten heilbar wären und Menschen nicht mehr sterben müssten.«

Ich zeigte auf ein kleines Foto, das an einem der Dewargefäße im Kühlraum klebte. Es zeigte ein junges, asiatisch aussehendes Mädchen, dessen Körper offenkundig in diesem Gefäß lagerte. Ob manchmal Angehörige kämen, fragte ich noch. »Nein, eigentlich kommt niemand«, sagte More. Das hier sei ja kein Friedhof. Das gemeinsame Eingefrorensein von Kryokonservierten in Raum und Zeit sei etwas völlig anderes als die

Gemeinschaft der Begrabenen auf einem Friedhof. Ob diese verbrannt oder erdbestattet worden waren: Ihr Abschied war endgültig.

Und wir Lebenden mussten sie gehen lassen.

CUPERTINO

MENLO PARK

SAN MATEO

SCOTTSDALE

SAN DIEGO

SAN FRANCISCO

LOS ANGELES

ARLINGTON

WASHINGTON, D.C.

SHENZHEN

BERLIN

Mein Vater starb im Jahr 2007, er wurde 67 Jahre alt. Bis heute empfinde ich seinen Tod, sein Sterben als den größten Einschnitt meines Lebens. Sosehr ich mich bemühe, im Tod meines Vaters, in unser aller Sterblichkeit einen Sinn zu erkennen, ich finde keinen.

Niemand sollte sterben müssen. Niemand, der das nicht ausdrücklich möchte, und mein Vater wollte ganz sicher nicht sterben. Jedenfalls nicht, als es mit ihm geschah.

Die letzten Worte, die er mir mit auf den Weg gab, jedenfalls verstehe ich sie bis heute als Geleit, lauteten: »Was für ein verrücktes Leben.«

Was für ein Elend das Sterben ist. Und was für ein Elend es ist, das Leben immer schon von seinem Ende her betrachten zu sollen, so wie es der deutsche Philosoph Martin Heidegger in der Denkfigur des »Sein zum Tod« tat. Die Angst solle uns begleiten beim »Vorlaufen« Richtung Ende, schrieb Heidegger. Die Angst, so lässt sich das verstehen, macht uns alle erst zum Individuum, letztlich zum Menschen. Angstfreiheit war bei Heidegger nicht vorgesehen. Angst würde uns bis aufs Sterbebett begleiten, wo sie sich dann schließlich erfüllte im Augenblick unseres Ablebens.

Ganz ehrlich: Wer sollte das wollen?

Bei meiner Suche nach Antworten auf die Frage, ob es nicht schön wäre, einfach *nicht* zu sterben, fand ich eines Tages auf YouTube den Mitschnitt eines Rundfunkgesprächs zwischen Theodor W. Adorno und Ernst Bloch aus dem Jahr 1964. Das Gespräch war mit »Möglichkeiten der Utopie heute« überschrieben. Das »heute« im Titel bezeichnete also einen Zeitpunkt, der bereits mehr als ein halbes Jahrhundert zurücklag. Ignorierte man aber die Teile des Gesprächs, die sich zum Beispiel mit der Utopiefähigkeit des Sozialismus beschäftigten, erscheint das Gesagte nach wie vor zukunftsfähig.

Bloch erläuterte historische und – Mitte der Sechzigerjahre – gegenwärtige Utopien sozialer, religiöser, technischer und medizinischer Art. Er nannte »die Abschaffung des Todes« explizit ein »ganz närrisches Fernziel«. Schön bildhaft sagte er: »Der Brettschlag am Ende macht mindestens allen unseren individuellen Zweckreihen ein Ende, entwertet also auch das Vorher.«

Adorno sekundierte ihm. Die Abschaffung des Todes sei »der neuralgische Punkt, darum geht es eigentlich«. Doch die Reaktion auf die Idee von der Abschaffung des Todes sei, dass Menschen sie als »das Allerschlimmste und Allerentsetzlichste« empfänden. Diese Reaktion sei mithin genau das, was der Utopie am deutlichsten entgegenstünde: Stärker noch als mit den bestehenden gesellschaftlichen Verhältnissen identifizieren sich die Menschen laut Adorno mit dem Tod.

Und doch: »Utopisches Bewusstsein meint ein Bewusstsein, für das also die Möglichkeit, dass die Menschen nicht mehr sterben müssen, nicht etwas Schreckliches hat, sondern, im Gegenteil, das ist, was man eigentlich will.« Die »Heiligung oder Verabsolutierung des Todes« bei Heidegger und überhaupt in der damals, Mitte des 20. Jahrhunderts, gegenwärtigen Philosophie bezeichnet Adorno als »anti-utopisch«.

Nun darf man Adorno und Bloch nicht rückwirkend zu Vorreitern der Life Extension machen. Zwar sagte Adorno, die Utopie könne ohne die Abschaffung des Todes gar nicht konzipiert werden. Doch der große Widerspruch sei, dass der Utopie damit »die Schwere des Todes« innewohne: »Wo die Schwelle des Todes nicht zugleich mitgedacht wird, da gibt's auch eigentlich keine Utopie.« Die Konsequenz sei, dass man die Utopie »nicht positiv ausmalen« dürfe im Sinne von: So wird es werden. Die Utopie sei nur in der Negation erzählbar: Indem man sagt, was *nicht* ist.

Damit, ergänzte Bloch, sei die Utopie stets eine Kritik am Vorhandenen, also an den realexistierenden Verhältnissen. Der Tod nun gebe permanent Anlass zur Kritik: »Er reizt unaufhörlich auf aus jeder Zufriedenheit, und wenn sie noch so groß ist, und wenn es noch so viel Wirtschaftswunder und Wohlstandsgesellschaft gibt.«

Die Utopie, in deren Mittelpunkt die Abschaffung des Todes steht, ist nach Bloch und Adorno also ein unverzichtbares Instrument der Gegenwartsanalyse und zugleich Motor ebenso aller potenziellen individuellen Sehnsüchte wie gesellschaftlicher Ideen von »Fortschritt«. Doch im Moment der Erfüllung der Utopie, wenn der Tod wahrhaftig abgeschafft wäre, wäre auch die Utopie aus der Welt.

Das scheint mir eine mögliche Antwort auf alle Zukunftsfragen zu sein, die zwangsläufig mit dem Tod beziehungsweise dem Vermeiden des Todes zu tun haben: Utopie, das hoffnungsfrohe Denken des Morgen also, ist ohne Unsterblichkeit unmöglich – zugleich wäre Unsterblichkeit das Ende aller Utopien. Den Preis würde ich sofort bezahlen. Lieber unsterblich und utopiefrei sein als tot irgendwann. Als Toter kümmert einen ja auch die Utopie nicht mehr.

Aber was folgt auf die Utopie?

Nichts. Oder zumindest von unserem gegenwärtigen Standpunkt in Zeit und Raum aus: nichts Denkbares. Womöglich

Stillstand, Ruhe, Frieden, ein Dasein jenseits der Zeit. Also alles, was sich Christen unter »Himmel« vorstellen, nur auf Erden. Oder was Buddhisten mit »Nirwana« meinen. Die allerdings stellen sich den Menschen als in dem Augenblick geläutert vor, da er im Nirwana angekommen ist. Er ist erleuchtet und von allen Egoismen befreit.

Doch wie der Mensch wäre, wenn er vom bewussten Beginn seiner Existenz an wüsste, dass er unsterblich ist, das hat keine Religion bedacht. Die Realität einer gelebten Utopie der Unendlichkeit des menschlichen Daseins ist tatsächlich schwer vorstellbar.

Was zum Beispiel würde aus dem Zweifel, was aus der Angst? Die Gabe zu beidem zivilisiert uns Menschen. Unter anderem, weil wir nicht wissen, was nach dem Tod kommt, fühlen wir uns im Leben dazu angehalten, gut zu sein. Es könnte am Ende ja jemand feststellen, ob wir schlecht waren: Gott. Auch davor kann man Angst haben, die sich zu der Angst vor dem Nichts gesellt, aus dem der Tod auch bestehen könnte – falls der Himmel wirklich eine Erfindung sein sollte. Weil der Tod eine solch harte Grenze hin zum Nichtwissen ist, was dahinterliegt, überlegen sich ganze Gesellschaften und Nationen sehr gut, ob sie wirklich Kriege gegeneinander führen sollten. Und würden wir Einzelnen uns darüber Gedanken machen, was unser Nutzen auf Erden ist, wenn wir wüssten, dass unsere Existenz unbegrenzt wäre?

Der Gedanke an die Begrenztheit des Daseins ist derart unerträglich, dass er uns ungeheuer produktiv darin macht, unser Dasein zu verlängern.

Die Medizin ist letztlich undenkbar ohne den Wunsch, kein einziges Leben dürfe mehr verloren gehen. Man kann es also auch so betrachten: Nicht den Tod braucht es zum Menschsein, sondern die Idee von der Abschaffung des Todes.

Würde die sich eines Tages erfüllen und wir alle wären unsterblich, wäre das auch wieder grauenhaft. Zumindest solange wir Menschen nur den einen Heimatplaneten zur Verfügung haben, auf dem wir uns breitmachen können: Wenn niemand mehr ginge, würde der Platz irgendwann knapp auf der Erde.

Der Tod ist offenbar ein Paradox, das sich nicht auflösen lässt. So notwendig die Idee seiner Abschaffung die Grundbedingung allen utopischen Denkens ist, jedenfalls laut Adorno, so verheerend wäre die Realisierung dieser Idee.

Mit diesem Grundgedanken bin ich im Sommer 2016 nach San Diego zum RAAD-Fest geflogen, dem Welttreffen der Life-Extension-Anhänger. Denjenigen Leuten also, die so lange wie möglich gesund leben wollen und am liebsten gar nicht sterben möchten (das Kürzel RAAD steht für »Revolution Against Aging and Death«).

Nicht mehr sterben zu müssen: Alle 1000 Festivalbesucher mussten mit dieser Sehnsucht angereist sein. Mehr als die Fantasie der Unsterblichkeit hatten die Rednerinnen und Redner dort auch gar nicht zu bieten, ein Heilsversprechen für die Zukunft.

Nicht mehr lange, dann würde es so weit sein, sagten eigentlich alle auf der hellerleuchteten Bühne des abgedunkelten Konferenzsaals des »Town & Country Resorts«: Bald sei dank Gentherapien, Nanorobotern, Zellreparaturtechnologien das Ende des Endes da. Der Tod würde aussterben. Und die vielen, zumeist älteren Zuhörer in dem Saal in San Diego nickten.

Wirklich sterben wollte der Mensch ja noch nie. In früheren Jahrhunderten trank er zum Beispiel Quecksilber gegen den Tod, eine mittelgute Idee, wie sich herausstellte. Auch auf dem Festival in San Diego gab es in einem Nebentrakt ein paar Verkaufsstände mit eher fragwürdigem Angebot, Produkte wie Superwasser, Lebensverlängerungsserum, Tantra-DVDs. Festival-Merchandise halt.

Dazu mischten sich bedeutende Figuren der Life-Extension-Szene unters sterbeunwillige Volk. Der britische Biogerontologe Aubrey de Grey etwa, Mitgründer der SENS Foundation und der wohl bekannteste und umstrittenste Theoretiker der Lebensverlängerung.

William Faloon von der Life Extension Foundation, deren kommerzieller Arm der Hauptlieferant von Nahrungsergänzungsmitteln in der Szene der Ewig-jung-bleiben-Wollenden war, wobei diese Nahrungsergänzungsmittel einen erheblichen Beitrag leisten sollen.

Liz Parrish, die Gründerin eines offenbar vor allem in Parrishs eigener Fantasie existenten Biotech-Unternehmens namens BioViva. Parrish hatte sich unter strikt unwissenschaftlichen Bedingungen wenige Monate zuvor in Kolumbien angeblich zwei ungetestete medikamentöse Gentherapien spritzen lassen, was sie zur »Patientin Null« der Erprobung von Lebensverlängerung qua Genveränderung machte.

Und schließlich Zoltan Istvan, der im Herbst jenes Jahres 2016 bei den US-Präsidentschaftswahlen als Kandidat der »Transhumanist Party« antreten sollte, selbstredend ohne Erfolg.

Bunte Charaktere sind sie alle, Theoretiker des Alterns wie de Grey oder Praktiker des sich Dagegenstemmens wie Faloon.

Manche nach San Diego Gereiste schienen auch einfach Quacksalber zu sein, die verzweifelt am Leben hängenden Menschen Wunderwasser verkauften. Und natürlich waren auch haufenweise Esoteriker des Tech da, die ihre Körper wie Hardware betrachten, die man nur mit der richtigen Software laufen lassen muss. Menschen, die sich meist nach den Regeln der Paleo-Steinzeitdiät ernähren, dazu reichlich Nahrungsergänzungsmittel schlucken, Kurzzeitintensivsport treiben und darauf hoffen, ihre Körper künftig mit Gentherapien updaten und optimieren zu können.

In der traditionellen Wissenschaftsgemeinde sind die Ansichten und Methoden der Life-Extension-Community weitgehend nicht anerkannt. Ihre Anhänger sind also Außenseiter. Nur wenige Wissenschaftler, die im konventionellen Academia tätig sind, möchten mit diesen Leuten etwas zu tun haben. Deshalb betrachten viele Life-Extension-Fans ihr Tun als ein disruptives. Gegen die herkömmliche Wissenschaft, an der Spitze der neuen Biotechnologie. So wie das Silicon Valley gegen das Bestehende antritt, kämpfen sie gegen die Gewissheit des Todes.

Der neben Aubrey de Grey prominenteste Vertreter der Life Extension ist selbst ein Valley-Vordenker: Ray Kurzweil, der Futurologe, Erfinder, Autor und Gründer der »Singularity University« (bei der Paul Saffo den Bereich Zukunftsstudien leitet). Im Hauptberuf ist Kurzweil Director of Engineering bei Google.

Kurzweil war der Keynote Speaker des RAAD-Festes 2016, allerdings ohne körperlich anwesend zu sein. Kurzweil schickte einen Roboter von der Sorte, die auch Edward Snowden zeitweise benutzte, um von seinem selbstgewählten Exil in Russland aus überall auf der Welt öffentlich auftreten zu können. Dieser Roboter, der BeamPro, ist mannshoch und hat zwei Stangen, zwischen denen auf Kopfhöhe ein Bildschirm montiert ist, der ein Live-Kamerabild zeigt, nämlich das Gesicht eines Sprechers, den buchstäblichen Talking Head. Unten an den Stangen sind zwei Räder angebracht, mit denen sich der BeamPro fernbedient fortbewegt.

Bei dem mit US-Haftbefehl gesuchten Whistleblower Snowden erinnerte dieser Roboter (Stückpreis: 15 000 Dollar) daran, dass er zu Vorträgen außerhalb Russlands schlicht nicht anreisen konnte.

Bei Kurzweils Roboterauftritt in San Diego war die Botschaft eine andere.

Erstens sah es so aus, als ob Kurzweil keine Lust gehabt hatte, den nicht sehr weiten Weg von seiner Heimat in Nord- nach Südkalifornien zu fahren und sich dort unter das Life-Extension-Fußvolk zu mischen.

Zweitens schien es, als führte Kurzweil diesen Roboter als ein mögliches Beispiel für den künftig unsterblichen, aber körperlosen Menschen vor, dessen Denkapparat in die Cloud hochgeladen werden könnte. Die entfernt menschenähnliche Gestalt des Roboters und das Kamerabild von Kurzweils Kopf konnte man als Vorstufe für die vollkommene Digitalisierung der menschlichen Existenz verstehen. Noch erinnerte die Gestalt an einen Menschen. Doch es war schon nicht mehr nachprüfbar, ob das Bild von Kurzweils Talking Head nicht vielleicht bloß eine Animation war.

Der Roboter hielt einen Vortrag zu den »Brücken«, die Kurzweil auf dem Weg von der radikalen Verlängerung des physischen Lebens vor uns sieht: hin zur sogenannten technologischen Singularität, die sich Kurzweil als Verschmelzen der biologischen mit der künstlichen Intelligenz vorstellt.

Die künstliche Intelligenz (KI) werde, so Kurzweils aktuelle Schätzung, die biologische exakt im Jahr 2045 überholen. Laut

Kurzweil wird diese Singularität großartig. Der ewige Widerspruch zwischen Mensch und Maschine wird aufgehoben, und alle leben in alle Ewigkeit weiter, in Frieden, als Superwesen. Kurzweil ist übrigens Mitglied bei Alcor. Welche Option er für ein neues Leben nach dem Tod in der Zukunft gewählt hat, weiß man allerdings nicht. Die körperlose, in der das Hirn des Menschen digitalisiert in einem Raum jenseits von Ort und Zeit existieren könnte, klingt aber schon sehr nach Kurzweil.

Nun kann man die Singularität anders als Kurzweil aber auch als die Dystopie schlechthin betrachten, als eine Zukunft, die noch schlimmer sein könnte als die Klimakatastrophe. Der Mensch könnte zum Untertanen der Maschinen degradiert werden, die Maschinen könnten sich selbst reproduzieren und bräuchten dazu nicht einmal mehr den Menschen, der bislang noch alle Maschinen erfunden und gebaut hat. Die Maschinen könnten wie wir Menschen über universelle Intelligenz verfügen, diese aber unvergleichlich schneller, effizienter, besser einsetzen.

Beide Varianten der Singularität, die optimistische wie die pessimistische, und auch alle Szenarien, die zwischen diesen extremen Ausgängen denkbar sind, sind reine Spekulation.

So viel mittlerweile über KI gesprochen wird und darüber, ob heute bereits existierende Machine-Learning-Systeme etwa für Bild- und Spracherkennung eigentlich als künstliche Intelligenz gelten dürfen, denn ihr »Lernen« an Unmengen von Daten besteht vor allem darin, dass sie andere Daten stetig besser analysieren können: Absolut niemand weiß mit Gewissheit, wie es weitergeht mit künstlicher Intelligenz.

Das Aufregende und Beängstigende an KI ist, dass nicht einmal ganz klar ist, was die veränderlichen und die unveränderlichen Variablen dieser technischen Entwicklung sein könnten. Es gibt dort sehr viele Unbekannte.

Der Tech-Optimist Ray Kurzweil glaubt offenkundig, die Unbekannten in seiner Theorie von der Welt ausschließen zu können. Er ist mutig (oder dumm?) genug, zu behaupten: Das kommt, und so wird es aussehen. Wir sind auf dem sicheren, geraden Weg in die Unsterblichkeit, und die Forschung wird dabei exakt vier Brücken überqueren.

Kurzweils Ausführungen waren im Wesentlichen Wiederholungen dessen, was er bereits in seinem 2005 erschienenen, mit dem Experimentalmediziner und Hausarzt der Life-Extension-Bewegung Terry Grossman verfassten Buch *Fantastic Voyage* geschrieben hat, einer Art Betriebsanleitung zum längeren Leben mit dem Untertitel »Live Long Enough to Live Forever«: Die gegenwärtig Lebenden müssen nur so lange überleben, bis die Unsterblichkeit da ist.

Fantastic Voyage ist eine versteckte Autobiographie Kurzweils. Der 1948 geborene Kurzweil hat als Mittdreißiger eine Diabetes-Diagnose gestellt bekommen und daraufhin seine Lebensführung und insbesondere seine Ernährung radikal verändert. Er unterzieht sich seither einer fortwährenden Pillenkur von legendären Ausmaßen, um seinen Körper gleichsam der Krankheit zu entziehen. Kurzweil, so kann man es verstehen, will der lebende Beweis seiner eigenen Prophetie vom ewigen Leben sein.

Die erste Brücke auf dem Weg dorthin (über eine offenbar nicht weiter beschreibenswerte Abfolge von Flüssen, aber vielleicht sind Metaphern auch nicht Kurzweils Ding) besteht laut seines RAAD-Vortrages aus den Faktoren, die wir in der Gegenwart bereits berücksichtigen können, um unsere Gesundheit zu erhalten: Ernährung, Sport, Lebensweise.

Die zweite Brücke sind die Biotechnologien, die gerade entwickelt werden. Die dritte ist die Nanorobotik, die winzige Bots liefern werde, die unsere Körper eines Tages durchströmen und von innen gesund halten werden, so Kurzweil.

Die vierte Brücke schließlich ist der Moment, in dem biologische und synthetische Hirne miteinander verschaltet werden und der Mensch, das heißt sein Bewusstsein, mit einer umfassenden künstlichen Superintelligenz in der Cloud verschmelzen soll. Das soll drahtlos geschehen, Nanoroboter in unserer Großhirnrinde würden sich gleichsam per WLAN ins Superbewusstsein einwählen, wo auch das Backup unseres dann vergleichsweise kleinen Bewusstseins gespeichert sein soll. Das Backup, das wäre schon die Unsterblichkeit.

Kurzweils Talking Head sprach in San Diego im Indikativ und mit der Gewissheit eines Mannes, der wahrhaftig die Zukunft gesehen hat. Er konnte sogar datieren, wann die einzelnen »Brücken« überwunden sein würden, bei Nummer 2 und 3 zum Beispiel würde sich Ende der Zwanziger, Anfang der Dreißiger viel tun, da war Kurzweil sich sicher. Das war allerdings eine schlechte Nachricht für die Alten im Publikum beim RAAD-Fest. Sie würden noch eine ganze Weile durchhalten müssen. Sie klatschten dann auch etwas müde, als Kurzweil in seinem Roboter wieder von der Bühne fuhr.

Bei der Beantwortung der Frage, ob die Unsterblichkeit auch wirklich eine körperliche sein wird, ist Kurzweil in seiner Ansprache seltsam vage geblieben. Er hat lediglich gesagt, dass die Biologie nur noch als Informationstechnologie denkbar sei.

Dank dieser Behauptung kann Kurzweil das Mooresche Gesetz aus der Informatik für seine letztlich medizinischen Vorhersagen benutzen und ihnen damit den Anschein einer mathematisch berechenbaren Entwicklung geben, die man von heute aus drei Jahrzehnte in die Zukunft projizieren kann.

Dieses Mooresche Gesetz, vom gleichnamigen Mitgründer von »Intel« Mitte der Sechzigerjahre formuliert, besagt: Alle zwei Jahre verdoppelt sich die Zahl der Komponenten respektive der Transistoren, die auf einem integrierten Schaltkreis Platz finden. Mikrochips werden also immer kleiner, zugleich erhöht sich ihre Leistungsfähigkeit bei relativ gleichbleibenden (und damit auf die Leistung bezogen sogar drastisch sinkenden) Kosten pro Einheit. Diese Vorhersage stimmt bis heute.

Kurzweils eigene Hypothese lautet: Das Mooresche Gesetz gilt nicht nur für die Halbleitertechnik, sondern schlichtweg für alle technologischen Entwicklungen, und es wird unendlich weiter gelten. In seinem 1999 veröffentlichten Buch *The Age of Spiritual Machines* nannte er »The Law of Accelerating Returns«. Kurzweil hat damals also ein eigenes Gesetz der exponentiellen Beschleunigung des technischen Fortschritts formuliert und einige konkrete Vorhersagen getroffen für die Jahre 2009, 2019, 2029 und 2099.

Im Jahr 2009 zum Beispiel, hat Kurzweil 1999 vorhergesagt, würden Computer nur noch die Größe von Tablets haben oder noch kleiner sein (er könnte das Smartphone vorhergesagt haben).

Im Jahr 2019 werde es kaum noch herkömmliche Computer geben, sie würden stattdessen unsichtbar werden; wir Menschen würden auch nicht mehr auf Monitore starren, stattdessen würden uns Bilder direkt auf die Augen projiziert (er könnte die Datenbrille »Google Glass« vorhergesagt haben, die 2014 auf den Markt kam und 2015 wieder vom Markt genommen wurde, weil sie ein totaler Flop war und durch ihre aufmontierte Kamera die Privatsphäre sämtlicher Menschen um einen Google-Glass-Träger herum verletzte). Auch Kurzweil kann die Zukunft nicht wirklich vorhersagen.

Der Sun-Microsystems-Mitgründer Bill Joy hatte bereits im Jahr 2000 in einer *Wired*-Coverstory den rundweg positiven Ausblicken Kurzweils widersprochen. Die wirkungsvollsten Technologien des damals gerade erst anbrechenden 21. Jahrhunderts – dazu zählte Joy die Robotik, die Gen- und Nanotechnik – drohten den Menschen »zu einer gefährdeten Art zu machen«, schrieb Joy. Er warnte vor Kurzweils tech-positivistischem Blick und warf Kurzweil vor, keine ethischen Überlegungen zum Gebrauch von Technologie anzustellen.

Kurzweils Theorie von der »Singularity« lässt tatsächlich keine Zweifel zu, keine Zufälligkeiten, kein Abbiegen auf dem Weg über die vier hintereinander aufgereihten Brücken bis zum Jahr 2045. Die Theorie ist daher gar keine, sondern eine religiöse Erlösungsfantasie. Zukunft ist bei Kurzweil nur die Summe mathematischer Folgerichtigkeiten, die zu einem erwünschten, vorher festgelegten Endergebnis führen.

Der einstige Virtual-Reality-Utopist Jaron Lanier hat für diese Art der Tech-Prophetie in einem »One Half a Manifesto« benannten Aufsatz schon im Jahr 2000 den Begriff der »kybernetischen Eschatologie« verwendet, einer neuen Lehre der letzten Dinge und des Anbruchs einer neuen Welt, also unter dem Vorzeichen der Kybernetik: »Die Wahrscheinlichkeit ist hoch, dass evolutionäre Psychologie, künstliche Intelligenz, das Fetischisieren des Mooreschen Gesetzes und das restliche Zeug in großem Stile populär werden, so populär wie Marx und Freud zu ihren Zeiten«, schrieb Lanier damals. »Oder größer noch, denn diese Ideen könnten letztlich in die Software einfließen, die unsere Gesellschaft und unser Leben antreibt. Sollte das passieren, könnte die Ideologie der kybernetisch totalitär denkenden Intellektuellen von einer Saisonneuigkeit in eine Macht verwandelt werde, die Millionen Menschen ins Leid stürzen könnte.«

Als den Glaubenssatz der »kybernetischen Eschatologie« mit den dramatischsten Konsequenzen bezeichnete Lanier die Idee, »dass Biologie und Physik mit den Computerwissenschaften fusionieren (zu Biotechnologie und Nanotechnologie) mit dem Ergebnis, dass das Leben und das physische Universum quecksilberhaft werde und die angebliche Natur von Software annehmen«.

Diese Aussagen Laniers waren damals selbst Prophetie, und sie sind es auch zwei Jahrzehnte später noch.

Im Jahr 2010 hat Kurzweil Co-Regie geführt bei dem halbdokumentarischen Film *The Singularity is Near*. Er taucht dort immer wieder selbst im Bild auf, wenn gerade keine Spielsequenz läuft, in der eine computergenerierte Frauenfigur, ein Avatar, in der Zukunft vor einem menschlichen Richter eigene Persönlichkeitsrechte als Maschine einfordert. Das wird künftig ein hochinteressanter Topos für Ethiker und Philosophen werden, womöglich auch wirklich für Gesetzgeber und Juristen.

Das Auftauchen von Avataren in Kurzweils kybernetischer Eschatologie (er hat sie über die Jahre beständig upgedatet) zeigt aber auch ein Grundproblem, wenn man wie Kurzweil die Zukunft immer weiter aus einer jeweiligen Gegenwart extrapoliert: Ist diese Gegenwart erst einmal zu einer länger zurückliegenden Vergangenheit geworden und hat sich die Zukunft nicht an die ursprünglich gemachten Vorhersagen gehalten, macht man sich als Vorhersagender schnell lächerlich.

Kurzweil ging in dem Film vor zehn Jahren offenkundig davon aus, dass die virtuelle Parallelwelt »Second Life«, die zu dem Zeitpunkt Dutzende Millionen angemeldete Spieler hatte, eine wesentliche Rolle nicht nur als Freizeitspaß für uns alle, sondern sogar als experimentale Zweitdaseinsplattform für die Zukunft der Menschheit haben würde.

Second Life hatte schon zum Zeitpunkt des RAAD-Festes im Sommer 2016 nur noch ein paar Hunderttausend Nutzer. Es war da bereits zu einer virtuellen Geisterwelt geworden, in der sich kaum jemand mehr umtat, zu einer leeren, geradezu postapokalyptischen Ruinenlandschaft im Cyberspace.

Kurzweil hat nicht vorhergesehen, dass die Leute massenhaft aus Second Life in die realer erscheinenden, sozialen Medien auswandern würden, zu Facebook zunächst. Sie haben sich am zweiten Leben von Second Life irgendwann sattgesehen und sich offenbar nach einer Selbstrepräsentation im Netz gesehnt, die näher an der sogenannten Wirklichkeit ist. Offenbar war die Sehnsucht, in einer fiktionalen Welt wie Second Life seine echte Existenz gegen eine künstliche einzutauschen, geringer als die danach, sich selbst in der realen Welt darzustellen und sich zu ihr in Beziehung zu setzen.

Die halböffentliche Persona, die wir uns heute auf Facebook und Instagram geben, mag semifiktional sein, sozusagen Based on a True Story, unserem tatsächlichen Leben. Auf Social Media sind wir schöner (Instagram). Dort sind wir witzig, angriffslustig, unerschrocken oder auch schon mal hasserfüllt (Twitter). Und dorthin haben wir die Logistik unseres Soziallebens ausgelagert, unsere Kontakte, unsere Party-Pläne, sogar den Geburtstagskalender (Facebook). Wir verschwinden auf Social Media gerade nicht in irgendeiner Parallelwelt, auch wenn die Welt auf Social Media mitunter ganz anders aussieht als die reale. Doch ohne Weltgehalt, eine Verbindung zur Realität, ist Social Media undenkbar.

Der Maschinendenker Ray Kurzweil hat zu diesen womöglich auch nur Randaspekten der Gegenwart und der sich aus ihnen ergebenden Zukunft absolut nichts zu sagen.

Die Philosophen Adorno und Bloch, Gott hab sie selig, hatten es selbstverständlich auch nicht, obwohl es bestimmt lustig wäre, wenn man ihnen heute auf Twitter folgen könnte. Am besten in alle utopische Ewigkeit.

Wie stellt sich der zweite Vordenker der Life-Extension-Szene neben Kurzweil, der Informatiker und Biogerontologe Aubrey de Grey, die Zukunft vor – unter den Bedingungen des ewigen Lebens? Das wollte ich ihn in San Diego fragen.

Zwei Tage nach Kurzweils Roboter-Keynote setzten wir uns in einen lieblich weißgetünchten Gartenpavillon inmitten des Areals des heruntergekommenen »Town & Country Resorts«. De Grey, ein hagerer Frühfünfziger mit einem Rauschevollbart, der bei jeder Mundbewegung zu tanzen schien, will den alternden Menschen auf zellulärer und molekularer Ebene reparieren und ihm so ein viel längeres Leben schenken, als wir es alle für möglich halten.

Für Vertreter der konventionellen akademischen Altersforschung ist er deshalb ein Buhmann, ein Theoretiker des Unmöglichen.

Wie erbittert und zugleich brüllkomisch der Streit zwischen konventionellen Gerontologen und de Grey mitunter geführt wird, zeigte im Jahr 2005 ein offener Brief des amerikanischen

Alterungsforschers Richard Miller an de Grey, den Miller an die Zeitschrift *MIT Technology Review* geschickt hatte und der mit vernichtender Ironie begann: »Lieber Aubrey, ich habe dich gestern im Fernsehen gesehen, und nachdem nun also das Problem des Alterns gelöst ist, hoffe ich, dass du vielleicht Zeit hast, mir bei der Lösung einer ähnlichen Ingenieursherausforderung zu helfen, die zu lange schon von der ultrakonservativen Mainstream-Wissenschaftsgemeinde ignoriert wird: das Problem, fliegende Schweine zu produzieren.«

De Grey hat einst in Cambridge Informatik studiert, sich danach im Heimstudium selbst zum theoretischen Biogerontologen fortgebildet und ein Buch über den Alterungsprozess verfasst, *The Mitochondrial Free Radical Theory of Aging*. Seine Alma Mater, die Universität Cambridge, hat ihm dafür im Jahr 2000 die Doktorwürde in Biologie verliehen, obwohl de Grey zuvor gar keine Prüfungen in dem Fach abgelegt hatte.

Im Jahr 2009 hat er dann die SENS Foundation mitgegründet (die später ein »Research« im Namen dazubekam), ihr Ziel ist die Erforschung des menschlichen Alterungsprozesses gemäß de Greys Theorien.

Das Grundvermögen der Stiftung hat de Grey selbst beigesteuert, dreizehn Millionen Dollar aus dem Erbe seiner Mutter. Daneben finanziert sich die Stiftung vor allem durch private Spenden. Der ehemalige Internetunternehmer Michael Greve und Peter Thiel, der PayPal-Mitgründer und wohl schillerndste Venture-Capital-Investor des Silicon Valley, gehören zu de Greys Förderern.

Beim RAAD-Fest hatte de Grey einen Vortrag gehalten über die seiner Ansicht nach künftig verfügbaren medizinischen Therapien, die den menschlichen Alterungsprozess stoppen beziehungsweise zumindest für eine Weile aufhalten könnten. De Grey machte eine präzise Angabe hinsichtlich der zusätzlichen gesunden Lebenszeit, die uns durch die Behandlungen geschenkt werden würde: Sechzigjährigen könnten dreißig krankheitsfreie Jahre geschenkt werden. Bei der Frage hingegen, wann genau diese Therapien verfügbar sein würden, traf de Grey die äußerst vage Vorhersage: »In ein paar Jahrzehnten.«

Die medizinische oder biologische Stichhaltigkeit seiner Theorien sind unmöglich zu bewerten. Nach einigen Höflichkeitsnachfragen zu seinen aktuellen Projekten stellte ich de Grey bei unserem Gespräch deshalb die einzige Frage, deren Antwort von ihm mich wirklich interessierte, eine rein spekulative Was-wäre-wenn-Frage, eine, die ins Reich der Science-Fiction gehörte: »Angenommen, der Tod wird eines Tages wirklich abgeschafft, wie wird ein biologisch zum Beispiel tausendjähriges Gehirn dann mutmaßlich Erinnerungen prozessieren?«

Das, antwortete Aubrey de Grey, sei eine dumme Frage. Und ein Beispiel für eine ganze Klasse von dummen Fragen, die sich mit Dingen beschäftigen, die wir nicht vorhersagen können – weswegen wir uns nicht mit ihnen beschäftigen sollten: Was immer auch geschehen wird, es wird für die nächsten neunhundert Jahre keine tausendjährigen Menschen geben, sagte de Grey. Und in einem Zeitraum von neunhundert Jahren würden eine ganze Menge Sachen passieren, die sich nicht voraussagen ließen. Es sei also völlige Zeitverschwendung, sich Gedanken darüber zu machen, wie das Hirn eines Tausendjährigen funktionieren wird. Das Hirn eines Menschen arbeitete ja auch nicht isoliert vor sich hin. Man könne etwa argumentieren, dass die Hirne der Menschen heute aufgrund der Existenz des Internet bereits anders arbeiten als vor zwanzig Jahren. Er könne über sich mit Bestimmtheit sagen, dass er heute nur noch einen Bruchteil der Telefonnummern auswendig wisse, die er vor zwanzig Jahren kannte, einfach, weil sein Hirn sich Telefonnummern nicht mehr merken müsse.

Zu der Klasse von Fragen, die de Grey als dumm bezeichnet hatte, gehörten leider alle, die ich ihm noch gern gestellt hätte: Wie werden unsterbliche Menschen leben, was werden sie arbeiten und in wie vielen Karrieren hintereinander? Wie oft werden sie sich verlieben, wie lange in Partnerschaften zusammenbleiben? Was werden sie überhaupt denken, meinen, glauben, fühlen? Wie werden Gesellschaften aussehen, die nicht mehr aus einander ablösenden Generationen bestehen? Sondern die aus einer relativ gleichbleibenden Gemeinschaft der immer selben Menschen zusammengesetzt sind, zu denen sicher Kinder dazustoßen werden, aus der aber kaum jemand mehr abtritt, außer wenn der dumme Zufall eines tödlichen Missgeschicks sie abberuft, ein Treppensturz oder so? Wie werden Staaten politisch organisiert sein, wie ihr Wirtschafts- und ihr Sozialsystem, wenn niemand mehr stirbt? Wird es mehr Kriege geben um Ressourcen oder gar keine mehr, weil Krieg einer der letzten Todbringer sein wird? Und wird alles hinfällig sein, was Menschen einmal gedacht und gemacht haben in dem Bewusstsein, vergänglich zu sein?

Lauter Fragen, bei deren Beantwortung de Grey hätte spekulieren müssen. Der aber will offenbar nicht als Prophet, sondern augenscheinlich als Wissenschaftler gelten.

Ohne dass ich den Begriff »Science-Fiction« überhaupt erwähnt hatte, sagte de Grey, dass die für ihn ein Riesenproblem sei. Die ganz überwiegende Mehrzahl der Science-Fiction-Erzählungen, sei es nun in Büchern oder Filmen, die sich mit einer Welt nach dem Ende des Alterns beschäftigen, beschrieben Dystopien. Der Grund dafür sei, dass sich Dystopien gut verkauften:

Die Menschen wollten sich keine falschen Hoffnungen machen lassen, sagte de Grey. Hoffnungen zum Beispiel darauf, dass es in Zukunft Altern ohne Leiden geben könne. Darum auch sei die Ablehnung gegenüber seiner Arbeit so groß.

Glauben wir Menschen also lieber Dystopien als Utopien, allein um nicht allzu enttäuscht zu sein, falls die Zukunft nicht gut ausgeht?

Ob de Grey sich dessen bewusst war oder nicht: Er hat sich in unserem Gespräch an die philosophische Vorgabe Adornos gehalten, man dürfe sich die Utopie nicht ausmalen. Seine Weigerung, über eine Zukunft ohne Tod zu sprechen, hatte nichts mit der Frage zu tun, ob er nun ein seriöserer Wissenschaftler ist oder nicht. Nimmt man aber Paul Saffos Leitgedanken auf, dass eine Version der Zukunft nicht entstehen kann, wenn sie vorher nicht erzählt wurde, dann trägt Aubrey de Grey nicht als Geschichtenerzähler dazu bei, dass das ewige Leben uns als Ziel erstrebenswerter erscheint.

Wenn ich am Grab meines Vaters stehe, bin ich jedes Mal wieder untröstlich. Ich zweifle dann wieder an mir selbst. Kann ich nicht loslassen – oder ist es am Ende die Angst vor meinem eigenen Tod, die mich am Grab meines Vaters so untröstlich macht?

Diese Frage könnte man immerhin aus der Liste der »Was wäre wenn?«-Fragen streichen, wenn das Leben nicht mehr enden würde. Wir könnten über die Frage lachen. Denn wir müssten sie nicht mehr beantworten.

»Ungewissheit«, sagte Nidhi Kalra, nachdem wir Frühstück bestellt hatten, »ist der Unterschied zwischen dem, von dem man glaubt, dass es wahr ist, und dem, was wahr ist oder wahr sein könnte.«

Kalra und ich hatten uns in Noe Valley verabredet, einer der lieblichen Bilderbuchgegenden von San Francisco: hübsch restaurierte Stadthäuser, sanft ansteigende Straßen. Wir saßen in einer »La Boulangerie«-Filiale, deren Interieur (rustikale dunkle Holzmöbel, grober Holzbohlenboden) allerfeinste Thirdwave-Coffeeshop-Zeitlosigkeit verströmte, die dem Besucher bedeutete: Es war einmal – aber keine Ahnung, wann genau.

Zu dem Zeitpunkt unseres Treffens leitete Nidhi Kalra die Abteilung »Decision Making under Uncertainty« des sagenumwobenen Thinktanks RAND, der nach dem Ende des Zweiten Weltkriegs von der U.S. Air Force initiiert wurde. Das »Decision Making«, die Entscheidungstheorie also, ist ein Teilgebiet der Wahrscheinlichkeitstheorie. Sie ermöglicht, dass man einerseits Risiken, andererseits Unsicherheit berechnen kann. Risiken und Unsicherheit wiederum sind gleichsam Untergruppen der Ungewissheit, und die Zukunft selbst ist der elementare Ausdruck von Ungewissheit schlechthin.

Die Vita der Enddreißigerin Nidhi Kalra ist von einschüchternder amerikanischer Ivy-League-Sorte: Studium der Computerwissenschaften an der Cornell University, Master und PhD in Robotik an der Carnegie Mellon University, beides Elitebildungseinrichtungen und Kaderschmieden für spätere Silicon-Valley-Ingenieure.

Seit 2007 arbeitete Kalra bei RAND, mit einer einjährigen Unterbrechung für einen Abstecher zur Weltbank. Wenige Monate nach unserem Treffen wechselte sie als Senior Technology Policy Adviser ins Team der US-Senatorin Kamala Harris, die im Januar 2019 ihre Bewerbung um die US-Präsidentschaftskandidatur auf Seiten der Demokraten für 2020 verkündete, diese jedoch im Dezember 2019 zurückzog.

Ich hatte Kalra ursprünglich wegen eines Vortrags kontaktiert, den sie Ende 2015 bei einer TED-Konferenz in Manhattan Beach gehalten hatte. Die Mitte der Achtzigerjahre gegründete TED-Konferenz ist so etwas wie die Mutter aller Tech-Treffs, ein Davos für Vordenker, die sich zunächst einmal im Jahr im kalifornischen Monterey trafen, um die großen Ideen der Zukunft zu bereden. Im Laufe der Zeit wurde daraus erst eine Medienmarke und dann, durch die Untermarke TEDx, ein Ideen-Franchise, das Ableger auf der ganzen Welt bekam sowie ein striktes Format: Vortragende haben achtzehn Minuten Zeit, um vor Publikum eine Idee zu formulieren, die Aufzeichnung landet als Video auf der TED-Website und auf YouTube.

Das Motto der TEDx-Konferenz, bei der Kalra gesprochen hatte, war »What's next?« und verhieß damit Zukunftsvorhersagen. Kalra jedoch hatte in ihrem Vortrag dafür plädiert, man solle sich nicht fragen, was als Nächstes komme, sondern stattdessen: »What if?« – Was wäre wenn?

Mit dem Fokus auf dieser Frage hatte bereits mein Gespräch mit Paul Saffo in San Mateo geendet. Nidhi Kalras Lehre von der Ungewissheit, von »Uncertainty«, kommt jedoch zu völlig anderen Antworten als das Erzählen von der Zukunft und die Science-Fiction im Sinne Paul Saffos.

Statt zu spekulieren, zu vermuten, zu prognostizieren, zu extrapolieren, zu simulieren, was genau in der Zukunft passieren könnte, müsste, sollte, sucht Nidhi in ihrer Tätigkeit für RAND nach Entscheidungen, die auf alle erdenklichen Szenarien passen würden.

Sie leuchtete *nicht* mit einer Taschenlampe in den Nebel des Zukünftigen, vor uns Liegenden hinein, sie horchte im Stimmengewirr *nicht* nach Erzählungen, die zu konkreten Entwicklungen führen könnten. Erzählungen waren ihr egal, Lagerfeuergeschichten interessierten sie nicht. Sie war eine Art Anti-Elon-Musk. Bloß keine Zukunftsromantik, weder helle noch düstere.

Stattdessen versuchte Nidhi Kalra, den Nebel vor uns als Ganzes zu verstehen und beherrschbar zu machen.

Faszinierend an Kalras Ansatz war zunächst einmal, dass sie überhaupt Ungewissheit zuließ – die Existenz des Nebels. Auf den ersten Blick ist das eine defensive Haltung: Ich weiß nicht, was kommt, also bereite ich mich auf alles vor, weil ich in den Nebel nicht weit hineinsehen kann. Also vermesse ich ihn zunächst. Die nächsten Schritte folgen später.

Die Ausrichtung des Center for Decision Making under Uncertainty von RAND ist auch deshalb bemerkenswert, weil frühere Mitarbeiter des Thinktanks vor langer Zeit Methoden der Zukunftsforschung entwickelt hatten, die sich auf Vorhersagen konzentrierten. Auf den in Berlin geborenen Futurologen Olaf Helmer etwa, der zu den Gründungsvätern von RAND gehörte, gehen sowohl die Delphi-Methode zurück, bei der Expertengruppen Vorhersagen entwickeln, als auch die Cross-Impact-Analyse, mit der womöglich eintretende Ereignisse analysiert und in ihren potenziellen Wechselwirkungen betrachtet werden.

Diese Ende der Fünfziger-, Anfang der Sechzigerjahre entstandenen Prognosetechniken bedienen sich ebenso wissenschaftlicher Methoden, wie es später entwickelte tun, etwa die Szenariotechnik, das Roadmapping oder die Trendanalyse; allesamt seriöse Methoden zur Erforschung der Zukunft, die auch Zukunftserzählungen produzieren, die zumeist von Unternehmen, aber auch etwa von politischen Parteien oder staatlichen Organisationen für ihre strategische Ausrichtung benutzt werden: Welche Produkte könnten einmal nötig werden, welche Themenfelder werden in Zukunft wichtig?

Die Antworten auf solche Fragen haben potenziell reale Effekte auf unser aller Leben. Doch niemand von uns würde sie als eigene Zukunftserzählung betrachten. Oder als eine, nach der wir unser Leben ausrichten.

Ungewissheit hingegen ist etwas, mit dem wir etwas anfangen können. Als Vorstellung, vielleicht auch nur als Gefühl: Wir kennen den Nebel. Wir tasten uns vor. Ins Ungewisse.

Während ich meinen ersten Schluck Cappuccino nahm, sagte Nidhi Kalra, man könne sich Ungewissheit sehr konkret vorstellen. Kalra begann mit einem einfachen Beispiel. Einer von uns beiden könne jetzt aufstehen, sich in die Mitte des Raums stellen, seine Augen schließen, sich bis zur Orientierungslosigkeit um sich selbst drehen und dann fünf Schritte vorwärtsgehen. Die Wahrscheinlichkeit sei dann sehr groß, dass die Person sich immer noch im gleichen Raum befinde, in diesem Café. Man müsse sich nur einen Kreis vorstellen mit dem Radius von fünf Schritten, und auf dem liege die mögliche neue Position der Person im Raum. Wo genau auf dem Kreis, das sei bereits eine Frage der Ungewissheit.

»Es gibt immer einen Unterschied zwischen dem Ort, an

dem du glaubst zu stehen, und dem, an dem du sein könntest«, sagte Kalra. »Das gilt auch für die echte Welt. Das machen wir uns leider nicht klar. Kaum einmal fragen wir uns: Was weiß ich *nicht*? Oder: Was könnte falsch an dem sein, was ich denke, weiß oder glaube? Von welchen Dingen weiß ich nicht einmal, dass ich sie nicht weiß? Das sind die unknown Unknowns, die unbekannten Unbekannten. In der echten Welt denken wir selten darüber nach, was wir wissen – und was alles passieren könnte.«

Ich musste kurz lachen: Ob sie jemals den Dokumentarfilm *The Unknown Known* von Errol Morris gesehen habe, der vom ehemaligen US-Verteidigungsminister Donald Rumsfeld handelt?

»In dem er auch über Knowns und Unknowns und eben auch unknown Unknowns spricht? Ja, Rumsfeld …«

Kalra stöhnte kurz auf; sie wollte nicht über Rumsfeld sprechen. Und darüber, dass er tatsächlich Recht gehabt hatte mit der Definition der vier möglichen Kombinationen von Bekanntem und Unbekanntem, von known und unknown.

In dem Film zitiert Rumsfeld aus einem der vielen Memos, die er in seiner Zeit als Verteidigungsminister diktiert hatte. Dieses Memo stammt vom 4. Februar 2004, der Beginn des Irakkriegs lag bald ein Jahr zurück. Die USA hatten den Krieg mit der Behauptung begonnen, der irakische Diktator Saddam Hussein sei im Besitz von Massenvernichtungswaffen. Zu dem Zeitpunkt, als Rumsfeld sein Memo verfasste, war längst klar: Die Behauptung hatte sich als haltlos erwiesen. Saddam hatte keine Massenvernichtungswaffen.

»Es gibt bekannte Bekannte«, liest Rumsfeld in der Doku sein Memo vor, »das sind die Dinge, von denen wir wissen, dass wir sie wissen.« Es gebe auch bekannte Unbekannte: die Dinge, von denen wir wissen, dass wir sie nicht wissen. Und unbekannte Unbekannte: die Dinge, von denen wir nicht wissen, dass wir sie nicht wissen. »Doch es gibt auch unbekannte Bekannte«, schließt Rumsfeld, »und damit bezeichnet man die Dinge, von denen man meint, dass man sie weiß, bei denen sich jedoch herausstellt, dass man sie nicht weiß.« Das Nichtvorhandensein von Massenvernichtungswaffen im Irak war demnach Letzteres, ein unknown Known. Will sagen: Man hat geglaubt, etwas vor sich zu erkennen, im Blick zurück jedoch stellt man fest, dass man bloß im Nebel herumgestochert hat.

In der Boulangerie sagte Kalra nun: »Egal, ob es sich um unsere persönliche Zukunft handelt, die eines Landes oder einer Gesellschaft: Je größer die Zeiteinheit ist, in die wir vorausschauen, desto weniger wissen wir.« Die Fehler summierten sich über die Zeit, die Szenarien, wie sich die Welt entwickelt, vermehrten sich: »Mit jeder Sekunde, die verstreicht, kommen mehr Möglichkeiten dazu, sie kumulieren.«

Das jedoch bedeute nicht, dass sich die Menge der Faktoren vermehre, die Variablen in dieser Rechnung. Manche Variablen könne man auch einfach auf null stellen, weil sie sich absehbar nicht verändern würden, jedenfalls nicht in kleinen Zeiteinheiten.

Das Wetter draußen vor dem Café zum Beispiel: keine Wolke am Himmel.

Andere Faktoren hingegen veränderten sich rasant auch in kurzen Zeiteinheiten, die Worte zum Beispiel, die sie gerade mit ihrem Mund formte, sagte Kalra: ein Wort und noch ein Wort und so weiter. Das Ausmaß, mit dem sich die Faktoren verändern, beeinflusse also, was man alles in Vorausberechnungen mit einbeziehen müsse.

Unterscheidet sich ihrer Meinung nach die Zukunft von unserem Standpunkt aus in der Zeit objektiv von den Standpunkten vergangener Zukünfte?, fragte ich sie nun. Und: Denken wir die Zukunft eigentlich überhaupt richtig? Ist die menschliche Vorstellungskraft in korrekten Bahnen gelenkt? Begehen wir logische Fehler? Oder lassen wir uns zu sehr von Gefühlen leiten, von Ängsten und Hoffnungen? »Unsere heutige Gegenwart«, sagte Kalra, »unterscheidet sich von der Vergangenheit insbesondere durch die Menge der Daten, die wir potenziell zur Verfügung haben, um auf ihnen unsere Entscheidungen zu basieren.«

Die Entwicklung der Computertechnologie in den vergangenen zwanzig Jahren und besonders in den vergangenen fünf bis zehn Jahren habe die Mengen an prozessierbaren Daten zwar exorbitant vergrößert. Doch das übersetze sich nicht notwendigerweise in bessere Entscheidungen. Denn die Datensätze seien oft von geringer Qualität oder enthielten Biases.

Es gebe jedoch eine Art proportionales Verhältnis zwischen den zur Verfügung stehenden Datenmengen und unserem Glauben an ihre Aussagekraft: »Hat man weniger Daten, traut man ihnen nicht so bereitwillig, als wenn man große Mengen davon zur Verfügung hat. Unser heutiger Glaube, dass wir Ungewissheit durch größere Datenmengen reduzieren können, ist viel zu stark ausgeprägt.«

Mit anderen Worten: Es fällt uns einfach schwer zuzugeben, dass wir etwas nicht wissen. Obwohl das Wissen doch heute angeblich in Überfülle vorhanden ist, im Internet. Für die Firmen dort, für Google, Facebook und Amazon zum Beispiel, die immense Datenschätze über uns alle horten, wäre es geradezu geschäftsschädigend, wenn sie zugäben: Auch sie wissen nicht, was wir Benutzer als Nächstes tun. Um im Blinde-Kuh-Beispiel zu bleiben: Sie nehmen uns an die Hand, damit wir bloß einen einzigen Schritt in die von ihnen gewünschte Richtung machen und auf irgendetwas klicken; doch selbst wenn wir es dann tun, wissen sie nicht, warum wir es getan haben. Sie bilden sich nur ein, es aufgrund ihrer Daten zu wissen. In Wahrheit wissen sie nichts.

Nidhi Kalra fuhr fort: In unserer Gegenwart sähen wir uns nun mit etwas Zukünftigem konfrontiert, das die Prognosefähigkeit der Daten grundsätzlich infrage stelle: mit dem Klimawandel. Der stelle noch mehr infrage, nämlich unser Denken schlechthin. Dieses gründe auf dem Irrglauben, dass die Zukunft im Wesentlichen eine lineare Verlängerung von Vergangenheit und Gegenwart sei. Der Klimawandel sei jedoch ein singuläres und derart multifaktorielles Ereignis, dass sich Vorhersagen darüber nicht anstellen ließen. Jedenfalls wenn diese in der Projektion vergangener Gewissheiten in die Zukunft bestünden.

Was aber könnten wir angesichts dessen tun? Alle Hoffnung fahren lassen darauf, die Klimakatastrophe noch abwenden zu können? Stopp, bedeutete Nidhi mir mit einer Handbewegung. »Menschen glauben, Ungewissheit müsse prinzipiell reduziert werden. Doch auch das ist eine Falschannahme. Zunächst einmal: Manche Ungewissheiten sind nicht reduzierbar. Und manchmal denkt man, man habe Ungewissheit reduziert, in Wahrheit hat man es aber nicht – man hat lediglich eine schlechte Voraussage getroffen.« Weil wir nicht wüssten, wie die Welt sich entwickeln wird, bündelten wir all unsere Ressourcen, um eine bessere Vorhersage über die Zukunft treffen zu können. »Dann, glauben die Menschen, werden sie wissen, was zu tun ist«, sagte Kalra. »Dieses Denken jedoch ist hochproblematisch.«

Um erneut zum simplen Blinde-Kuh-im-Café-Beispiel zurückzukehren: Wäre das dann so, als würde ich versuchen, mich beim Um-mich-selbst-Drehen so zu konzentrieren, dass ich all meine Energie darauf verwenden würde, die bekannte Unbekannte meines eigenen Drehmoments zu berechnen? Dann würde ich in dem Augenblick mit dem Drehen aufhören, in dem ich mir sicher wäre: Würde ich jetzt statt der fünf sicheren Schritte zehn mit geschlossenen Augen machen, würde ich geradeaus durch die geöffnete Tür des Cafés gehen – und nicht, wie es viel wahrscheinlicher wäre, nach sechs, sieben Schritten stattdessen gegen eine der Innenwände des Cafés oder die Scheiben knallen?

Ja, ungefähr, nickte Kalra: »Wir vertrauen unseren Vorhersagen zu sehr. Das führt dann zu eng geführten Lösungen, die auseinanderbrechen, sobald Druck auf sie ausgeübt wird durch die Veränderung externer Faktoren.«

Was sollten wir also ihrer Meinung nach stattdessen tun?

»Wir sollten lieber nach Lösungen suchen, die unabhängig davon funktionieren, wie genau sich die Zukunft entwickelt. Das ist meine Aufgabe: Ungewissheit zu managen mit dem Wissen, dass sie zu einem gewissen Grad nicht reduzierbar ist.«

Auch wenn die Zukunft als solche nicht vorherzusehen sei, gebe es durchaus Dinge, die relativ gut vorhersagbar seien: Wie viele Menschen im kommenden Jahr in den USA leben werden, wie viele junge Menschen im kommenden Jahr ein Universitätsstudium aufnehmen werden, solche Sachen. Es gebe aber auch Dinge, die nicht vorhersagbar seien: Terroranschläge etwa oder die exakten Auswirkungen des Klimawandels auf einen bestimmten Ort: »Deshalb ist es wichtig zu unterscheiden, welche Ungewissheiten wir reduzieren können – und welche nicht. Letztere können wir nur managen, indem wir gute Entscheidungen treffen.«

Ungewissheit ist eben keine feste Größe, der Nebel ist unterschiedlich dicht an verschiedenen Stellen.

Ob ich dieses Gebet kenne, fragte Kalra: »Gott, gib mir die Gelassenheit, Dinge hinzunehmen, die ich nicht ändern kann, den Mut, Dinge zu ändern, die ich ändern kann, und die Weisheit, das eine vom anderen zu unterscheiden.«

Das ist das sogenannte Gelassenheitsgebet, das vermutlich auf den amerikanischen Theologen Reinhold Niebuhr zurückgeht. Ein bisschen sei es so auch mit der Ungewissheit, sagte Kalra: »Es gibt eine menschliche Tendenz dazu, absolut sicher sein zu wollen bei Entscheidungen.«

Dafür müsse man jedoch wissen, was langfristig in der Zukunft geschehen wird.

Tatsächlich wäre die bessere Voraussetzung für eine Entscheidung, eine Kurzzeitvorhersage als Grundlage zu akzeptieren und sich darauf zu konzentrieren, bestmögliche Werkzeuge für die bestmögliche Kurzzeitlösung zu entwickeln: »Wenn wir das tun, sind wir auch eher in der Lage einzugestehen, dass wir etwas nicht wissen.«

Der Mensch sei vor allem schlecht darin, Disruptionen zu antizipieren. Disruption sei per definitionem kaum vorhersehbar, sagte Kalra, daher sei es auch wahnsinnig dumm, es zu versuchen. Wir Menschen aber, und das vergrößere unseren Schlamassel noch, hingen dem Irrglauben an, dass es gar keine Disruption in der Zukunft geben werde:

»Obwohl wir wissen, wie oft Technologien oder die Wissenschaft schon disruptiven Einfluss auf die Welt ausgeübt haben, auf Beziehungen zwischen Dingen, über die wir glaubten Bescheid zu wissen – trotz alledem halten wir weiter daran fest, die Zukunft aus der Vergangenheit herzuleiten. Der entscheidende

Punkt ist aber folgender: Wir müssen die Zukunft gar nicht vorhersagen, um gute Entscheidungen zu treffen.«

Dafür sei der Begriff des »regret« wichtig. Der bestimme für jeden Ausgang der Zukunft, wie groß der Unterschied sei zwischen der bestmöglichen Entscheidung für die Zukunft – und der Entscheidung, die man tatsächlich treffe. Wie viel Nichtausgeschöpftes ist man bereit zu ertragen, wie weit kann man sich vorstellen, von der optimalen Lösung entfernt zu landen, wie suboptimal darf sie sein?

Statt zu fragen, was die bestmögliche Entscheidung sei für jede denkbare Zukunft, solle man die Entscheidung fällen, die den geringsten »regret« in allen denkbaren Zukunftsausgängen darstellt: »Diese Lösungen nennt man Robust Solutions. Sie funktionieren unter allen denkbaren Zukunftsszenarien. Sie sind nicht ideal, besitzen aber die geringstmöglichen Opportunitätsverluste.«

Das ist, wenn man so will, die Zauberformel der Entscheidungsfindung unter Ungewissheit und damit einer möglichen Beherrschung der Zukunft, ohne sie ausbuchstabieren zu können: Man wählt den Weg des kleinsten künftigen Bedauerns. Der sich mit hoher Wahrscheinlichkeit nicht als der beste, kürzeste, effizienteste herausstellen wird. Aber als einer, der sicher ans Ziel führt durch den Nebel.

Kalra nannte als Beispiel ein Projekt, das sie für RAND in Lima betreut hat. Die für die Wasserversorgung der Stadt Verantwortlichen hatten sich gefragt, auf welche Weise sie sicherstellen könnten, dass Lima auch unter den ungewissen Bedingungen, die der Klimawandel mit sich bringt, in Zukunft sicher mit Wasser versorgt werden könne: Sollten sie ein Niederschlagsauffangbecken an einem Berg bauen lassen, an dem seit Menschengedenken Wolken abgeregnet haben und also im optimalen Fall die größten Wassermengen zu gewinnen wären? Oder sollten sie stattdessen eine Wasserwiederaufbereitungsanlage mitten in die Stadt bauen, wo das Abwasser sich leicht sammeln ließe?

Kalras Antwort lautete: Die Wassergewinnung am Berg ist die mutmaßlich optimale Lösung. Allerdings unter dem Vorbehalt, dass der in seinen Auswirkungen nicht berechenbare Klimawandel die Wolken künftig auch woanders hinwehen könnte. Oder dass künftig gar keine Wolken mehr produziert werden könnten in der Nähe von Lima. Darum sei die allenfalls zweitbeste, vielleicht auch nur fünftbeste, aber robusteste Lösung tatsächlich die richtige: In Lima sollte mitten in der Stadt eine Wasserwiederaufbereitungsanlage gebaut werden. Denn egal, wie das Wetter über der Stadt künftig auch wäre: Abwasser würde es immer geben, und das lässt sich zu Trinkwasser wiederaufbereiten:

»Als Gesellschaft tendieren wir leider dazu, die unwahrscheinliche bestmögliche Lösung finden zu wollen und nicht die weniger gute, die dafür auf möglichst viele Zukunftsszenarien passt«, sagte Kalra. Das Problem sei, dass man die Entscheidung für die sich als allenfalls zweitbeste herausstellende Lösung schwer begründen könne. Zumal wenn man hinterher kein besser klingendes Argument dafür parat habe als wieder: »Leider konnten wir die Zukunft nicht exakt vorhersagen.«

Kalra fertigte nun auf einem losen Blatt Papier eine Zeichnung an. Entlang der horizontalen X-Achse notierte sie mögliche Zukünfte, die vertikale Y-Achse repräsentierte die Zeit. Je weiter es nach oben ging, je weiter also die Zeit in die Zukunft reichte, desto größer wurde die Streuung der Möglichkeiten. Der Korridor des Vorstellbaren weitete sich.

Mathematik, dachte ich beim Betrachten der Zeichnung, ist wirklich eine schöne Wissenschaft. Sie beruhigt, denn sie macht sogar das Unberechenbare berechenbar, in seiner Unberechenbarkeit.

Wie wirkt sich die Ungewissheit auf unsere persönlichen Entscheidungen als Individuen aus?, fragte ich Nidhi Kalra am Ende unseres Gesprächs.

Ihre Antwort lautete: »Wir alle treffen Entscheidungen mit unserem je eigenen Bias. Wir treffen sie nicht anhand der realen Beschaffenheit der Welt, sondern passen unsere Weltsicht rückwirkend an die Entscheidungen an, die wir ohnehin so treffen wollten. Wir tun das, um sie vor uns selbst als nachvollziehbar darzustellen. Wir Menschen versuchen dabei nicht einmal, die Zukunft wahrhaftig vorherzusagen. Stattdessen konstruieren wir eine eingebildete Zukunft, welche die Entscheidung unterstützt, von der wir wissen, dass wir sie so zu treffen wünschen. Das aber hat nichts mit der Auslotung von Ungewissheit zu tun.«

Sondern?

Da lachte Nidhi Kalra sehr laut und lang: »Nun ja, es hat vermutlich mit dem Menschsein an sich zu tun.«

Wir bezahlten unser Frühstück und verabschiedeten uns, Kalra ging zurück nach Hause, ich spazierte noch etwas durch das nette Viertel Noe Valley und dachte zunächst an die vielen Obdachlosen, die nur zehn Fußminuten entfernt an dem Platz vor dem U-Bahn-Eingang kampierten, der an der Mission Street liegt, nahe dem Hotel, in dem ich abgestiegen war.

Knapp zehntausend Menschen leben in San Francisco auf der Straße, so viele wie noch nie in diesem Jahrhundert, in der Stadt, die heute die höchsten Immobilienpreise in den USA hat.

Der Median-Hauspreis in San Francisco, also der Mittel- und nicht statistisch unbrauchbare und aussagelose Durchschnittswert, hat sich in den vergangenen zwei Jahrzehnten mehr als verdreifacht, auf zuletzt fast 1,4 Millionen US-Dollar. Die Median-Monatsmiete für ein Einzimmerapartment, das im Schnitt zirka siebzig Quadratmeter groß ist, beträgt in San Francisco heute wiederum exakt 3690 US-Dollar (zum Vergleich: die Median-Monatsmiete für eine entsprechende Wohnung im ja auch schon furchtbar teuren New York City ist 2870 Dollar).

An diesen Mondpreisen sind vor allem die vielen gutverdienenden Zukunftsarbeiter des Silicon Valley schuld, die nicht in Kleinstädten wie Palo Alto oder Mountain View wohnen wollen, wo ihre Arbeitgeber ihre Zentralen haben und in denen die Mieten fast genauso hoch sind. Mountain View zum Beispiel, wo unter anderem Google sitzt, ist ein Städtchen mit rund 75 000 Einwohnern, besitzt kein echtes Zentrum und keinerlei Nachtleben, es bietet keine Natur und keine Attraktionen, ist aber, gemessen an der Median-Monatsmiete für ein Einzimmerapartment (3450 Dollar), trotzdem der zweitteuerste Ort der USA, gleich hinter San Francisco.

Fünfzig Pendlerkilometer liegen zwischen den beiden Städten. Und zwischen den Leuten hier in Noe Valley, die wie Nidhi Kalra den Immobilienpreiswahnsinn finanziell abfedern können, und den Obdachlosen auf der Mission Street zehn Gehminuten entfernt liegen letztlich bloß unterschiedliche Abzweigungen in ihren vergangenen Zukünften. Neben persönlichen Schicksalsschlägen und womöglich mitunter auch eigener Mitschuld gibt es nur einen Grund, warum derart viele Menschen in San Francisco obdachlos sind: Sie wurden in der Vergangenheit Opfer der Disruption, die es bedeutet, wenn ein Haufen gutverdienender Menschen aus der Tech-Industrie auf einem begrenzten Immobilienmarkt die Nachfrage anheizt. Die Zerstörung des Wohnungsmarktes von San Francisco ist die wohl unmittelbarste Disruption, die Silicon Valley ausgelöst hat.

Beim Nachdenken über die Ungewissheit, die große Nebelmaschine Zukunft, erinnerte ich mich daran, was Adorno über das utopische Denken gesagt hatte. Dass wir uns die Utopie, die des ewigen Lebens, nicht ausmalen dürfen. Im Grunde hatte Nidhi Kalra ähnlich argumentiert, als sie über die Ungewissheit sprach, aber aus rein pragmatischen Gründen: Was sich nicht vorhersehen lässt, was in seiner Komplexität nicht reduzierbar ist, das Ungewisse, lohnt nicht des Darüber-Nachdenkens.

Und doch tun wir es ja unaufhörlich. So wie wir als Menschen nicht *nicht* kommunizieren können (nach Paul Watzlawick), so können wir nicht *nicht* über die Zukunft nachdenken.

Unsere Vorstellungskraft führt uns dann doch immer wieder zu den Extremen, zu den Utopien und den Dystopien, zur Auflösung der Zukunft im Endgültigen: totale Helligkeit, totale Finsternis. Warum über das Kleine grübeln, wenn man auch das Große in den Blick nehmen kann, alles, die Menschheit, den Planeten, das Universum, die Zukunft von wirklich allem?

CUPERTINO

MENLO PARK

SAN MATEO

SCOTTSDALE

SAN DIEGO

SAN FRANCISCO

LOS ANGELES

ARLINGTON

WASHINGTON, D.C.

SHENZHEN

BERLIN

»Hat einer von euch Feuer?«

Es war nicht einfach, das Alter der beiden Männer zu schätzen, die rauchend vor dem Werkstor von SpaceX standen, der 2002 von Elon Musk gegründeten Weltraumfirma mit ihrem Hauptsitz in Hawthorne, einem recht hässlichen Stadtteil von Los Angeles. Beide Männer trugen stattliche Rauschebärte im Gesicht, und weil keine grauen Haare darin zu erkennen waren, mutmaßte ich: Sie waren ungefähr Mitte dreißig. Einer der beiden zog ein Feuerzeug aus seiner Jeans, ich sah ein fettes Tattoo auf seinem Unterarm. Die beiden Jungs, so musste man sie wohl nennen, wirkten wie aus einem Firmenwerbungs-Casting. Jedenfalls sieht man Typen wie diese beiden haufenweise auf den Livebildern bei YouTube, wenn SpaceX mal wieder eine Rakete in den Himmel schießt: Irgendwann schneidet die Regie von den Weltraumbildern immer auf eine jubelnde Menge von Angestellten, und die SpaceX-Belegschaft scheint fast nur aus solchen Rauschebartmännern zu bestehen. Frauen sieht man auf den Bildern kaum.

»Ihr arbeitet hier?«

»Yep«, murmelte der Rauschebart, der mir Feuer gegeben hatte.

»Rauchverbot da drinnen?«

»Yep.«

»Ist bei einer Firma, die Flüssigsauerstoff für ihre Raketen braucht, vermutlich auch ratsam.«

Der mit dem Feuer stieß einen kurzen leisen Brunftlacher aus. Etwa so: Höh. Die Unterhaltung lief wirklich sehr gut.

»Ist Elon da?«

»Nope.«

Meine Zigarette war schon halb weg, und die Zigaretten der beiden Typen näherten sich dem Filter. Der mit dem Feuer schaute mich direkt an.

»Hast du einen Termin?«

»Nein, ich wollte hier nur herumlungern.«

»Viel Spaß.«

Die beiden Typen schnippten ihre Kippen weg, drehten sich um, zeigten am Tor ihren Werksausweis und waren bald verschwunden. Ich stand noch kurz etwas unentschlossen auf der Jack Northrop Avenue herum. Deren Name wirkt etwas überkandidelt angesichts der Tatsache, dass sie eigentlich bloß eine recht schmale, langgezogene Seitenstraße war, die in ost-westlicher Richtung entlang der einen Start- und Landebahn des Hawthorne Municipal Airport verläuft, der hinter den Werkshallen von SpaceX liegt. Der Flughafen ist für Kleinflugzeuge gedacht, der eigentliche kommerzielle Airport von Los Angeles – LAX – ist etwa fünf Kilometer entfernt.

Die große, strahlend weiße Haupthalle auf dem SpaceX-Gelände grenzt am westlichen Anfang der Jack Northrop Avenue an den breiten Crenshaw Boulevard, eine mächtige, saftig grüne, manikürte Hecke versperrt dort den Blick hinein ins Weltraumreich von Elon Musk.

Weithin sichtbar überragt wird alles von dem knapp vierzig Meter hohen Booster, der einmal als Treibstoffhilfsrakete an der Seite einer Falcon-9-Rakete gehangen hat und den Musk an der Straßenecke hat aufstellen lassen. Dieser Booster an der Straßenecke in Hawthorne ist die erste Raketenstufe, die SpaceX wieder heil auf der Erde gelandet hat, und ein wichtiger Beweis dafür, dass die Grundthese stimmen könnte, mit der Musk in sein privatunternehmerisches Weltraumabenteuer gestartet ist: Raumfahrt kann und muss preiswerter sein, als die amerikanische Weltraumorganisation NASA sie jahrzehntelang betrieben hat – Raketenteile sind recycelbar.

Das hypermoderne SpaceX-Gelände selbst wirkt wie aus dem Weltall abgeworfen in dem ansonsten ranzigen Industriegebiet in Hawthorne. Auf der gegenüberliegenden Straßenseite des Crenshaw Boulevard ist ein Baumarkt, die Straße hoch geht es ins ärmliche Inglewood, davor kreuzt der Freeway Nummer 105. Die Jack Northrop Avenue hinunter befinden sich noch ein Logistikzentrum von FedEx und ein Businesscenter von Costco.

Man würde nicht vermuten, dass in dieser trostlosen Gegend von Los Angeles die Zukunft der Menschheit geplant wird. Eine, in der wir zum Mars fliegen. Nicht nur, um sagen zu können, dass ein Mensch den Boden eines zweiten Planeten neben der Erde betreten hat. Sondern um den Mars zu besiedeln.

Elon Musk will uns dort hinauffliegen, und der Mars ist nur der Anfang. Musk will unsere Spezies in eine »multiplanetare« verwandeln, um uns unabhängig vom Schicksal unseres Heimatplaneten zu machen. Ohne den allerdings aufzugeben, ganz im Gegenteil.

Das ist eine der größten Zukunftserzählungen, die man sich vorstellen kann. Ganz unabhängig davon, ob sie machbar ist. Oder realistisch. Oder sinnvoll. Oder einfach nur übergeschnappt, der Science-Fiction-Traum eines einzelnen reichen Mannes, eine womöglich totale Verschwendung von Zeit und Ressourcen.

Die Kurzversion der Geschichte des Elon Musk, dem 1971 in Südafrika geborenen Tony Stark der Gegenwart (denn Musk ist eigentlich nur mit dem fiktionalen Marvel-Superhelden Iron Man vergleichbar), geht ungefähr so: Musk kam 1995 ins Silicon Valley, um in Stanford seinen Doktor in Physik zu machen, gründete dann aber lieber ein Medien-Start-up und verkaufte es bald an den damals noch bedeutenden Computerhersteller Compaq.

Im Jahr 2000 traf Musk die nächste goldrichtige Entscheidung und betrieb die Fusion seiner gerade erst gegründeten Online-Banking-Firma X.com mit deren Konkurrenten Confinity, in den der damals dreißigjährige Peter Thiel ein paar Hunderttausend Dollar seiner frisch gegründeten Investmentfirma gesteckt hatte. Confinity hatte eine neuartige Funktion namens PayPal entwickelt, mit der man Geld übers Netz überweisen konnte. Der gemeinsamen Firma gaben Thiel und Musk dann auch den Namen PayPal. Zwei Jahre später kaufte die Auktionsseite Ebay die Firma für anderthalb Milliarden Dollar, um das Bezahlen auf der Plattform zu erleichtern. Elon Musk und Peter Thiel wurden endgültig zu zwei sehr reichen Männern.

Beide hätten sich mit dem Verdienst aus dem PayPal-Verkauf zur Ruhe setzen können. Thiel nahm stattdessen sein Geld und investierte weiter in Silicon-Valley-Start-ups (unter anderem 2004 als erster Investor von Facebook). Musk benutzte den Erlös aus dem PayPal-Deal, um im Jahr 2002 SpaceX zu gründen.

Alles andere, wofür Musk heute bekannt ist, ergänzte Musks Erzählung von der Zukunft der Menschheit:

2004 stieg Musk bei Tesla ein, der im Jahr zuvor von den Ingenieuren Marc Tarpenning und Martin Eberhard mit dem Ziel gegründeten Autofirma, elektrisch angetriebene Autos zu bauen (Tarpenning und Eberhard haben das Unternehmen 2008 verlassen).

2006 hat Musk das nötige Startkapitel aufgebracht, um mit seinen Cousins Peter und Lyndon Rive nach seinen Ideen das Solarenergieunternehmen SolarCity starten zu können (heute ist SolarCity einer der erfolgreichsten Photovoltaikanlagenhersteller der USA und ist zwischenzeitlich in den Tesla-Konzern eingegliedert worden).

2013 hat Musk seine Idee für den Hyperloop vorgelegt, ein Transportsystem, bei dem Menschen und Güter in Kapseln durch Röhren gejagt werden sollen, bestenfalls in Schallgeschwindigkeit, wofür in den Röhren ein Teilvakuum hergestellt werden müsste. Die Frage, wie genau diese Röhrenschwebebahn funktionieren soll, beantwortete Musk nicht, er überließ die Idee der Allgemeinheit (verschiedene Firmen und Universitäten arbeiten heute an elektromagnetischen Antriebssystemen dafür).

Musk will also dabei helfen, die Menschheit unten auf der Erde unabhängig vom Verbrennen fossiler Energieträger zu machen. Weder für die Stromerzeugung noch für die Fortbewegung soll noch Öl, Gas oder Kohle verfeuert werden. Musk hat, so kann man es mit Paul Saffo betrachten, dafür lange bestehende Zukunftsideen aufgenommen und von den kurzfristigen anderer profitiert. Sie alle werden überwölbt von der Idee, mit SpaceX die Kolonisierung anderer Planeten zu beginnen.

Die Geschichte zumindest ist rund. Man kann beides versuchen: die Erde vor dem Klimakollaps retten – und dennoch mehr als bloß eine Exit-Strategie für ein Weiterleben der Menschheit haben für den Fall, dass die Sache auf der Erde schiefgeht. Also auf zum Mars, als erste Station auf dem Weg hinaus ins All.

Dafür hat Musk ein Raumschiff aus rostfreiem Stahl konstruieren lassen, es trägt den Namen »Starship«, ist fünfzig Meter lang, hat einen Durchmesser von neun Metern und soll unter anderem für interplanetare Flüge geeignet sein. Im September 2019 hat Musk der Öffentlichkeit den ersten Prototypen präsentiert. Auch sein Konzept einer Marsstation existiert bereits, wenn auch bislang lediglich als Computer-Rendering.

Musks Verständnis der räumlichen Expansion der Menschheit ist eine weiterhin geografische, sie bedeutet eine territoriale Inbesitznahme unbewohnter Gebiete. Elon Musk interpretiert die »Frontier«-Metapher ganz klassisch: Er will Land in Besitz nehmen.

Bei seinen Expansionsplänen für das Leben im All hat Elon Musk einen Konkurrenten, einen anderen, noch viel reicheren einzelnen Mann.

Im Mai 2019 verkündete der Amazon-Gründer Jeff Bezos, dass er mit seiner Raketenfirma Blue Origin im Jahr 2024 zum Mond aufbrechen wolle. Bei der Präsentation zeigte Bezos einen Zeitungsausschnitt, in dem er als Schüler mit den Worten zitiert wurde: »Die Erde ist endlich, und wenn die Ökonomie und die Bevölkerung der Welt weiterwächst, ist der Weltraum der einzige Weg nach vorn.« Als Weltraumunternehmer werde er »solarbetriebene Satelliten bauen, die die Welt friedvoll machen und reich an billiger Energie im Überfluss.«

Fast vier Jahrzehnte später, im Jahr 2019, sagte der vielfache Milliardär Bezos, die Menschheit stehe vor einer Entscheidung: Ob sie eine Zukunft voller Stillstand und bevorstehenden Rationierungen von Ressourcen wolle – oder eine voller Dynamik und Wachstum. Die Antwort sei einfach: Die Menschheit müsse hinaus ins Sonnensystem streben, um es zu bevölkern.

Aber keine anderen Planeten. Die Menschheit solle stattdessen Raumstationen konstruieren, riesige, im All schwebende Kolonien.

Die wolle er, Bezos, gar nicht selbst bauen, dafür sehe er die Zeit noch nicht reif. Er wolle dabei helfen, den Weg zu bereiten, damit folgende Generationen diese Aufgabe erfüllen können.

Bezos will sozusagen nur vorfliegen, die Vorarbeit leisten.

Während Bezos' Präsentation von Blue Origin wurden animierte Bilder gezeigt, die mögliche Raumstationen zeigten. Merkwürdig gekrümmte Traumlandschaften waren das, die so wirkten, als habe Bezos den Künstlern aufgetragen, ein paar Bergpanoramen von der Erde fürs All zu adaptieren und in riesenhafte Schneekugeln zu packen.

Die Bilder ähnelten entfernt der Cover-Illustration eines Buches aus dem Jahr 1976, das der amerikanische Physikprofessor Gerard O'Neill verfasst hat: *The High Frontier*.

Auf dem Buch sieht man im Vordergrund eine vierköpfige Familie in einem Strandszenario sitzen, hinter den Menschen erhebt sich senkrecht eine Insel mit kreisförmig angeordneten Gebäuden darauf. Die Perspektive ist offenkundig absichtlich falsch, die Insel steht im Neunzig-Grad-Winkel zu der Familie am Strand, als würde sie gleich auf die Familie kippen.

Auf der Erde mag diese Perspektive falsch sein, doch im All könnte man zum Beispiel eine kugelförmige Weltraumstation bauen, auf deren Innenseite man eine kleine Welt errichten könnte. Wie in einer Schneekugel, wenn die wahrhaftig eine Kugel wäre.

Jeff Bezos hat in den frühen Achtzigerjahren bei Gerard K. O'Neill in Princeton studiert. Der reichste Mensch der Welt (je nach Aktienkurs ist das manchmal auch wieder Bill Gates) hat also eine Idee seines alten, bereits 1992 gestorbenen Professors aufgenommen. *The High Frontier* soll zurückkehren in die Fantasien der Zukunft, fast ein halbes Jahrhundert nachdem O'Neill sein Buch geschrieben hat. Bezos erzählt also eine alte Geschichte der Zukunft weiter.

Wie bei Musk geht auch bei Bezos der Traum von der Raumfahrt und der Besiedlung des Alls zeitlich allen anderen sehr irdischen Geschäftsideen voraus, für die er heute bekannt ist und mit denen er sein Vermögen gemacht hat. Beide, Musk wie Bezos, das wäre die plumpe psychologische Erklärung, wollen als erwachsene, reiche Männer ihre Jungsträume erfüllen.

Interessant an Bezos' Plänen jedoch ist, dass sie – im Gegensatz zu Musks – mit O'Neill's Buch eine eindeutige und nahezu einzige Inspirationsquelle haben: Man kann alles nachlesen.

Gerard K. O'Neill ist einer der großen Vergessenen unter den Weltraum-Utopisten der Siebzigerjahre. O'Neill schlug in seinem sieben Jahre nach der ersten Mondlandung erschienenen Buch die menschliche Besiedlung des Alls in sogenannten »Islands« vor, die auf Deutsch später »O'Neill-Kolonien« genannt wurden. O'Neill wollte seine Ideen als praktische, zeitnah umzusetzende Utopie verstanden wissen.

So ist die Prämisse seines Buches, bei der Konzeption der Raumstationen ausschließlich Technologien und Materialien zu verwenden, die zum Zeitpunkt der Niederschrift bereits vorhanden waren. O'Neill kam auf drei verschiedene Grundtypen möglicher Raumstationen, die sich in Größe und Gestalt voneinander unterscheiden sollten, ihr Durchmesser zum Beispiel variierte von anderthalb bis acht Kilometern.

Begonnen hat O'Neill seine Überlegungen zur menschlichen Besiedlung des Alls mit einer Frage, die er Studierenden im Jahr 1969 gestellt hat: »Ist die Oberfläche von Planeten wirklich der richtige Ort für eine expandierende technologische Zivilisation?«

Die Besiedlung von Planeten, wie sie Musk heute plant, hätte nämlich viele Nachteile. Besitzen die Planeten zum Beispiel eine der Erde vergleichbare Gravitation, müsste man, nachdem man bereits riesige Mengen Energie verbraucht hätte, um in einer Rakete der Erdanziehung zu entkommen, noch einmal eine immense Menge Energie aufwenden, um auf dem anderen Planeten sicher zu landen.

Außerdem bietet keiner der Planeten unseres Sonnensystems ähnlich einladende Lebensbedingungen für den Menschen wie die Erde. Warum sollten wir etwa auf dem Mars leben wollen, außer uns bliebe wirklich gar keine andere Wahl?

Heutige Weltraum-Utopisten wie der amerikanische Physiker Michiu Kaku träumen vom »Terraforming« des Mars, also der Idee, mit gewaltigen Anstrengungen lebensfeindliche Planeten in erdähnliche zu verwandeln. Dafür müsste der Anteil von Sauerstoff an der Atmosphäre und deren Dichte dort erhöht werden, ebenso müsste man für einen Anstieg der Temperaturen sorgen, die dort herrschen.

In seinem aktuellen Buch *The Future of Humanity* beschreibt Kaku, was aus seiner Sicht nötig und möglich wäre, um das Überleben der menschlichen Spezies langfristig zu sichern: vor allem die Besiedlung nicht nur des Mars, sondern auch anderer Planeten womöglich außerhalb unseres Sonnensystems – und die Überwindung des Todes.

Kakus Werk wirkt wie das theoretische Weiterdenken von Musks praktischem Tun. Schon aufgrund der Science-Fiction, die Kaku immer wieder zitiert, erscheint es zugleich wie der Versuch einer Versachlichung wilden Denkens. Das ist sympathisch. Dass Gerard O'Neills Ideen in Kakus Buch nicht diskutiert werden, ist allerdings eine grobe Auslassung gemessen daran, dass Kaku die Zukunft der Menschheit jenseits der Erdgebundenheit vorhersagen will. Er unterschlägt eine bedeutsame Option.

Interessant an O'Neills Buch ist neben der Idee der Kolonisierung des Weltraums statt der von Planeten auch die Art, wie O'Neill davon erzählt. Für das erste Kapitel seines Buches hat er zum Beispiel einen fiktiven Brief eines Ehepaars verfasst, das auf einer der Raumstationen lebt. Die Adressaten sind ein anderes Ehepaar, das auf der Erde wohnt, aber mit dem Gedanken spielt, ins All umzuziehen.

»Dear Brian and Nancy«, beginnt der Brief, den offenkundig der männliche Part des Paares oben im Weltraum verfasst haben soll, er spricht einfach für seine Gattin mit: »Ich kann verstehen, dass ihr von jemandem hören wollt, der bereits im All arbeitet und lebt, bevor ihr euch selbst dazu entschließt.«

O'Neill beschreibt in den Worten seines fiktiven Briefschreibers dann die Lebensbedingungen, die er sich für seine eigenen Raumstationsträume vorstellte. In den O'Neill-Kolonien sollte keine Schwerelosigkeit herrschen, sondern weitgehend künstliche Gravitation. Menschen sollten dort einer geregelten Arbeit nachgehen, Freizeit haben, Urlaub machen, im Vorgarten ihr eigenes Gemüse ziehen. In dem Brief wird auch der sentimentale Gedanke diskutiert, ob sich die Menschen irgendwann doch wieder nach dem Leben auf der Erde sehnen werden. Die Antwort lautet: Ja, das werden sie wohl. Das Ehepaar dort oben auf der Insel im All plant, nach dem Ende der Berufstätigkeit zurückzukehren. Die Erde wäre in dieser Vorstellung eine Art Rentnerparadies.

Der Brief ist eigentlich eine Science-Fiction-Kurzgeschichte. Die sollte es den Leserinnen und Lesern augenscheinlich leichtmachen, O'Neills darauffolgende Gedanken nicht schlicht für Irrsinn zu halten. Der Physiker benutzte paradoxerweise Science-Fiction, um nicht als Science-Fiction-Autor gescholten zu werden für seine Pläne für die Menschheit.

O'Neill muss es – das deutete schon die Verwendung »expansiv« in der Ausgangsfrage an seine Studenten Jahre vor dem Verfassen von *The High Frontier* an – für eine geradezu natürliche Idee gehalten haben, dass die Menschheit, würde sie erst einmal die technologischen Voraussetzungen dafür besitzen, das Weltall kolonialisieren würde.

Er führte nur zwei Gründe weiter aus, warum die Lage auf der Erde selbst eine weitgehende Flucht ins All nötig machen könnte: die zunehmende Überbevölkerung unseres Heimatplaneten und der hohe Verbrauch an schädlichen fossilen Energieträgern durch die Menschheit.

Diese Gründe lassen sich, wie bei jeder Zukunftserzählung, zumindest teilweise aus dem historischen Kontext ihrer Entstehung erklären. Im Jahr 1972 erschien mit *Die Grenzen des Wachstums* des Club of Rome eine ungeheuer wirkmächtige globale Krisenbeschreibung, die unter anderem vor den Folgen von Überbevölkerung und Ausbeutung von Rohstoffen warnte; und 1973 machte die erste Ölkrise die totale Abhängigkeit der Menschheit von fossilen Brennstoffen deutlich.

Ein weiterer Anlass für O'Neills Überlegungen zur menschlichen Expansion ins All war offenbar die Einstellung des Apollo-Programms durch die NASA im Jahr 1972. Die amerikanische Weltraumbehörde hatte daraufhin ihre Mars-Pläne eingemottet – aber auch die Idee, eine permanente Raumstation zu konstruieren. Sie konzentrierte sich stattdessen auf die Entwicklung des Space Shuttle.

Gerard O'Neill hat der NASA mit *The High Frontier* eine alternative Zukunftserzählung angeboten. O'Neill gab darin freimütig zu, dass er nicht der Erste war, der über dauerhaftes Leben in Raumstationen nachgedacht hat. So spielt der 1897 erschienene Science-Fiction-Roman *Auf zwei Planeten* von Kurd Laßwitz schon teilweise auf einer Raumstation.

In den Zwanzigerjahren des 20. Jahrhunderts haben erstmals Wissenschaftler diese Idee aufgenommen. Der deutsche Raketenpionier Hermann Oberth etwa entwarf in seinem Buch *Wege zur Raumschiffahrt* im Jahr 1923 Konstruktionsideen für Weltraumstationen. Während der Nazi-Diktatur arbeitete Oberth dann in der deutschen Raketenforschung und später für Werner von Braun in den USA (das Weltraumprogramm der NASA war in den Fünfziger- und Sechzigerjahren voll von deutschen Ingenieuren mit problematischer Vergangenheit).

Der österreichische Raketentechniker Guido von Pirquet wiederum schlug in der Zeitschrift *Die Rakete* des deutschen »Vereins für Raumschiffahrt« im Jahr 1928 Raumstationen vor. Auf denen sollten künftige Weltraumreisende Zwischenstation machen – auf dem Weg zum Mars.

Der britische Physiker John Desmond Bernal stellte im Jahr 1929 seine Pläne für eine »Bernal-Sphäre« vor. Im selben Jahr wurde das Buch *Das Problem der Befahrung des Weltraums* des österreichischen Elektrotechnikers Herman Potočnik unter dem

Pseudonym Hermann Noordung veröffentlicht, in dem dieser ebenfalls Ideen zu Raumstationen entwickelte.

Und in den Fünfziger- und Sechzigerjahren wurden diese Ideen unter anderem von dem deutschen Raketentechniker Krafft Ehricke (noch einer, der für die Nazis in Peenemünde an Raketen und später für die NASA gearbeitet hatte) und von Wernher von Braun selbst fortgeführt. Ohne jeglichen Erfolg.

Gerard K. O'Neill ging 1976 davon aus, dass spätestens im Jahr 2005 eine der von ihm erdachten Raumstationen dauerhaft im All positioniert sein würde. Tatsächlich gab die NASA ihren letzten Versuch, eine eigene US-Raumstation zu bauen, jedoch 1993 auf, im Jahr nach O'Neills Tod.

Die Amerikaner schlossen sich stattdessen den Plänen der europäischen Raumfahrtagentur ESA, der japanischen JAXA, der kanadischen CSA und der russischen Roskosmos an und beteiligten sich am Bau der heutigen »International Space Station«, kurz ISS. Die ISS schwebt bis heute einsam in 400 Kilometern Höhe im Orbit über der Erde und soll bis mindestens 2024 betrieben werden. Sechs Menschen können dauerhaft auf ihr leben, sie werden von Elon Musks Firma SpaceX regelmäßig mit Lieferungen versorgt, und seit 2020 bringt Musk auch Nasa-Astronauten dort hoch.

Für 2022 ist der Aufbau der Lunar Orbital Platform-Gateway geplant, einer Raumstation, die von denselben Weltraumbehörden wie die ISS betrieben und um den Mond zirkulieren soll, um künftige Missionen sowohl zum Mond als auch zum Mars zu unterstützen. Dort werden keine Menschen permanent leben. Die staatlichen Weltraumbehörden der Nationen haben die Idee vom Leben in Raumstationen ad acta gelegt.

Auch Donald Trump findet den Mars viel besser als Ziel. »We're going to Mars«, versicherte Trump im September 2019 im Weißen Haus. Erst solle es im Jahr 2024 noch einmal auf den Mond gehen, doch eigentlich gehe es um die Marslandung: »Ich sagte: Hey, den Mond haben wir schon bereist, das ist nicht mehr aufregend. Also: Wir bereisen den Mond. Aber in Wirklichkeit erobern wir den Mars.«

Was die Amerikaner dort oben sollen, hat Trump allerdings vergessen zu sagen.

Gerard O'Neill flog selbst noch ins All, allerdings nicht lebend. Teile seiner Asche wurden fünf Jahre nach seinem Tod im Rahmen der allerersten Weltraumbestattung mit einer Pegasus-Trägerrakete in den Weltraum geschossen. Zusammen mit Teilen der Asche des Star-Trek-Erfinders Gene Roddenberry, des LSD-Gurus Timothy Leary und des Raketenpioniers Krafft Ehricke, dessen Raumstationspläne O'Neill in *The High Frontier* zitiert hatte. Die Pegasus-Rakete mit den insgesamt vierundzwanzig Mikrournen an Bord verglühte 2002, fünf Jahre nach dem Start, beim planvollen Wiedereintritt in die Erdatmosphäre.

So ist letztlich nichts von Gerard K. O'Neill im All geblieben.

Seine Ideen aber lebten weiter. Freilich anders, als er gedacht hätte. Statt real zu werden, wurden sie zu einer Themenparkattraktion.

Im Newsletter des von ihm gegründeten und bis heute aktiven »Space Studies Institute« berichtete O'Neill im Herbst 1983 davon, dass die Disney Company ihn gebeten habe, für die Epcot-Attraktion »Horizons« in der Walt Disney World in Florida als Berater zu fungieren.

»Horizons« wurde am 1. Oktober 1983 eröffnet: Der Besucher setzte sich in eine offene Kabine, sah zunächst unter dem Titel »Looking Back at Tomorrow« vergangene Zukunftsträume, um dann aktuelle vorgeführt zu bekommen, unter anderem einen Weltraumflug, vorbei an von O'Neill erdachten »Island One«-Kolonien in verschiedenen Aufbaustufen. Der Flug endete auf einer fiktiven Raumstation namens »Brava Centauri«.

Im Januar 1999 wurde die Attraktion dann geschlossen. Die Disney-Leute betrachteten sie als überholt. Das Gebäude wurde abgerissen und durch den Raumfahrtsimulator »Mission: Space« ersetzt.

Das kalifornische Disneyland liegt nur knapp fünfzig Kilometer südöstlich von der Unternehmenszentrale von SpaceX entfernt, in Anaheim. Als der Themenpark im Jahr 1955 eröffnet wurde, hatte er bereits einen Bereich namens »Tomorrowland«. Die Zukunft, die dort anfänglich gezeigt wurde, sollte das zu diesem Zeitpunkt noch einunddreißig Jahre entfernte 1986 darstellen, ein »Atomic Age«. Dass dann ausgerechnet im Jahr 1986 der Reaktor des Atomkraftwerks in Tschernobyl explodierte, ergab rückblickend eine sehr düstere Pointe.

Auf dem Gelände des »Tomorrowland« stand außerdem eine zwanzig Meter hohe Moonliner-Rakete mit dem Schriftzug der Airline TWA darauf. Die Form der Rakete gleicht der der V2, mit der die Nazis London in Schutt und Asche bomben wollten. Der TWA-Mehrheitseigner Howard Hughes, den man als eine Art Visionär-Vorgänger von Musk und Bezos betrachten kann, hat Wernher von Braun an dem Entwurf der Disney-Raketenattrappe mitarbeiten lassen. Denselben von Braun, der erst für die Nationalsozialisten Raketen konstruiert hat (eben die A4, das erste menschengemachte Objekt, das es ins Weltall geschafft hat und später von Goebbels in V2 umbenannt worden ist: V wie Vergeltungswaffe) und der später dann für die NASA Raketen baute, darunter die Saturn V, die Neil Armstrong, Buzz Aldrin und Michael Collins am 16. Juli 1969 in Cape Canaveral bestiegen, um zum Mond zu fliegen.

1955 gab es in Disneyland eine Show, die »Rocket to the Moon« hieß. 1967 wurde sie in »Flight to the Moon« umgetauft und 1975 dann in »Mission to Mars«. Der Mond war zu der Zeit kein Ziel mehr, zu dem noch Menschen flogen. »Mission to Mars« wurde schließlich im Jahr 1992 aufgegeben – ausgerechnet in dem Jahr, da der damalige US-Präsident George Bush eine bemannte Marsmission noch einmal durchrechnen ließ. Sie wurde als zu teuer befunden. Zwar nahm Bushs Sohn George W. die Mars-Planungen während seiner Präsidentschaft wieder auf, dessen Nachfolger Barack Obama schob sie dann allerdings wieder auf eine sehr lange Bank, auf die zweite Hälfte der Dreißiger-jahre.

Auf einem Werbeposter für das »Tomorrowland« wurde 1955 auch eine »Space Station X-1« angepriesen. Die Zeichnung auf dem Poster zeigte eine Art Aussichtsbalkon im Weltall, auf dem die Mitglieder einer Kleinfamilie (Vater, Mutter, Kind) standen und hinab auf die Erde schauten. Der Claim lautete: »Look into the future … See America from Outer Space!«

Mit dem »neuen Space Race«, das im Untertitel des 2018 erschienenen Buchs *Rocket Billionaires: Elon Musk, Jeff Bezos and the New Space Race* des Reporters Tim Fernholz angekündigt wird, stellten sich Musk und Bezos in eine lange Tradition dieser Art von amerikanischer Zukunftserzählung. Und es ging immer noch um den »Frontier«-Gedanken, wie ihn John F. Kennedy in seiner »New Frontier«-Rede formuliert hat; Musk und Bezos setzen da wieder an, sie setzen ihn fort und erweitern ihn.

Das ist auch deshalb bemerkenswert, weil das Silicon Valley, das Bezos und Musk letztlich repräsentieren, eigentlich seit den Achtzigerjahren einem anderen »Frontier«-Pfad folgte. Dort wurde die »Frontier«-Metapher immaterialisiert. Die Grenzen, die es hin zu unbekanntem Territorium zu überwinden galt, lagen nicht draußen im All, sondern in neuen virtuellen Welten.

Der Cyberspace, dem William Gibson 1982 seinen Namen gegeben hat, wurde in den Neunzigerjahren als hinter einer sogenannten »Electronic Frontier« liegend erzählt. Der Cyberspace sei das »neue Land hinter dem Horizont«, schrieb der Architektur- und Stadttheoretiker William J. Mitchell im Jahr 1995, ein Ort, der »Kolonisierern, Cowboys, Betrügern und Möchtegern-Eroberern des 21. Jahrhunderts« winke.

Dass der Cyberspace sprachlich und gedanklich irgendwann ersetzt werden würde durch den Begriff des Netzes; und dass unsere Aktivitäten dort nicht darin bestehen würden, dass Avatare von uns Virtual-Reality-Welten steuern (wie Ray Kurzweil noch 2010 dachte), sondern eher altmodisch Kommunikation mittels Schrift- und Sprachnachrichten und Social-Media-Postings betreiben: Das ließ sich offenbar schwer vorhersagen.

Geht man weiter zurück, in die frühen Siebzigerjahre, findet man in der kalifornischen Gegen- und Hippie-Kultur eine Sehnsucht nach einer anderen immateriellen Grenzüberschreitung: der Expansion des Geistes, des Selbst, der Psyche. Die ultimative Frontier, glaubten die Hippies, liege im Menschen selbst und in seinem Verständnis von seiner Rolle in der Welt.

Von heute aus betrachtet lässt sich rückwirkend eine popkulturhistorische wie kommerzielle Linie ziehen zwischen diesem Innerlichkeitsgestus der Hippies und der heutigen Valley-Denke.

Die immaterielle Landnahme der klassischen Werbung wie des heutigen »Targeted Advertising« durch Google und Facebook besteht letztlich in dem Versprechen, man könne das Wissen um die Beschaffenheit der menschlichen Psyche und menschlicher Verhaltensmuster instrumentalisieren.

Man kann das für eine perverse Umkehrung der Ursprungsidee der Hippie-Kultur halten – oder für ihre logische Fortsetzung mit den Mitteln des zeitgenössischen Überwachungskapitalismus. In der alten Bibel der kalifornischen Gegen- und frühen Computerkultur, Stewart Brands *Whole Earth Catalog*, waren in den Siebzigerjahren jedenfalls schon alle Anfänge für solcherlei Zukunftserzählungen ausgelegt. Darin ging es um Nachhaltigkeit, um Kybernetik, um, na klar, auch Raumstationen irgendwann – vor allem aber um Produkte für ein vermeintlich besseres Leben.

Die Tech-Gründer Elon Musk und Jeff Bezos hingegen kehren mit ihren Expansionsplänen für den Weltraum in die ursprünglich räumliche Dimension der »Frontier«-Metapher zurück. Sie begründeten ihre Abenteuergeschichten von der permanenten Eroberung des Weltraums nicht bloß mit der schieren Notwendigkeit, dass die Menschheit für den Fall vorbereitet sein sollte, dass ein existenzielles Risikoszenario Wirklichkeit wird, nein: Es gibt etwas Neues zu erkunden!

Aber können wir uns eine nichtkatastrophische Zukunft derzeit überhaupt noch vorstellen? Eine, in der die Menschheit nicht in mehr oder weniger absehbarer Zeit ausgelöscht wird, durch ihr eigenes Verschulden? Weil unser Heimatplanet durch einen Klimakollaps unbewohnbar wird? Oder doch noch durch einen Atomkrieg? Oder durch unvorhergesehene Konsequenzen von technischen Entwicklungen?

Das sind alles sogenannte existenzielle Risiken. Diese werden seit einigen Jahren von eigens dafür ins Leben gerufenen Wissenschaftseinrichtungen erforscht, etwa vom 2012 gegründeten Centre for the Study of Existentiell Risk der Universität Cambridge oder dem bereits 2005 vom schwedischen Philosophen Nick Bostrom initiierten Future of Humanity Institute der Universität Oxford.

Bostroms im Jahr 2002 im *Journal of Evolution and Technology* erschienener Aufsatz »Existential Risk: Analyzing Human Extinction Scenarios and Related Hazards« ist ein Grundsatztext, der heute noch aktuell wirkt. Bostrom stellte darin angesichts der verschiedenen, zumeist menschengemachten Risiken der Zivilisationsauslöschung eine Faustregel für moralisches Handeln auf, er nannte sie »Maxipok«: »Maximize the probability of an okay outcome, where an ›okay outcome‹ is any outcome that avoids existential disaster.«

Wir sollen also unser Handeln danach ausrichten, dass die Ergebnisse eine mögliche Vernichtung der Menschheit verhindern. Es geht ums Überleben – es ist nicht egal, wie, aber erst einmal ist es das wesentliche Ziel. Eine andere Faustregel lehnt Bostrom hingegen explizit ab: »Maximin«, nämlich diejenigen Handlungen zu bevorzugen, die mutmaßlich zu einem bestmöglichen Worst-Case-Resultat führen.

Damit bestätigt Bostrom einerseits die Handlungslogik, die zum Beispiel Nidhi Kalra für Entscheidungen unter Ungewissheit empfiehlt. Zugleich widerspricht er ihr jedoch. Nidhi sucht genau nach »okayen Ergebnissen« im Sinne Bostroms, aber nicht nach Handlungsoptionen, die bestmögliche Ergebnisse in einem Worst-Case-Szenario erbringen. Sie fahndet nach Entscheidungen, die für alle denkbaren Szenarien funktionieren. Weil unter denen aber auch Worst-Case-Szenarien sind, würde logischerweise bei deren Eintreten die von Nidhi zuvor empfohlene Entscheidung, wenn schon nicht das bestmögliche Resultat in einer schrecklichen Zukunft, so doch ein praktikables produzieren. Kalra vermeidet es, ihren Fernblick auf einzelne Szenarien zu verengen. Bostrom tut es ganz bewusst.

Existenzielle Risiken bringen, wie Bostrom selbst ausführt, eine Besonderheit mit sich: Keines davon hat sich bisher je realisiert. Sonst wären wir alle ja bereits tot oder nie geboren worden, und die Erde wäre längst ein wüstes Land. Die Erforschung existenzieller Risiken produziert notwendigerweise apokalyptische Zukunftserzählungen vom Ende aller Tage der Menschheit, die mit Wahrscheinlichkeiten in Prozent errechnet werden. Atomkrieg: x Prozent. Klimakatastrophe: y Prozent. Zivilisationsvernichtung aufgrund durchdrehender künstlicher Superintelligenz: z Prozent.

Das beständige Ausbleiben der Apokalypse entwertet ihre Beforschung nicht im Geringsten. Die Apokalypse ist bloß logischerweise immer nur theoretisch und nur im Konjunktiv erzählbar. Ihre Varianten sind stets vom Ende her konzipiert, der Plot bis dahin muss spekulativ sein, weil er sich an keinen Präzedenzfällen orientieren kann: Was nie passiert ist, kann nur Fiktion sein. Die Menschheit ist noch nie ausgelöscht worden, und weder das Aussterben der Dinosaurier noch die Verheerung der japanischen Städte Hiroshima und Nagasaki durch die Explosionen zweier amerikanischer Atombomben mit Hunderttausenden Toten in der Folge lassen sich gleichsam hochrechnen zu einer globalen Zivilisationsvernichtung.

Nick Bostrom hat 2003, im Jahr nach dem Erscheinen seines Aufsatzes über existenzielle Risiken, einen weiteren im Philosophie-Journal *Utilitas* veröffentlicht. Der Text trug den Titel »Astronomical Waste: The Opportunity Cost of Delayed Technological Development« und stellte eine nur auf den ersten Blick erstaunliche Frage, die an seine Analyse existenzieller Risiken anknüpfte: Welche Kosten (Nidhi Kalra würde sie »regret« nennen) entstehen im utilitaristischen, also nutzenethischen Sinne, solange die Menschheit angesichts der sie auf ihrem Heimatplaneten Erde bedrohenden existenziellen Risiken noch nicht mit der Kolonisierung des Weltraums begonnen hat? Welche potenzielle Steigerung an individuellem und allgemeinem Wohlergehen, welcher Nutzen also entgeht Lebenden und künftig Lebenden dadurch, dass wir das All noch nicht als Besiedelungsgebiet erschließen?

Bostrom zielte gar nicht so sehr darauf ab, das Ausbleiben dahingehender technischer Entwicklungen oder einen Mangel bei der Finanzierung etwaiger Weltraumprojekte zu kritisieren. Er behauptete auch nicht, dass in dem Fall bewusstes Nichthandeln vorliege, die Menschheit sich also dezidiert gegen die Kolonisierung des Alls entschieden hätte.

Vor anderthalb Jahrzehnten existierte keine ernsthafte politische Debatte über diese Idee, und das tut sie bis heute nicht. Letztlich machte Bostrom in seinem recht kurzen Aufsatz vor allem auf den Preis der Nichtrealisierung von als nutzbringend erachteten Zukunftsentwürfen aufmerksam: Es hätte bereits besser sein können, uns hätte schon ein Nutzen entstehen können.

Dieser entgangene Nutzen ist ein rein theoretischer, so wie jede Zukunftserzählung stets im Zustand des Konjunktivs bleibt. Was wäre, wenn. Das Kriterium dafür, die wesentlichen unter den Zukunftserzählungen von den unwesentlichen zu unterscheiden, müsste gemäß Bostrom im Auge eines Utilitaristen das Maß an Nutzen sein, das sie versprechen und der uns entgeht. Solange wir die Zukunftserzählung nicht zur Wirklichkeit machen. Der zur Realisierung nötige Aufwand, ja sogar die Kosten nicht nur finanzieller Art stünden dahinter zurück. Die Kolonisierung des Alls wäre, so begründet, eine robuste Lösung im Sinne Nidhi Kalras. Nur dass man sie gezielt verfolgen könnte: Für den Fall, dass die Erde unbewohnbar würde, hätte die Menschheit schon andere Siedlungsgebiete erschlossen.

An Bostroms Weltraumkolonisierungstext aus dem Jahr 2003 musste ich denken, als Elon Musk im Februar 2018 Bilder des »Starman« auf seinen Social-Media-Accounts veröffentlichte. Musk hat seinen eigenen Tesla Roadster, Baujahr 2008, auf die zweite Stufe einer Falcon Heavy seiner Raketenfirma SpaceX montieren, einen Dummy in einem Weltraumanzug auf den Fahrersitz schnallen und ins Handschuhfach eine Ausgabe von Douglas Adams' Science-Fiction-Roman *The Hitchhikers Guide to the Galaxy* legen lassen.

Am 5. Februar 2018 wurde diese Ladung ins All geschossen, auf eine endlose heliozentrische Flugbahn, die von der Erde aus im weiten Bogen um die Sonne und vergleichsweise nahe am Orbit des Mars vorbeiführt.

Auf dem Autoradio des Tesla läuft da oben im All nun in Dauerschleife der Song *Space Oddity* von David Bowie: »For here am I sitting in a tin can / Far above the world / Planet Earth is Blue / And there's nothing I can do.«

Das ikonischste unter den Bildern von Musks Starman im All zeigt das Auto von der Seite in einem steilen Winkel nach oben gerichtet, als jage es aus dem Foto. Man sieht den Dummy am Steuer des Cabrios und dahinter bildfüllend: die Erde.

Dieses Foto lässt sich auf unterschiedlichste Weise interpretieren. Man kann darin die narzisstische, präpotente, machistische Geste eines schwerreichen, übergeschnappten Multiunternehmers erkennen, der für ein paar crazy Bilder einen Klumpen künftigen Weltraumschrott ins All gejagt hat. Denn bis auf das Aluminiumgerüst wird sich Musks altes Auto aufgrund der im Weltraum herrschenden Strahlungen bald weitgehend auflösen.

Man kann in dem Bild des Roadsters vor dem Erdhintergrund aber auch einen Überschuss an geradezu kindlicher Freude sehen: Die Eroberung des Alls oder jedenfalls der Besuch des endlosen Raumes um unseren Heimatplaneten herum ist nicht nur eine ernste wissenschaftliche Aufgabe und eine Herausforderung für Ingenieure – das alles macht auch ungeheuer Spaß.

Man kann den Tesla im Weltall ebenso als Kunstinstallation betrachten, der die Aufgabe zugeteilt sein könnte, uns hier unten auf Erden durch ihre allmähliche Zerstörung an die Vergänglichkeit allen Seins zu erinnern.

Das Foto vom Starman lässt sich schließlich auch als Simulation dessen verstehen, was Elon Musk als Langzeit-Ziel seiner Weltraumaktivitäten bereits im Jahr 2016 verkündet hat, eben die Kolonisierung des Alls durch den Menschen. Elon Musk begreift die Frage, die Nick Bostrom vor anderthalb Jahrzehnten aufgeworfen hat, die nach den Kosten der Nichtbesiedlung des Alls durch den Menschen, offenbar als Auftrag. Der leblose Dummy Starman ist stellvertretend für uns schon einmal vorgeflogen.

Das Foto wirkt wie für das Poster eines Science-Fiction-Films gemacht, den Hollywood noch nicht gedreht hat. Zumindest darum passt es, dass SpaceX in Los Angeles beheimatet ist. Die Firma ist Elon Musks eigene Traummaschine.

Und Los Angeles ist weiterhin das größte Zentrum der filmischen Weltenerfindung.

Zugleich ist Hollywood in den vergangenen Jahren abgestiegen zu einem Inhaltelieferanten (neben uns selbst, den Usern im schlimmen Terminus user-generated content) für die Plattformen des Silicon Valley. Nord- und Südkalifornien sind in einem eigenen Kampf um die Zukunft verwickelt.

Im Valley sind die für die Gegenwart wesentlichen neuen Technologien des vergangenen halben Jahrhunderts erdacht und entwickelt worden. Das Tal hat die Buchstaben, Zeichen und die Syntax für unser aller zeitgenössisches Leben geliefert, indem es die Geräte und Plattformen geschaffen hat, mit und auf denen wir einen Großteil unserer Kommunikation durchführen, Bewegtbilder und schriftliche Informationen konsumieren und selbst einstellen, Einkäufe tätigen, Buchungen durchführen, uns gar mögliche Liebes- oder nur Sexpartner suchen.

Das Silicon Valley hat unser Leben als Individuen und unser Zusammenleben in Gruppen neu strukturiert. Die Plattformen, die das Tal bereitstellt, formatieren durch ihre Programmierung, ihr Design gesellschaftliche Selbstvergewisserungsprozesse: Facebook, Twitter, Google geben die Syntax unserer Diskurse vor und sind zugleich die wesentlichen Orte dieser dezentralisierten Diskurse – die aber auch vor der Erfindung etwa von Social Media im Wesentlichen schon dezentral organisiert gewesen sind, an Stammtischen ebenso wie in Tagungsräumen.

Plattformen wie Twitter und Facebook haben einerseits das, was ohnehin gedacht und gesagt wird, nur sichtbar gemacht, nachlesbar. Andererseits haben sie die Verbreitungsmöglichkeiten des Gesagten exponentiell vergrößert und damit auch dessen potenzielle Wirkung auf die Leben der Leute und ihre Weltwahrnehmung – wie sie die Gegenwart und die Zukunft betrachten. Die Plattformen selbst hingegen produzieren keine Erzählungen.

Was lustigerweise auch immer eine Ausrede ist, wenn Tech-Firmen für die möglichen lebensweltlichen Konsequenzen ihrer Erfindungen wieder einmal keine Verantwortung übernehmen wollen. Mark Zuckerbergs Beharren zum Beispiel darauf, soziale Medien seien eben keine Medien und darum auch nicht verantwortlich zu machen für die auf ihren Plattformen verbreiteten Inhalte, für den Content, der aus persönlichen Facebook-Statusupdates ebenso bestehen kann wie aus Postings von Fremdlinks, ist letztlich eine Weigerung, überhaupt für Erzählungen verantwortlich zu sein.

Zuckerberg, das ist nun längst überdeutlich, ist außerdem ein zutiefst fantasieloser Mensch. Er hat sich offenkundig erstaunlich wenig vorstellen können davon, was Leute mit Facebook, WhatsApp und Instagram anstellen würden. Ein grauenhafter Erzähler ist Zuckerberg außerdem. Nicht nur seiner selbst (außer er will auf die Welt wie ein Roboter wirken), sondern auch der Zukunft, die zu produzieren er doch einmal in Adiletten angetreten war.

Zuckerberg scheint eher zufällig auf etwas gestoßen zu sein, das der erste Facebook-Investor Peter Thiel bereits im Jahr 2004 bei seiner Kapitalspritze von einer halben Million US-Dollar wenn nicht als Erzählung, so doch als erzählerisches Moment und eigentlich als Motor eines für andere noch gar nicht absehbaren Massenerfolgs sozialer Medien erkannt zu haben scheint.

Thiel hat, so wirkt es heute im Rückblick, für die mimetische Theorie seines Mentors an der Stanford University, des französischen Kulturanthropologen René Girard, in Social Media eine Entsprechung gefunden. Ein Tool, das für die Bestätigung von Girards Theorie wie gebaut zu sein scheint: Der Mensch besitzt laut Girard intrinsisch keine Sehnsüchte, sehnt sich aber danach, Sehnsüchte zu besitzen; also sucht er sich seine Sehnsüchte bei anderen Menschen – er ahmt sie nach.

Doch weil die anderen als Individuen auch keine Sehnsüchte haben, aber nach welchen suchen bei anderen, ist die Zauberformel von Social Media, dieses enorme schwarze Loch der Sehnsuchtssuche zu organisieren, indem es die Menschen auf einfache und persönlich erscheinende Weise übers Internet miteinander verbindet.

Girards Theorie ist natürlich viel komplizierter, komplizierter auch als Richard Dawkins' Ideen zur Kultur der Memes, von Gedanken, Meinungen, Bildphänomenen, die auf Social Media ihre bestmögliche Verbreitungsform durch Sharing erhalten.

Peter Thiel hat den Kern dieser Theorien jedoch offenbar viel früher als andere verstanden. Und ebenso, dass Facebook ein ideales Kommunikationsnetzwerk sein könnte und eine zeitgenössische Entsprechung der mündlichen Weitergabe von Erzählungen: Facebook würde das digitale Lagerfeuer sein, das bald schon die Welt erleuchten würde, mit Milliarden kleiner Feuerchen.

Was nebenbei leider aber auch einen Flächenbrand des asozialen Miteinanders auslöste, der Hate Speech, der Fake News, des Trolling. Das scheint niemand vorhergesehen zu haben, offenbar auch Thiel nicht.

Der hatte nur in die kurzfristige Zukunft gesehen, im Sinne Nidhi Kalras, der RAND-Forscherin, eine bestmögliche Investitionsentscheidung getroffen statt einer robusten. Dabei hat Thiel zumindest ökonomisch gewonnen.

Im Jahr 2018 hat Peter Thiel dem Trump-Fan-Sender Fox News ein Interview gewährt. In dem begründete er seinen Entschluss, aus dem Silicon Valley nach Los Angeles zu ziehen, mit »negativen Netzwerkeffekten«. Das Tal, sagte der libertär gesinnte Trump-Unterstützer Thiel, sei in den zurückliegenden zwei Jahrzehnten der einzige Ort gewesen, an dem in den USA Innovationen gemacht worden seien. Darum sei es voll mit den besten Firmen und den besten Leuten – und das habe immer weiter positive Netzwerkeffekte gehabt, weil die Leute dort so eng aufeinanderhockten.

Doch nun sei etwas gekippt. Die Leute seien alle nur noch einer Meinung, und das sei vorhersehbar das Ende der Innovationskraft.

Was genau Thiel sich von seinem damals neuen Wohnort Los Angeles erhoffte, hat er in dem Interview mit Fox News nicht weiter ausgeführt. Jemand wie Thiel, das jedenfalls scheint klar, muss sich mit seinen politischen Ansichten sehr einsam gefühlt haben im progressiv denkenden Tal.

Die Selbsterzählungen des Valley haben sich angesichts des Auftauchens von Donald Trump auf der politischen Bühne als illusorisch erwiesen. Trump ist ein Blitzgewitter nicht nur der populistischen, rassistischen, autoritären Affekte. In seinem grellen Licht wird nun auch der Mangel an Einbildungskraft der Leute sichtbar, die Big Tech anführen.

Was die im Tal erfundenen und weiterentwickelten Technologien alles ermöglichen können außer dem vermeintlich grundsätzlich Guten, Menschen miteinander zu verbinden, hat sich im Silicon Valley offenbar niemand vorstellen können.

Kalifornien kann einen verrückt machen. Mit seiner Schönheit. Mit seinem Leichtsinn. Mit seinen hochfahrenden Zukunftserzählungen, die dem Menschen nur das Beste versprechen – und von ihm nur das Beste erwarten.

Um den anderen, den auf andere Weise düsteren Teil der amerikanischen Zukunftserzählungen der Gegenwart zu erkunden, muss man die Küsten wechseln. Man muss zurück dorthin, wo die Eroberung dieses Landes einst begann. Man muss von Westen nach Osten reisen. An den Ort, von dem aus Donald Trump dieses Land regiert.

CUPERTINO

MENLO PARK

SAN MATEO

SCOTTSDALE

SAN DIEGO

SAN FRANCISCO

LOS ANGELES

ARLINGTON

WASHINGTON, D.C.

SHENZHEN

BERLIN

Die Behörde, die den Vorgänger des Internets in Auftrag gegeben hat und damit die Voraussetzungen schuf für das heutige Silicon Valley, hat ihren Sitz in einem blaugrün schimmernden Glasbau mitten in Arlington, einer Zweihunderttausend-Einwohner-Stadt auf dem Washington, D.C., gegenüberliegenden Ufer des Potomac. Das Gebäude trägt bis auf die Hausnummer 675 keine Kennzeichnung, die über den Mieter Auskunft gäbe. Zum Nationalfriedhof, für den Arlington vor allem bekannt ist, sind es knapp fünf Kilometer Luftlinie in östlicher Richtung. Gleich dahinter liegt das Pentagon.

Die »Defense Advanced Research Projects Agency« (DARPA) ist eine Unterbehörde des US-Verteidigungsministeriums und so etwas wie dessen Forschungslabor für Zukunftstechnologien. Ursprünglich gegründet wurde die Agentur im Jahr 1958 unter dem Namen ARPA (das Wort »Defense« fehlte damals noch), als amerikanische Reaktion auf den Start des sowjetischen Satelliten Sputnik, des ersten menschengemachten Objekts im All.

Die Supermacht USA wollte technologisch nie wieder von der UdSSR überrascht werden oder gar hinter sie zurückfallen. Von nun an sollten in den USA erfundene Technologien die Welt überraschen, und die DARPA sollte sie sich ausdenken. Was in diesem historischen Moment bedeutete, dass die Weiterentwicklung für Militärtechnologie, Luft- und Raumfahrt der USA von dieser einen Behörde erledigt wurde. Die Raumfahrtsparte gab die DARPA dann allerdings im Laufe der Sechzigerjahre an die ebenfalls 1958 gegründete NASA ab.

Die DARPA forscht nicht selbst, sie ist vielmehr eine militärische Zukunftsdenkfabrik. Sie hat nur wenige hundert Mitarbeiter und vergibt Forschungsaufträge an akademische Institutionen und US-Unternehmen. Unter anderem auf Initiative der DARPA hin ist in den Sechzigerjahren das System TRANSIT entstanden, die Grundlage des heutigen Satellitennavigationssystems GPS. Dank GPS kann das US-Militär die Position von allem und jedem bestimmen, das oder der für es im Einsatz ist; doch auch zivile Navigationsgeräte überall auf der Welt, etwa in Autos oder Flugzeugen, nutzen GPS.

Das ARPANET der damaligen ARPA wiederum war Ende der Sechzigerjahre das erste Computernetzwerk, das Rechner über große geografische Strecken verband, ursprünglich Computer von vier amerikanischen Universitäten. Im ARPANET steckte zwar nicht die heutige Technologie des Internets, doch mit ihm war die Idee des Internets geboren. In den Nullerjahren verhalf die Agentur dann mit der DARPA Grand Challenge der Idee des autonom fahrenden Autos zum Durchbruch.

Das sind allesamt nur die zivilen Folgeentwicklungen der weitaus umfangreicheren militärischen Forschungstätigkeit der DARPA. Eine digitale Netzwerktechnologie wie das Internet wäre mutmaßlich auch ohne ihren Anstoß erfunden worden. Doch ohne sie gäbe es die Firmen des Big Tech nicht in der heutigen Form. Der Ursprungsort amerikanischer Zukunftstechnologienentwicklung liegt also nicht an der West-, sondern der Ostküste, bei der DARPA. Und er liegt im Krieg.

Ich hatte im Oktober 2017 einen Termin bei der DARPA. Ich recherchierte für einen Text in *Wired* darüber, wie in Zukunft Krieg geführt werden würde. Ich wählte auch einen genauen Zeitpunkt für den Krieg der Zukunft aus: das Jahr 2040. (Was ich zum Zeitpunkt meines Besuchs bei der DARPA nicht wusste: Ich befand mich auf meiner letzten Dienstreise für *Wired*, und in der Chronologie der Recherche für dieses Buch würde es die zweite Reise werden.)

Weil in der Vergangenheit Technologien, die ursprünglich fürs US-Militär entwickelt wurden, durch ihren zivilen Einsatz so fundamentale Veränderungen für die ganze Welt wie das Internet hervorgebracht haben, ist es nur folgerichtig, heute zu fragen, was das US-Militär denn gerade entwickeln lässt. Denn nicht nur in einem möglichen künftigen Kriegsfall werden wir mutmaßlich mit neuen, etwa von der DARPA angestoßenen Technologien und ihren Auswirkungen konfrontiert. Sondern gerade durch ihre zivile Nutzung. Als Nächstes könnte das bei autonom fahrenden Autos der Fall sein. Aber was kommt danach von der DARPA?

Gleichzeitig ist das Verhältnis zwischen dem US-Militär und Silicon Valley, dem lange großen Profiteur von DARPA-Forschungen, heute ein kompliziertes: Einerseits ist die Forschung und Entwicklung in den Tech-Firmen nicht von militärischen Projekten abhängig. Andererseits tut man sich mit militärischen Forschungsgeldern dort schwer: Google etwa hat sich auf Druck der eigenen Beschäftigten aus allen Projekten mit dem Pentagon zurückgezogen, für die Google zum Beispiel Bilderkennungssysteme zur Verfügung gestellt hatte. In amerikanischen Tech-Konzernen werden heute zumindest dann ethische Fragen gestellt, wenn es um die direkte Beteiligung an neuen Waffentechnologien geht.

Und dann gibt es da noch diese Ungleichzeitigkeit zwischen dem, was das US-Militär sich langfristig unter der Zukunft des Krieges vorstellt – und dem, was sich der Präsident Donald

J. Trump so alles vom Pentagon wünscht. Eine »Space Force« zum Beispiel, von der auch nach ihrer offiziellen Einsetzung als neue Waffengattung des US-Militärs Ende 2019 bislang niemand sagen kann, was sie im Weltall eigentlich tun soll.

Meine Ausgangsfrage im Oktober 2017 lautete schlicht: Wie und mit welchen Waffen wird die größte Streitmacht der Menschheitsgeschichte in zwanzig Jahren Krieg führen?

Die Mitarbeiter der DARPA kennen die Antworten auf diese Frage selbstverständlich ebenso wenig, wie sonst jemand die Zukunft vorhersagen kann, den ich für dieses Buch getroffen habe. Trotzdem ist es die Aufgabe der DARPA, Vorstellungen darüber zu entwickeln, wie künftige militärische Konflikte geführt werden könnten, und durch die Technologien, deren Erschaffung sie anstößt, letztlich die Wahrscheinlichkeit zu erhöhen, dass ihre Idee von der Zukunft auch so eintreten wird: Ein Militär kann nur mit den Waffen Krieg führen, die ihm zur Verfügung stehen. Manche Idee erweist sich dabei als unnütz, manche als (noch) nicht machbar, manche als zu teuer. Und manche – wie eben das Internet und GPS – verändern die Welt auf eine Weise, die nichts mehr mit dem Militär selbst zu tun hat.

Mittlerweile haben sich die Verhältnisse jedoch teilweise verkehrt: Heute will die DARPA auch von Silicon Valley lernen. Das wurde mir im Gespräch mit Thomas Burns bewusst, der im Oktober 2017 eine der sechs Fachabteilungen der DARPA leitete, das *Strategic Technology Office* (STO).

Burns, ein ehemaliger Air-Force-Offizier, hatte zuvor ein Start-up für Sensortechnologien gegründet und später eine Investmentfirma, bevor er zur DARPA zurückkehrte, wo er Jahre zuvor schon einmal eine Weile gearbeitet hatte und mittlerweile so etwas wie der Systemtheoretiker der Agentur war. Er kümmerte sich um den strategischen Überbau.

Im Sommer 2017 hatte er gerade sein neues Konzept des Krieges vorgestellt: »Mosaic Warfare«, das in der Art, wie Waffensysteme erdacht und konstruiert werden, eine technologische Revolution darstellen würde.

Ein paar Monate später saß ich mit Burns und zwei Mitarbeitern der DARPA-Presseabteilung in einem fensterlosen Raum, einem abhörsicheren SKIF (Sensitive Compartmented Information Facility), in einer der oberen Etagen der DARPA-Zentrale und führte mein Interview.

Fünf nicht ganz unwesentliche Dinge wusste ich zu diesem Zeitpunkt nicht: Erstens würden nur Teile unseres Gesprächs für die Veröffentlichung in der *Wired* freigegeben werden. Zweitens würde Burns im Mai 2018, als ich noch mitten in den Recherchen für dieses Buch steckte, die DARPA verlassen. Drittens würde ich aus dem Gespräch in diesem Buch nur zitieren dürfen, wenn ich eine Genehmigung des US-Verteidigungsministeriums dafür bekäme. Viertens würde meine Anfrage dazu irgendwo auf dem Weg versanden. Fünftens und glücklicherweise für mich würde Tim Grayson, Burns' Nachfolger als Chef des Strategic Technology Office der DARPA, das Konzept des »Mosaic Warfare« seines Vorgängers fortführen.

Mit anderen Worten: Die DARPA-Strategie für die Kriege der Zukunft gilt noch immer, doch leider darf ich deren Erfinder hier nicht wörtlich zitieren.

Tomas Burns' Gegenwartsbeschreibung der Kriegstechnologie ging 2017 ungefähr so: Das Militär denkt traditionell in großen Plattformen, es lässt Schiffe, Flugzeuge, Fahrzeuge entwickeln, die in ihrer jeweiligen Verwendung spezifische Aufgaben zu erfüllen haben, an denen dann nicht mehr viel zu ändern ist. Nun dauert es aber oft zwanzig oder gar mehr Jahre von der ersten Planungsidee bis zur Inbetriebnahme einer Plattform wie etwa eines Kampfflugzeugs. In dieser langen Zeit verändern sich die Welt und die Herausforderungen an das Militär mitunter drastisch.

Das Konzept für das Tarnkappenkampfflugzeug F-35 zum Beispiel wurde 1993 erdacht, da war der Kalte Krieg gegen die Sowjetunion gerade vorüber; ihren Erstflug hatte die F-35 im Jahr 2006, da war die bis heute letzte konventionelle US-Invasion eines Landes, nämlich des Irak, bereits in die Besatzungsphase übergetreten, und die USA befanden sich mitten im sogenannten »War on Terror« in erster Linie gegen die Al-Quaida. Ein Krieg, der aus der Luft mithilfe von Drohnen geschah. Die offizielle Indienststellung der F-35 erfolgte schließlich 2015. Zu diesem Zeitpunkt waren die USA in einen asymmetrischen Konflikt mit den aufständischen Taliban in Afghanistan verstrickt. Und weder ihr Gegner noch das Land, in dem er kämpfte, verfügte über eine Luftabwehr, die zu überwinden es eines Tarnkappenfliegers bedurft hätte.

Mithin wurde die F-35 in der militärischen Gegenwart, in der sich die Truppen der USA im Jahr 2017 befanden, nicht gebraucht. Was nicht bedeutet, dass sie nutzlos war: Waffensysteme dienen stets auch zur Abschreckung potenzieller Gegner. Die sollen sich überlegen, ob sie einen Konflikt mit einem derart gut gerüsteten Land wie den USA eingehen sollten.

Das Konzept des »Mosaic Warfare« verabschiedet sich von dem Gedanken einer starren und deshalb eingeschränkten Verwendung von Waffensystemen. Es soll ein System der Systeme erschaffen werden, und Letztere sollen aus vielen, immer wieder neu miteinander kombinierbaren Einzelteilen bestehen, die alle jederzeit miteinander in Verbindung sein werden. Daher die Metapher des Mosaiks, im Gegensatz zum Puzzle, das nach Burns' Analyse gegenwärtig noch die Militärtechnologie der verschiedenen Waffengattungen im Zusammenspiel prägt: Die Teile eines Puzzles lassen sich zu genau einem Bild zusammenfügen, Mosaiksteine hingegen zu verschiedenen, frei wählbaren, immer neuen Bildern.

Auch technologische Weiterentwicklungen sollen über die veränderbaren Elemente in dieses System der Systeme integrierbar sein. Im Grunde wollte Burns (genau wie nun sein Nachfolger Grayson) dem US-Militär einen jederzeit updatebaren Baukasten liefern, aus dem es sich frei bedienen können soll. Die großen Plattformen mit ihren bisher kaum veränderbaren Bundles würden zu bloßen Grundgerüsten werden, in die man die neuesten Anwendungen integrieren könnte, sogar solche, die gar nicht speziell fürs US-Militär entwickelt wurden; alles gleichsam »Off the Shelf«, so als bediene sich das Militär in einem riesigen Amazon-Lager aus den Regalen. Die Art der Totalvernetzung des Kriegsgeräts, das Burns vorsah, erinnert denn auch an die zivile Idee des »Internet of Things«: Alles soll mit allem verbunden sein, in einem gigantischen Netzwerk aus Informationspartikeln und Kommunikationssträngen.

»Mosaic Warfare« ist nicht weniger als die Disruption all dessen, was das US-Militär bisher für gut und richtig erachtet hat. Burns hat sich mit seiner Idee in einen Grundsatzstreit eingeschaltet, der seit langem im Pentagon ausgetragen wird. Allen Beteiligten ist klar, dass der technologische Vorsprung, den die US-Streitkräfte vor allen anderen Nationen der Welt insbesondere durch die Stealth-Technologie und durch Präzisionswaffen haben, so gut wie aufgebraucht ist. Die Zukunft des US-Militärs ist im Kriegsfall keineswegs mehr die einer überlegenen Streitmacht. Auch deshalb hat das amerikanische Verteidigungsministerium im Jahr 2014 seine »Third Offset Strategy« beschlossen, die Felder wie Robotik, Maschinenautonomie und Big Data fürs US-Militär erschließen und dessen Zusammenarbeit mit dem Privatsektor – sprich Silicon Valley – verbessern soll.

Unter anderem deshalb hat das Ministerium im Zuge dessen im Jahr 2015 auch den Tech-Hub DIUx gegründet, der in Mountain View eine Niederlassung fast in Rufweite von Google unterhält und ein Innovationskonkurrent der DARPA sein soll. Im Sommer 2018 wurde das x aus dem Namen des Hub gestrichen, doch woran DIU genau arbeitet, weiß bis heute niemand. (Auf meine schriftlichen Anfragen hat DIU nicht reagiert. Auch in US-Medien gibt es fast keine Berichte zu DIU, offenbar ergeht es amerikanischen Journalistinnen und Journalisten ähnlich wie mir: Ihre DIU-Recherchen führen nirgendwohin.)

Einer der Aspekte, der mir an dem Gespräch mit Thomas Burns erst im Nachhinein auffiel, ist die Tatsache, dass wir nur über physische Schlachtfelder der Zukunft gesprochen haben und nicht über Cyberwar. Tatsächlich ist die entscheidende strategische Überlegung, die dem »Mosaic Warfare« zugrunde liegt, eine zutiefst erschreckende. Der urbane Raum spielt darin eine wesentliche Rolle als Schauplatz, und er gewinnt dadurch noch an Bedeutung, dass die Städte in den kommenden Jahrzehnten nach allen Vorhersagen an Einwohnern noch hinzugewinnen werden. Die Stadt wird der Ort sein, an dem vor allem Krieg geführt wird.

Schon die kriegerischen Auseinandersetzungen der jüngeren Vergangenheit und Gegenwart spielten sich vor allem in

Städten ab. Das hat etwa im Fall des Bürgerkriegs in Syrien und des Feldzugs des IS (ebenso wie beim Feldzug zur Zerschlagung des IS) vor allem damit zu tun, dass dort nicht konventionelle Armeen gegeneinander Krieg führen, sondern auf mindestens einer von beiden Seiten Milizen und Terrororganisationen kämpfen. Städte sind für diese ideale Kampfgebiete und Rückzugsräume, Städte bieten Schutz und Unterschlupf gegen modern ausgerüstete, übermächtige Gegner, und die Bewohner der Städte lassen sich entweder zu Mitkämpfern oder als menschliche Schutzschilder benutzen. Auf offenem Gelände ist jede Kriegspartei gegen amerikanische, aber auch etwa russische oder chinesische Waffensysteme chancenlos.

Die DARPA geht in ihrer Risikoanalyse für die absehbare Zukunft davon aus, dass solche asymmetrisch geführten Konflikte weiter die Regel bleiben und große Mächte nicht direkt gegeneinander in den Krieg ziehen werden – die Ausmaße des Schreckens, Opferzahlen, Zerstörungen, wären zu groß. Basierend auf der Grundannahme, dass Städte die Hauptschauplätze von Kriegen begrenzter Natur sein werden, ist ein strategischer Vorteil dort nur zu erzielen, wenn man das urbane Schlachtfeld auf dem Boden und in der Luft künftig mit bemannten wie unbemannten Waffensystemen geradezu flutet und den Geschwindigkeitsvorteil von Maschinen gegenüber dem Menschen dazu nutzt, das Schlachtfeld zu beherrschen.

In den Alpträumen derjenigen KI-Forscher, die sich vor der militärischen Nutzung künstlicher Intelligenz fürchten, spielen gerade unbemannte, womöglich autonom handelnde Waffensysteme (die verkürzt »Killerroboter« genannt werden) eine große Rolle. Sie tun es auch in den realen Planungen des »Mosaic Warfare«. Doch welche Gestalt diese genau haben könnten, ob sie fliegen, laufen, sich auf Rädern fortbewegen, und ob und wie weitgehend sie autonome Entscheidungen treffen können, all das ist für die Strategie des »Mosaic Warfare« nicht entscheidend.

Die eigentlichen Waffen dabei sind gar nicht die Waffen – sondern die Komplexität, die diese vollvernetzten Waffen in ihrer übergroßen Zahl und ihren verschiedensten Funktionen Widersachern aufzwingen sollen.

In der Sprache des US-Militärs nennt man das »Simultaneous Dilemmas in multiple Domains«. Der Feind soll auf verschiedenste Weise zeitgleich mit größtmöglicher Präzision angegriffen und letztlich überfordert werden. Das militärische Ziel ist nicht länger Überwältigung durch Zerstörungskraft, sondern Überwältigung durch Komplexität.

Man kann diese militärische Zukunftserzählung als Metapher für die allgemeine Gegenwartsanalyse unserer Zeit verstehen, für die große Klage von der Unübersichtlichkeit, der Komplexität der Dinge, der Masse von Informationen, die uns zu überwältigen scheinen. Dieser Klage verdankt das Konzept des »Mosaic Warfare« zwar nicht seine Existenz, denn es ist eines, das rein aus dem Verständnis von Technologien und deren mutmaßlicher oder zu betreibender Fortentwicklung heraus entstanden ist. Komplexität als Waffe zu verstehen, die gegen uns gerichtet werden kann, entspricht jedoch unseren gegenwärtigsten Ängsten.

Umgekehrt ist die Reduzierung von Komplexität genau das, was Silicon Valley mit der algorithmischen Beherrschung riesiger und eben hochkomplexer Datenmengen verspricht, auch durch den Einsatz künstlicher Intelligenz oder wenigstens Maschinenlernen: die Lösung aller Probleme. Dieser »Solutionism«

genannte Tech-Ansatz übergeht bloß den Punkt, dass ein Großteil der Daten, mit denen etwa Facebook und Google hantieren,
ohne diese Firmen nie produziert worden wären.

Es gibt grob gesprochen zwei Sorten von Daten: diejenigen,
die bis zur Erfindung von Big Data nicht systematisch erfasst
wurden und deren Auswertung nun tatsächlich einen konkreten Mehrwert verspricht, etwa medizinische über Krankheiten,
deren Entstehen, Verbreitung, Bekämpfung; und es gibt diejenigen Daten, die wir durch die Nutzung digitaler Angebote wie
etwa Social Media und Suchmaschinen überhaupt erst produzieren und deren Auswertung in erster Linie einen Mehrwert
für die Plattformbetreiber Facebook und Google liefern, indem
sie sie ihren Werbekunden zur Verfügung stellen.

Die Effizienzsteigerung, die für den individuellen Nutzer dadurch zustande kommt, dass Google seine Suchmuster stetig
besser kennenlernt und dahingehend (vom Algorithmus auch
nur angenommen) optimiert, ist in der Relation zur eigenen
Aufgabe von vielleicht auch nur banalen Privatgeheimnissen
kein gutes Tauschgeschäft.

Dass ein Smartphone-Service wie Google Maps das Zurechtfin-
den auf der Erde effizienter gestaltet, weil man sich nicht in
jeder neuen Stadt eine unhandliche Straßenkarte kaufen muss,
ist so unbestreitbar wie die Tatsache, dass das Fragen eines Menschen auf der Straße nach dem richtigen Weg häufig vergeblich
ist oder gar eine falsche Wegbeschreibung produziert.

Andererseits ist eben jener menschliche Kontakt häufig eine
angenehme Erfahrung. Sich in fremden Straßen zu verlaufen
kann ebenfalls eine sein, jedenfalls solange man dabei nicht
ausgeraubt wird. Man fragt sich durch, macht Bekanntschaften,
stößt auf hilfsbereite Menschen (oder unfreundliche), erfährt

etwas über Land und Leute und lernt die Stadt so auf eine ungeahnte Weise kennen.

Das alles verpasst man, benutzt man die Google-Maps-App auf dem Smartphone. Auch wird Komplexität durch diese App nicht im Geringsten reduziert; die Straßen bleiben exakt so breit, der Weg bleibt exakt so lang, das Wetter dasselbe. Denn Google Maps ist wie eine Faltkarte nur eine maßstabsgetreu verkleinerte Entsprechung der Welt, nicht die Welt an sich. Und einem selbst nutzt es nicht im Geringsten, dass Google die Daten eines weiteren Weges gespeichert hat, den man gegangen ist, diesmal in einer fremden Stadt.

Die Maschine im Hintergrund mag lernen, indem man ihr Datenpunkte nicht nur über sein eigenes Laufverhalten überlässt, sondern auch zur allgemeinen Verbesserung der App-Serviceleistungen »Weg finden« und »Wegzeit berechnen«. Doch man selbst bekommt für seine Mitarbeit daran keinen Gegenwert und schon gar keinen Lohn. Google Maps ist für die Nutzerin und den Nutzer ein weiteres schlechtes Geschäft.

Zumal: Die Furcht vor Komplexität ist in aller Regel unbegründet. Die These, dass die Komplexität in der Welt analog zu der zur Verfügung stehende Menge an Informationen steige, ist in erster Linie ein Wahrnehmungs- und Filterproblem. Selbstverständlich gibt es eine Zunahme an Informationseinheiten in absoluten Zahlen, doch diese ergibt sich weitgehend daraus, dass Informationen erfasst werden, die in vordigitalen Zeiten nicht systematisch erfasst wurden, jedenfalls nicht auf dem heutigen granularen Level.

Das gilt für Verkehrsbewegungen durch Google Maps, aber auch für die Aufzeichnung von Geolocation-Daten von Smartphones über ganz andere Apps. Es gilt für Nachrichten aus fernen Ländern, die auf das unmittelbare Leben der sie Erreichenden keine Auswirkungen haben außer emotionale. Und es gilt auch für die individuellen Befindlichkeiten, Meinungen, Beobachtungen einer potenziell unendlichen Menge an Menschen, die diese auf ihren Social-Media-Accounts posten.

Wie viele soziopathische, menschenverachtende, rassistische, nationalistische, frauenfeindliche, schwulenhassende, transphobe oder manchmal auch bloß nervtötende Menschen es vor der Erfindung von Twitter gab, lässt sich rückwirkend nicht mehr ermitteln, diese Leute wurden ja nicht polizeilich registriert für ihre Arschlochhaftigkeit.

Auf Twitter erhalten sie aber auch nicht mehr Aufmerksamkeit als früher, als sie ihren Hass aus dem Fenster oder auf der Straße in die Welt schrien.

Das Fundamentale, was Social Media offenkundig verändert hat, ist nicht die Lautstärke, mit der diese Leute brüllen können, sondern die Kürze des Weges, die diese, nun ja, Informationen (in Form von Social-Media-Kommentaren, hasserfüllten Direktnachrichten oder schlimmstenfalls Morddrohungen) bis zum Adressaten zurücklegen müssen. Es ist wesentlich einfacher und bequemer, jemandem am Handy den Tod zu wünschen, als vorher seine Postanschrift herauszufinden zu müssen, einen Brief zu schreiben, eine Briefmarke zu kaufen und zum Postkasten zu gehen. Seit der Erfindung von Twitter (oder Facebook, WhatsApp, Instagram) gibt es keinen damit kausal zusammenhängenden und statistisch nachweisbaren Anstieg von Mordfällen. Ob Twitter (oder Facebook, WhatsApp, Instagram) zur vermeintlichen Verrohung »der Gesellschaft« oder »des Diskurses« beigetragen hat, lässt sich jedenfalls polizeistatistisch nicht nachweisen. Die Dummheit oder Taktlosigkeit mancher Menschen lässt sich jetzt bloß besser nachlesen, ebenso wie die Klug- und Freundlichkeit anderer.

Eine Zunahme an Komplexität bedeutet der mengenmäßige Anstieg dieser Art von digital verfügbaren Informationsspuren trotzdem nicht. Die Erhöhung von Komplexität, und deshalb ist eine Zukunftserzählung des »Mosaic Warfare« der DARPA so unvergleichlich anders als die mannigfaltigen Folgen digitaler Kommunikation, wird erst zur tatsächlichen Bedrohung, wenn sie in den physischen Raum übergreift.

Das gilt ebenso für diejenigen, heute bereits eingesetzten Methoden des Cyberwarfare, die nicht lediglich digitale Kommunikationsnetzwerke angreifen – sei es mit direkter Schadsoftware oder lediglich mit dem Fluten sozialer Netzwerke mit Desinformation, sondern den physischen Raum.

Ende der Nullerjahre geschah das bereits durch den Computerwurm Stuxnet, der in die Motorensteuerung von Anlagen eingriff und offenkundig gezielt gegen das Urananreicherungs-Programm des Iran eingesetzt wurde, bei dem Zentrifugen regelrecht außer Rand und Band geraten sein sollen.

Ein vergleichbarer, wenn auch weniger aufwendiger Angriff war die »Distributed Denial of Service«-Attacke im Jahr 2015 auf die ukrainische Stromversorgung, bei der ebenfalls in Leittechnik eingegriffen wurde und damit Umspannstationen lahmgelegt wurden.

Doch solche Cyber-Angriffe, die reale Auswirkungen auf die reale Welt hatten, sind bisher überraschend selten geblieben (oder sie wurden erfolgreich abgewehrt).

Der Rest ist White Noise, das große Rauschen der Gegenwart.

Tatsächlich scheint die Diskrepanz zwischen der Welt und ihrer digitalmedialen Repräsentation das große zivilisatorische Problem unserer Zeit zu sein. Doch weder hat sich die Zeit beschleunigt. Noch hat der »rasende Stillstand«, den der französische Medientheoretiker Paul Virilio in seinem berühmten gleichnamigen Essay im Jahr 1990 als dystopische Befürchtung äußerte, bislang unsere Zivilisation zerstört.

Virilio schrieb damals von der »Unordnung der Simultanität«, und die wirkt sich ganz sicher verwirrend auf unsere Weltwahrnehmung aus: Parallel existieren verschiedenste, disharmonisch wirkende Geschwindigkeiten der Kommunikation und medialen Informationsvermittlung, auf Social Media herrscht ein anderes Tempo als bereits auf den Online-Nachrichtenseiten, und eine Tageszeitung kommt nach wie vor nur einmal am Tag heraus.

Doch weder in den so viel größer gewordenen Datenmengen in der und über die Welt noch beim anekdotischen Blick aus dem Fenster sieht sie, die Welt, heute wesentlich anders aus als … vor fünf Jahren, zehn Jahren, zwanzig Jahren. Der Mangel an Veränderung im physischen Raum wie in unserem Dasein sollte uns eigentlich überraschen. Doch um die relative Unverändertheit des Kleinen und großen Ganzen zu bemerken, müssten wir unsere Smartphones einen Moment lang weglegen. Und hinschauen.

Da: Immer noch dieselben Straßen, immer noch dieselben Häuser (ein paar sind dazugekommen, ein paar sind abgerissen worden). Menschen gehen ihrem Tagwerk nach.

Da: Der US-Präsident hat schon wieder getwittert. In welcher Welt lebt er eigentlich – und in wie vielen Zeiten parallel?

Am Tag nach meinem Besuch bei der DARPA im Oktober 2017 spazierte ich durch Washington, D.C. Es war ein wolkenloser Tag, das Weiße Haus lag im warmen Licht der Herbstsonne. Alles sah so aus wie sechs Jahre zuvor, als ich das letzte Mal in der Hauptstadt der Vereinigten Staaten von Amerika gewesen war.

Ich ging in südöstlicher Richtung die Pennsylvania Avenue hinunter, vorbei an »Del Frisco's Grille« und dem »Fogo de Chão Brazilian Steakhouse«. Es war Mittagszeit, die Luft roch nach kurzgebratenem Fleisch, so, als bestelle die ganze Stadt zum Lunch Steak.

Auf der rechten Straßenseite kam bald das »Trump International Hotel Washington D.C.« in den Blick, 1100 Pennsylvania Avenue. Bevor Donald Trump zum US-Präsidenten gewählt wurde, war er Pächter des ehemaligen Postgebäudes geworden, er hat ein weiteres seiner Hotels daraus gemacht, im September 2016 war es eröffnet worden.

Ach, dachte ich, auch ich würde nun ein Steak bestellen, eben dort: bei Trump. Ich betrat das Hotel durch den Seiteneingang, die Eingangshalle erschien, eben weil in ihr einst die Schalter der Hauptpost von Washington untergebracht waren, absurd überdimensioniert für einen Lobbybereich. Fernsehbildschirme hingen an den Wänden (auf allen lief Trumps Lieblingssender Fox News) und von der gläsernen Decke US-Flaggen.

Links neben dem Eingang ist in die Halle das zweigeschossige Restaurant »BLT Prime« eingebaut worden. Man lässt sich unten einen Tisch geben und wird dann eine Treppe hoch auf eine Art Terrasse geführt, von der aus man die Halle überblicken kann.

Das Restaurant selbst ist eine Hölle aus weißem Marmor. Alles ist neu. Wirkt aber zugleich auch alt, ohne dass es sich datieren, einer bestimmten Epoche, einem bestimmten Stil zuordnen lässt. Der Einrichtung scheint eine Vorstellung von luxuriöser Pracht zugrunde zu liegen, wie sie allenfalls einmal in den Achtzigerjahren existiert haben könnte.

Der Ober nahm meine Bestellung auf, einmal Steak Frites für 45 Dollar, bitte. Das war das billigste Fleischgericht auf der Karte. Der Kellner, der es mir schließlich brachte, wirkte wie ein Cowboy, den man in ein Kellnerkostüm gesteckt hatte. Er stellte mir ein verschnörkelt-verziertes silbernes Kännchen neben den Teller mit dem Steak und den Pommes. In dem Kännchen war Ketchup.

Es war ein relativ schlecht besuchter Lunch-Mittag im »BLT Prime«. Ich hatte auf Gruppen von Offiziellen aus Saudi-Arabien, Katar oder den Emiraten gehofft oder wenigstens auf wohlhabende Trump-Wähler (falls man die denn als solche erkennen kann). Doch es saßen nur wenige Leute an den Tischen, und die wirkten wie ganz normale Geschäftsessende.

Während ich mein Steak aß, das weniger schlecht schmeckte, als ich gehofft hatte, sah ich aus dem Augenwinkel eine junge, weiße Frau in einem tiefdekolletierten Abendkleid von Tisch zu Tisch gehen. Sie war die Hostess, die Gesellschaftsdame des Restaurants, deren einzige Aufgabe es war, sich bei den Gästen zu erkundigen, ob alles zu deren Zufriedenheit war. Sie trat auch an meinen Tisch. Ich empfand so etwas wie Fremdscham ihr gegenüber, was völlig unangebracht war, sie ging doch einer ehrbaren, wenn auch nicht sonderlich herausfordernden Tätigkeit nach; eine amerikanische Bekannte hatte mir einmal erzählt, auch sie habe während ihrer Studienzeit als Hostess in einem

Restaurant gearbeitet, es sei ein leichter, wenn auch etwas absurder Job.

Und doch dachte ich in diesem Moment: Diese Frau hier vor mir, die vom Typ her an Ivanka Trump erinnerte, ist nur zu Dekorationszwecken da – und ich möchte eigentlich nicht Teil eines Schauspiels sein, in dem Frauen Deko sind.

Beim Verlassen des Trump International stutzte ich, während ich die livrierten Männer genauer betrachtete, die vor dem Eingang ankommenden Gästen aus ihren Autos halfen und die Wagen dann parkten. Alle Angestellten draußen waren Afroamerikaner. Im Hotel selbst hatte ich keinen einzigen schwarzen Menschen gesehen, weder unter den Bediensteten noch unter den Gästen.

Alles im Trump International Hotel Washington D.C. ist also so, wie man es vorher erwartet hatte. Das vielleicht Überraschendste war, dass es nichts Überraschendes gab. Alles lag offen da, nichts war rätselhaft, nichts blieb unerklärlich, nichts war kompliziert. Da war kein Überschuss, kein Geheimnis. Schwarze blieben draußen, Frauen waren Deko, und Männer bezahlten – ja, für was eigentlich? Dafür offenbar, Teil der Trump-Show sein zu dürfen.

Alles war so, wie man es von der amerikanischen Gegenwart unter Donald Trump erwartete. Alles war wie im Fernsehen. Und auf Twitter bei @realDonaldTrump.

Sollte das Trump International in der Nähe des Weißen Hauses ein Ausstellungsstück dafür sein, wie der Slogan »Make America Great Again« in der Wirklichkeit aussehen sollte, dann hatte ich von dieser idealisierten Vergangenheit während meines kaum einstündigen Aufenthalts in Trumps Hotel eine Vorstellung bekommen: Alle Menschen hatten ihren Platz in einer

Hierarchie, die nach den Kriterien eines eigentlich längst überkommen geglaubten Amerikas zusammengestellt war.

Eine Vorstellung von Zukunft sucht man im Trump International Hotel Washington D.C. vergebens.

Der Dritte Weltkrieg beginnt mit einem Laserstrahl. Abgefeuert wird er von der chinesischen Raumstation Tiangong-3, auf der im Geheimen eine Abschussvorrichtung installiert worden ist für einen COIL, einen »Chemical Oxygen Iodine Laser«.

Die ersten Ziele, die die Taikonauten mit dem Laser ins Visier nehmen, sind GPS-Satelliten und der Kommunikationssatellit WSG-4, über den unter anderem das Wideband Global SATCOM (WGS) des US-Militärs betrieben wird. An diesem Netz hängen die Bodentruppen der US Army ebenso wie die Schiffe und U-Boote der US Navy und die amerikanischen Nuklearstreitkräfte, ja sogar die Kommunikationsstränge des Weißen Hauses.

Die Menschen und Maschinen im Einsatz des US-Militärs tauschen über WGS Befehle aus, nachrichtendienstliche Erkenntnisse, Aufklärungsinformationen, Überwachungsdaten. Jede Schlacht, die amerikanische Streitkräfte schlagen, wird darüber koordiniert. Und dank GPS kennen alle beteiligten Menschen und Maschinen ihre Position und die exakte Uhrzeit.

Diese Netze dürfen nicht zusammenbrechen. Niemals. Sonst wäre der größte, schlagkräftigste, furchteinflößendste Militärapparat, den die Welt je gesehen hat, auf einen Schlag taub, stumm, blind und orientierungslos …

In dem Science-Fiction-Roman *Ghost Fleet* aus dem Jahr 2015 geschieht genau das. Die USA werden von China angegriffen, und ihr Militärapparat bricht als Erstes zusammen, weil der Gegner China die amerikanischen Kommunikationsstränge kappt.

Der amerikanische Militärexperte Peter W. Singer hat den Roman zusammen mit seinem Co-Autor August Cole verfasst. Singer ist Stratege und Senior Fellow beim Thinktank »New America« in Washington, D.C., er hat Sachbücher unter anderem über die Privatisierung des Krieges (*Corporate Warriors*, 2003) geschrieben und die Rolle, die Science-Fiction bei der Planung realer militärischer Konflikte spielt (*Wired for War*, 2009). August Cole ist Senior Fellow für Verteidigungsfragen beim Thinktank »Atlantic Council«. Singer und Cole sind Experten, die sich mit *Ghost Fleet* einen Ausflug in die Fiktion gegönnt haben.

Ghost Fleet spielt in einer undatierten, aber nicht fernen Zukunft in etwa zwanzig Jahren, also zirka 2040. In dem Roman zerstört unten auf der Erde die technologisch überlegene Großmacht China weite Teile der US-Pazifikflotte, unbemannte Fluggeräte greifen bemannte Kampfflugzeuge an, Schwärme von Drohnen machen vorprogrammierte Jagden auf Soldaten auf dem Boden.

Der Roman ist jedoch keine reine Science-Fiction. Alle darin erwähnten Technologien und Waffensysteme existierten zum Zeitpunkt der Niederschrift wenigstens im Prototypenstatus. Ganz ähnlich ist Jeff Bezos' einstiger Physikprofessor Gerard K. O'Neill knapp vier Jahrzehnte zuvor auch vorgegangen, als er *The High Frontier* verfasste; er beschrieb die Kolonisierung des Weltraums mit Technologien, die bereits vorhanden waren.

O'Neill hat ein Sachbuch geschrieben, eine gedachte Road Map in die Zukunft der auch extraterrestrischen Existenz der Menschheit. Singer und Cole hingegen wollen in der Fiktion eine Warnung für die Gegenwart aussprechen.

Der Satellit WGS-4, den Singer und Cole in ihrem Roman erwähnen, dreht tatsächlich seit 2012 seine Runden um die Erde, die COIL-Grundtechnologie wurde bereits Mitte der Siebzigerjahre entwickelt. Allerdings veränderte 2016, ein Jahr nach Erscheinen des Buches, die chinesische Raumfahrtbehörde ihr Konzept für die für 2022 geplante Tiangong-3, etwa was deren Größe und genaue Bestimmung anging. Das haben Singer und Cole ein Jahr zuvor nicht vorausahnen können.

Und ob China um das Jahr 2040 herum im Verbund mit Russland tatsächlich gegen die Vereinigten Staaten von Amerika den Dritten Weltkrieg beginnen wird (und wie der dann ablaufen könnte), lässt sich natürlich nicht sagen. Die Handlung von *Ghost Fleet* ist fiktional, aber insofern an der Realität entlang entworfen, als Singer und Cole versucht haben, die Vergangenheit und Gegenwart linear in die Zukunft zu verlängern.

Ich hatte für meinen *Wired*-Text über die Zukunft des Krieges bereits im Herbst 2017 mit Singer telefoniert. Für dieses Buch hier habe ich ihn im Frühjahr 2018 in Washington, D.C., besucht. Zu dem Zeitpunkt arbeitete Singer und mit einem neuen Co-Autor – Emerson T. Brooking – noch am Manuskript ihres dann im Oktober 2018 erschienenen Sachbuchs *LikeWar* über den Einsatz von Social Media als Waffe.

Eine umfassende Recherche dazu, wie vor allem Facebook zu einem Schauplatz von Informationskriegen geworden ist, in denen jede Art von Akteur – seien es amerikanische Gang-Mitglieder oder russische Geheimdienste – mit (Des)Informationen Krieg führen kann. Singer und Brooking beschrieben diese neue Art von Kriegsführung beeindruckend – nur stand und fiel ihre Analyse damit, dass Social Media und seine Bedeutung sich in Zukunft nicht verändern würde. Was, zumindest mir, fraglich erschien.

Der Thinktank »New America« hat seinen Sitz in einem schlichten Bürogebäude an der 15. Straße in Washington. Man betritt einen kleinen Vorraum, steigt in einen Aufzug, und ein paar Stockwerke höher steht man plötzlich in einem großen, bunt angestrichenen Empfangsraum, bei dessen Anblick ich tatsächlich an die Google-Farben denken musste: Das neue Amerika, das der als halbwegs links geltende Thinktank in seinem Namen verspricht, ist ein buntes, nicht nur, was die Inneneinrichtung betrifft. Es erinnerte an das Bild der USA, das die Obama-Administration zeichnete, ein diverses Land.

New America wird unter anderem vom Google-Mutterkonzern Alphabet finanziell unterstützt, sowie von den Stiftungen der Eheleute Bill und Melinda Gates (genau: Microsoft) und Eric und Wendy Schmidt (genau: Google).

Betrachtet man die Fotos der Mitarbeiterinnen und Mitarbeiter auf der New-America-Website, so sieht man dort viele Frauen und zumindest einige, wenn auch nicht viele Nichtweiße. New America ist ein Abbild der USA, wie es nicht weiter entfernt sein könnte von dem, das Donald Trump repräsentiert.

Peter W. Singer holte mich für unser Gespräch am Empfang ab; ein schlanker, hochgewachsener Mann Mitte vierzig. Er hat in Princeton und Harvard studiert, bereits mit neunundzwanzig wurde er von der Brookings Institution zum Senior Fellow berufen, so früh wie zuvor kein anderer Mensch in der knapp einhundertjährigen Geschichte dieses ehrwürdigen Wissenschaftszentrums.

Singer führte mich in einen Glaskubus, wo das Interview stattfinden würde. Er hatte fünfundvierzig Minuten Zeit bis zu seinem nächsten Termin. Für Small Talk blieb keine Zeit. Wir kamen also gleich zu den ganz großen Fragen.

Ich wollte mit ihm nicht mehr nur über die Gestalt künftiger Kriege sprechen, sondern vor allem über die Zukunft Amerikas und der Welt aus einer geo- und sicherheitspolitischen Perspektive.

Was wird aus den USA, und was bedeutet der ökonomische, militärische und technologische Aufstieg Chinas aus amerikanischer Sicht, besser gesagt aus Washingtoner Perspektive? Denn die Supermacht China ist das Gespenst, über das in der US-Hauptstadt gesprochen wird, wenn gerade nicht über Donald J. Trump gesprochen wird. Wenn die vielen Thinktanks, die in der Stadt residieren, zu Panel-Veranstaltungen über die Zukunft einladen, steht mit hoher Sicherheit China auf dem Programm, wenn es um die Zukunft geht. Europa definitiv nicht.

Bevor Singer und ich über die Zukunft reden konnten, mussten wir uns jedoch über die Jetztzeit verständigen. Also fragte ich ihn nach der gegenwärtigen Weltsicht des offiziellen Amerikas, nach den Doktrinen der Verteidigungs- und Außenpolitik der USA: Haben die USA unter Trump überhaupt noch Doktrinen?

Singer deutete ein Lächeln an, jedenfalls glaubte ich, eines zu erkennen. »Die kurze Antwort lautet: Nein, es gibt unter Trump keine Doktrinen mehr. Die längere Antwort lautet: Wir haben so viele verschiedene, dass faktisch keine mehr gilt.«

Das Verteidigungsministerium, das Außenministerium, der nationale Sicherheitsberater – alle hätten verschiedene sicherheitspolitische Ansichten. Und dann müsse man täglich nachschauen, was der Präsident gerade twittere, was wiederum davon abhänge, was im Fernsehen laufe. Selbstverständlich gebe es Dokumente, etwa die National Security Strategy, in der die jeweils aktuelle Weltsicht einer Administration festgehalten sei: »Aber die derzeitige kann jederzeit davon durchkreuzt werden, was der Präsident vor ein paar Minuten auf Fox News gesehen hat.«

Ob frühere Administrationen, etwa die von George W. Bush oder Barack Obama, sich denn stärker an die eigenen Dokumente gehalten hätten bei politischen Entscheidungen, wollte ich wissen. Das war insofern eine Trickfrage, als Singer im ersten Wahlkampf von Obama 2008 in dessen Team gewesen war und verteidigungspolitische Überlegungen beigesteuert hatte.

»Die Dokumente beider Administrationen waren nicht perfekt«, antwortete Singer, »und sie wurden nicht auf eine Weise angewendet, wie sie einmal konzipiert worden waren. Aber die verschiedenen Akteure – Verteidigungs- und Außenministerium, nationaler Sicherheitsberater und Präsident – betrachteten die Welt auf dieselbe Weise. Es gab weder die Dysfunktionalität noch das Chaos oder die Inkompetenz, die man jetzt sieht. Die Bush-Administration kam im Jahr 2000 mit ursprünglich anderen Vorstellungen ins Amt, als sie dann nach dem 11. September 2001 anwendete. Aber sie hatte, egal welchen Zeitpunkt man rückblickend analysiert, eine für den Moment jeweils einheitliche Strategie. Und nichts von der Inkompetenz der jetzigen Administration.«

Man kann Donald Trumps Präsidentschaft als intellektuelle Beleidigung empfinden, und auch Singers Aussagen klangen ein wenig danach. Doch bedeutsamer ist, wie Singer das Kakophonische der Trump-Administration im Vergleich zu früheren US-Regierungen beschrieb: In der Vielstimmigkeit hallt das wider, was wir als verschiedene Geschwindigkeiten von Zeit wahrnehmen, die unseren ganz normalen sozialmedialisierten Alltag bestimmen. Der Brüllchor der lauten, disharmonisch klingenden Stimmen. Der seltsame Effekt ist nicht, dass man sich bloß nach Ruhe sehnt. Sondern auch nach der Stabilität von unbeweglichen Apparaten, die einem ansonsten eigentlich Angst einflößen. Sogar linke, eigentlich tendenziell pazifistische Amerikaner haben in den vergangenen Jahren Sympathien für das US-Verteidigungsministerium entwickelt. Für dessen Schwerfälligkeit. Für die Ordnung, die es repräsentiert.

Welche Vorstellungen aber hat das Pentagon denn nun dazu, wie künftige Kriege geführt werden sollen, fragte ich Peter W. Singer.

»Das Verteidigungsministerium bereitet sich auf Großmachtkonflikte vor«, sagte er. »Es beschäftigt sich mit dem Aufstieg Chinas, es betrachtet das Land nicht mehr als Near-Peer Competitor, also als künftigen Wettbewerber, sondern als aktuellen, als peer competitor.«

Diese Aussage war das glatte Gegenteil dessen, was ich ein halbes Jahr zuvor bei meinem DARPA-Besuch gehört hatte, immerhin ja eine Unterbehörde des Pentagon. Der Unterschied ließ sich nur dadurch erklären, dass man auf China-Fragen bei der DARPA grundsätzlich diplomatisch antwortet. Zumal die DARPA nicht dafür da ist, geopolitische Analysen zu verbreiten.

»Das Verteidigungsministerium sieht mit Sorge, dass der waffentechnologische Vorsprung, den die USA und ihre Verbündeten mehrere Generationen lang hatten und der als Abschreckung diente, mittlerweile schrumpft und uns keinen Vorteil mehr verschafft«, sagte Singer. Die Strategie der USA und der NATO sei seit Beginn des Kalten Krieges gewesen, Gegner von kriegerischen Handlungen abzuschrecken, indem man technologisch überlegen war. »Nun betrachtet man China und muss zugeben: China hat ähnlich gute Waffen wie wir. Manche sind Kopien unserer Waffen. Manche sind aber auch deshalb so gut, weil China mittlerweile selbst an entscheidenden Zukunftstechnologien arbeitet, etwa bei künstlicher Intelligenz oder Energiewaffen.«

China war auch in meinen Gesprächen in Kalifornien immer mal wieder aufgetaucht. Auf eine eher unterschwellige Weise jedoch, und so verkürzt, dass ich ihm weniger Beachtung geschenkt hatte. Womöglich hing mein latentes Weghören beim Thema China auch damit zusammen, dass das Land in deutschen Debatten bis dahin keine allzu große Rolle spielte. Oder ebenfalls nur als Sammlung von Stichworten:

Jeder und jede hat schon einmal vom Sozialkredit-System gehört, das in der Volksrepublik eingeführt werden soll und eine potenziell lückenlose Kontrolle der Bevölkerung darstellt.

»Huawei« und »5G« hingegen sind Begriffe, die erst im Laufe des Jahres 2019 langsam in den politischen Diskurs in Deutschland einsickerten. Das geschah vor allem deshalb, weil die Bundesregierung sich, wie sechzig andere Staaten, der ultimativen Aufforderung der USA gegenübersah, das chinesische Tech-Unternehmen Huawei *nicht* am Ausbau des neuen Mobilfunkstandards 5G zu beteiligen. Denn Huawei sei der Kontrolle des chinesischen Staates unterworfen. Die Gefahr sei groß, dass auf der ganzen Welt eine Mobilfunkinfrastruktur von Huawei errichtet werden würde, die später womöglich vom chinesischen Staat zur Ausspähung missbraucht oder manipuliert werden könne.

Über China als kommende militärische Supermacht wird indes bis heute nicht gesprochen.

»Ist die Annahme richtig, dass die technologische Weiterentwicklung Chinas in den vergangenen Jahren an Tempo gewonnen hat?«, fragte ich Peter W. Singer. »Und hat man das nicht kommen sehen?«

Dieser Punkt berühre das »umfassendere Verständnis der Zukunft«, antwortete er. Dabei gehe es um die Geschwindigkeit des Wandels und exponentielle Sprünge in Entwicklungen. China habe bemerkenswerte wirtschaftliche Fortschritte gemacht, »wir reden da über ein Land, das binnen zwei Generationen hunderte Millionen Menschen aus der Armut befreit hat und dessen Wirtschaftskraft bald so groß sein wird wie die der USA«.

Ähnliches sei auf der militärischen Seite geschehen. »Das chinesische Militär ist professioneller und kompetenter geworden, und es verfügt über Technologien, die denen der Amerikaner vergleichbar geworden sind.«

In Deutschland, sagte ich, mache man sich über China noch wenig Gedanken. Jedenfalls nicht darüber, China auch als kommende militärische Großmacht zu betrachten. Wie es in den USA sei, ob und wie dort wahrgenommen werde, was er gerade beschrieben habe?

»Es bestärkt den nationalen Sicherheitsapparat in dem Versuch, die bisherige technologische Überlegenheit der USA nicht zu verlieren«, sagte Singer. Man erkenne das in Investitionen etwa in neue Technologien wie unbemannte Systeme und künstliche Intelligenz ebenso wie dabei, dass sich US-Militärs auf Szenarien vorbereiteten, in denen die eigenen technischen Fähigkeiten ausgeschaltet werden könnten.

»Die Erweiterung des Schlachtfeldes um Cyberspace und Weltall könnte es mit sich bringen, dass man den Zugang zu den Technologien verliert, die einem bislang Vorteile verschafft haben.« Man müsse sich zum Beispiel auf Situationen vorbereiten, in denen das US-Militär plötzlich nicht mehr über GPS verfüge.

Das sei dann wohl das Szenario aus *Ghost Fleet*, sagte ich: Die gewaltige Streitmacht der USA aus unzähligen Flugzeugen, Schiffen, Panzern wäre mit einem Schlag lahmgelegt, weil niemand mehr wüsste, wo genau sich all diese Flugzeuge, Schiffe und Panzer befinden. Was, fragte ich nun, sei denn der militärstrategische Kern dieser Fiktion?

Tatsächlich war laut Singer die Idee des Buches gar nicht so sehr, dass die USA technologisch überholt werden könnten. Er und sein Co-Autor Cole hätten eine asymmetrische Bedrohung erzählen wollen. Auch um zu zeigen, dass die amerikanische Sicherheits- und Verteidigungspolitik seit langem einem womöglich schwerwiegenden Missverständnis aufsäße.

Die Grundüberlegung in den USA laute: Feinde suchen stets nach den Schwächen des anderen. China aber und nebenbei auch Russland betrachteten Asymmetrie anders – und damit auch ihre Unterlegenheit gegenüber den USA.

»In der chinesischen Militärtheorie gibt es die Idee«, sagte Singer, »dass man nicht nach den Schwächen des Gegners sucht, sondern versucht, die Stärken eines Gegners in Schwächen zu verwandeln.«

Wenn also wie im Fall der USA die Stärken unter anderem weltweit verfügbare Kommandostrukturen, die Fähigkeit zur nahtlosen Kommunikation und die weltweit verfügbare Logistik seien – dann könnte ein Gegner versuchen, den USA diese Fähigkeiten schlicht wegzunehmen. »Das«, sagte Peter W. Singer, »würde die USA paralysieren.«

Nach diesem letzten Satz musste ich kurz durchatmen. Die Vorstellung, dass die Vereinigten Staaten von Amerika eines Tages einmal wehrlos und nicht mehr dazu in der Lage sein könnten, andere zu beschützen, etwa Deutschland, ist eine zutiefst verstörende. Auch deshalb, weil der Zustand des Beschütztseins nach sieben Jahrzehnten NATO einerseits so selbstverständlich ist, dass man gar nicht darüber nachdenkt. Andererseits ist der Gedanke, dass dieses Beschütztwerden existenziell nötig ist, ein irritierender.

Wer steht schon morgens in, sagen wir, Buxtehude mit dem Gedanken auf, den amerikanischen Freunden und Freundinnen in Übersee für das Garantieren der persönlichen Freiheit, ja des eigenen Daseins zu danken?

Aber, würde der Mensch in Buxtehude leicht verschlafen antworten, so er denn über ein halbwegs ausgeprägtes historisches Bewusstsein verfügte und dies auch am frühen Morgen schon einschalten könnte: Was ist mit all den Kriegen, die die USA geführt haben und führen? Was ist mit Vietnam, was ist mit dem Irak und Afghanistan? Was ist mit dem NATO-Doppelbeschluss, was hätte alles passieren können und könnte noch passieren, die Vernichtung der Menschheit durch Nuklearwaffen? Was ist mit Guantanamo, was mit all den CIA-Operationen überall auf der Welt, heute, gestern, vor langer Zeit? Wer zählt all die Toten, die die USA auf dem Gewissen haben? Und wie konnten die Amerikaner jemanden wie Donald Trump zu ihrem Präsidenten wählen? All die Lügen, die er erzählt! Und die Gefahr, die von ihm ausgeht!

Einen US-Präsidenten, den man auch nur entfernt mit Donald Trump vergleichen könnte, hat es jedenfalls noch nie gegeben. Das glaubt Trump offenkundig auch selbst, gemessen an seinem großzügigen Gebrauch von Superlativen für sich selbst und seine Amtsführung: bester, größter und so weiter.

Dabei ist Trump in jeglicher Hinsicht eine offenkundige Fehlbesetzung. Sogar als Populist. Er ist nicht nennenswert charismatisch, er besitzt keine Aura, er hat nichts mitzuteilen (außer sich selbst). Er ist, nach der beobachtbaren Lage der Dinge, unbelesen, ungebildet, misogyn, inkompetent, korrupt, ein Bully, zur strategischen Planung unfähig und also einfach in allem denkbar ungeeignet für das Amt des US-Präsidenten, aber – er ist eine Schau.

Er hat Wirkung, zumindest bei Auftritten vor Fans in MAGA-Caps. Er hat die Politik der »Grievances«, des sich permanent Beklagens, ins Weiße Haus getragen und hat damit bewiesen: Sogar der mächtigste Mensch der Welt kann so klein sein, sich in einem fort darüber zu beschweren, nicht zu kriegen, was ihm angeblich zusteht. Trump ist der stumpf glänzende Solitär, der dunkle Magnet, um den herum sich alle gruppieren, abstoßen, dann doch polarisieren. Er ist weder Ursache noch Symptom einer größeren Entwicklung. Donald Trump verweist auf nichts, außer sich selbst. Er ist auch bloß er selbst. Der brüllende Chefkommentator seines erstaunlichen Daseins.

Was aber, wenn alles nicht so schlimm ist oder jedenfalls nicht außergewöhnlich schlimm ausgeht? Was, wenn Trump womöglich weder Symptom noch Folge einer politischen Polarisierung der amerikanischen Gesellschaft ist? Sondern ein, wenn auch folgenschwerer, Unfall eines gerade ausreichenden Teils der amerikanischen Gesellschaft, der in einem seltsamen Moment, durch eine seltsame Entscheidung am Wahltag im November 2016 der herkömmlichen Politik etwas entgegensetzen wollte und sich dafür einen Bautycoon-Darsteller aus dem

Reality-TV ausgesucht hat, weil der einen gewissen Entertainment-Faktor versprach?

Man kann die amerikanischen Zehnerjahre auch so betrachten: Nach der wirtschaftlichen Erholung infolge der Banken- und Finanzkrise 2008 waren die USA in den Zehnern trotz aller ungerechten Verteilung des Wohlstands ein prosperierendes Land, das viele alte, aber wenig neue Probleme hatte, außer ab Januar 2017 dem sehr großen im Oval Office namens Trump.

Weder Obama noch Trump haben in den Zehnerjahren einen Krieg begonnen, sie haben die ihrer Vorgänger weitgehend verwaltet und verkleinert.

Und ein Ereignis, das mit dem 11. September 2001 vergleichbar wäre, hatten Obama und Trump im abgelaufenen Jahrzehnt auch nicht zu bewältigen.

Nichts hat die USA in den Zehnerjahren so erschüttert, dass Menschen massenhaft ihre politische Haltung geändert hätten. Die Vereinigten Staaten von Amerika bleiben, was sie schon lange sind: ein Land der oft himmelweiten, himmelschreienden Unterschiede. Ein fragmentiertes, ein in viele Interessen, Meinungen, Herkünfte zerfallendes. Aber keines, das zerbrochen ist.

Bislang jedenfalls.

Die Zukunft lässt sich nicht voraussagen, das gilt natürlich für die der USA wie überhaupt. Was man bei der Beschäftigung mit der Zukunft aber unter anderem lernt, ist Folgendes: das Zustandekommen ihrer Erzählungen kritisch zu hinterfragen. Wie also kam Peter W. Singer auf seine Aussagen über die Zukunft, fragte ich ihn an jenem Tag im März 2018 in Washington, D.C.

»Ich suche nach Trends«, antwortete der. »Damit meine ich aber nicht, dass ich nach nur einer Technologie suche, nach nur einer Erzählung. Ich suche nach verschiedenen, miteinander verbundenen Entwicklungen. Bewegen die sich in eine bestimmte Richtung? Beschleunigen sie sich? Da kann es um technologische Sprünge gehen ebenso wie um Muster bei Wahlen. Welche Trends gibt es da, mit welcher Geschwindigkeit vollziehen sie sich, wo führen sie hin, in sechs Monaten oder einem Jahr? Das muss nicht heißen, dass diese Trends unumkehrbar sind. Aber ich schaue mir ihren Bewegungsverlauf an. Eine weitere Frage ist: Welche Menschen haben Zugang zu diesen Entwicklungen, welche drohen dadurch Macht zu verlieren, welche könnten Einfluss hinzugewinnen? Man muss die naheliegenden, realistischen Fragen stellen.«

Wenn er über die Zukunft spreche, versuche er stets, seine Vorstellungen in der Wirklichkeit zu erden, fuhr Singer fort. »Ich mache mir nur über existierende Technologien Gedanken und nicht über Dinge, die noch nicht existieren.«

Außerdem habe er eine große Leidenschaft für die Geschichte. In der suche er nach Mustern, die sich in die Zukunft verlängern könnten. »Wenn man sich fragt, wie Kriege in der Zukunft beginnen werden, schaut man als Erstes in die Vergangenheit: Wie haben sie früher begonnen?«

Diese Methode hat, so scheint es, allerdings eine entscheidende Schwäche: Mit ihr lässt sich das Ausbleiben von Ereignissen nicht untersuchen. Zumindest stellt sie die Frage nicht, warum etwas *nicht* passiert ist – weil für sie diese Frage nicht produktiv ist.

Das Nichteintreten einer Zukunftserzählung namens Krieg ist aber nicht nur für die Friedensforschung interessant. Im Idealfall haben alle an einem Konflikt beteiligten Akteure ihre Entscheidungen rational und sogar nach moralischen Gesichtspunkten gefällt und sind bei einer Güterabwägung der Risiken und Chancen darauf gekommen, dass ein Krieg stets Opfer fordert, die ihn als ungerechtfertigt erscheinen lassen.

Der Kalte Krieg wiederum hat gezeigt, dass ein relatives Gleichgewicht der Zerstörungskräfte auf beiden Seiten und die Bedrohung der völligen Auslöschung der Menschheit offenbar der Kriegsvermeidung dienen.

Also fragte ich Singer: »Wie wirkt Abschreckung? Ist sie komplizierter geworden? Und wird sie noch künftig komplizierter werden?«

»Absolut«, antwortete er. »Die Drohung mit der nuklearen Auslöschung war auf eine bestimmte Art sehr simpel: Greifst du mich an, schlage ich zurück – und wir beide sterben.«

Der Einsatz von Atomwaffen hätte auch viele Fragen erst gar nicht entstehen lassen, mit denen Militärstrategen sich heute in ganz anderen Zusammenhängen herumschlagen müssen. Bei einem Angriff mit Nuklearwaffen, sagte Singer, sei klar, wer sie abgefeuert habe: »Das zu wissen würde einem zwar faktisch nichts mehr nutzen, aber immerhin wäre man sicher, woher die Rakete mit dem Atomsprengkopf angeflogen gekommen wäre.«

Heutzutage hingegen entstünden, etwa bei Cyber-Konflikten, viel mehr offene Fragen. Das beginne damit, dass man sich nicht einmal sicher sein könne, ob man überhaupt tatsächlich attackiert wurde; es könne mitunter Monate, ja Jahre dauern, das herauszufinden. »Manchmal kann die beste Strategie dann sein, gar nicht öffentlich zuzugeben, dass man angegriffen wurde. Sondern dem Angreifer zum Beispiel stattdessen falsche Informationen zu übermitteln. Aber schon die Identifizierung des Angreifers kann hochkompliziert sein. Und die beabsichtigten Schäden einer Cyberattacke können äußerst verschieden sein, vom Geheimnisdiebstahl bis zur Sabotage. Und wer, das ist eine weitere dieser Fragen, soll auf den Angriff reagieren? Die Polizei, das Militär, ein womöglich betroffenes Privatunternehmen?«

Die Komplexität steigt demnach im Krieg oder bei jedenfalls kriegsähnlichen Attacken über das Netz gegenwärtig schon, selbst wenn sie nicht das Ziel haben, physische Schäden zu bewirken. Die DARPA-Zukunftsidee vom »Mosaic Warfare« ist insofern eine Fortsetzung der heutigen Cyberwar-Strategien, als sie Komplexität als Waffe verstehen. Beim »Mosaic Warfare« wäre hingegen klar, wer der Angreifer wäre. Er würde sich in aller Offenheit auf dem physischen Schlachtfeld zeigen.

Zum Abschluss unseres Gesprächs stellte ich Peter W. Singer eine womöglich sehr deutsche Frage. Ich kam ihm mit dem alten Traum der deutschen Friedensbewegung: Ist eine Zukunft ohne Krieg denkbar?

Da zögerte Singer kurz und antwortete schließlich: »Das ist zugleich eine politische, philosophische und religiöse Frage – ebenso wie eine der Science-Fiction. Je nachdem, mit welcher dieser Perspektiven man auf die Welt und die Zukunft blickt, erhält man andere Antworten.« Die politische etwa hänge davon ab, ob man ein Realist im Bismarck'schen Sinne sei, ein Liberaler oder ein postmodern denkender Mensch.

Verschiedene Religionen verträten zudem verschiedene Ansichten bei der Frage, ob der Mensch ein grundsätzlich fehlbares Wesen sei: »Meine eigene Antwort würde alle diese Perspektiven reflektieren. Historisch betrachtet müsste man, ohne der Friedensbewegung zu nahe treten zu wollen, diagnostizieren: Die Waffen, die sie abschaffen wollte, nämlich Nuklearwaffen, haben den Frieden garantiert – und haben dennoch die gesamte Menschheit einem enormen Risiko ausgesetzt.«

Damit war unsere Gesprächszeit abgelaufen, Singers Folge-
termin begann. Ich fuhr im Aufzug hinab auf den Boden der
Washingtoner Wirklichkeit.

Der Krieg, nahm ich aus dem Gespräch mit Singer mit, bleibt
selbst in seiner Abwesenheit selbstverständlich stets anwesend,
als Drohung in die Zukunft hinein. Die Binarität von Krieg und
Frieden ist jedoch auch deswegen problematisch, weil sich zwischen dem Schwarz des Krieges und dem Weiß des Friedens ein
riesiger Graubereich aus möglichen kriegerischen Handlungen
und dem Sprechen über solche Handlungen auftut:

Amerikanische Truppen sind im Jahr 2002 in Afghanistan
einmarschiert, und weil bisher keine US-Administration den
vollständigen Abzug befohlen hat, gilt Afghanistan als Beleg
dafür, dass wir in einem Zeitalter der endlosen Kriege leben.
Tatsächlich stellt sich im Fall Afghanistan jedoch eher die Frage, wann genau das Land zuletzt *nicht* im Krieg war: Wirklich
zwischen 1989 und 2002, als es von keinen fremden Truppen
offiziell besetzt war? Oder muss man vor den Beginn der sowjetischen Besatzung im Jahr 1979 zurückgehen? Wenn ja, wie
lange? Und wie lange werden die US-Truppen noch in Afghanistan bleiben? Ist ein Krieg, der nicht endet, überhaupt ein Krieg?
Wie sähe Frieden in Afghanistan aus?

Oder die russischen Desinformationskampagnen auf Social-Media-Kanälen und sonstigen digitalen Einflussnahmever-
suche in fremden Ländern, wie etwa im US-Wahlkampf 2016
durch den E-Mail-Hack der Partei der Demokraten: Sie gelten
als Beleg dafür, dass Russland einen permanenten Propagandakrieg führt, nicht nur gegen die USA, sondern überall dort,
wo die russische Führung gerade vermeintlich Einfluss gewinnen will. Dieser Propagandakrieg wurde und wird, so die These,
von Russland mit dem Ziel geführt, größtmögliche Verwirrung

durch Desinformation zu stiften: Die Menschen sollen Zweifel daran bekommen, was Wahrheit ist und was Lüge.

Das ist kein Kriegsziel im klassischen Sinne, denn es bringt der Propagandakriegspartei keinen strategischen Vorteil gegenüber den von ihr definierten Feinden.

So die Methode denn überhaupt funktioniert (und daran darf man zweifeln), zieht sie die Feinde Russlands allenfalls auf das innerrussische Desinformationsniveau unter der Herrschaft Wladimir Putins herunter.

Dafür müsste aber in den USA und in anderen westlichen Demokratien erst einmal die freie Presse sterben. Ist dieser vermeintliche, permanente Propagandakrieg dann nicht einfach nur passiv-aggressives *Trolling*, *white noise* also, das sich auch gut ignorieren lässt?

Dass Desinformation auf sozialmedialen Kanälen tatsächlich demokratiezersetzend wirkt, ist jedenfalls erst einmal nur eine Arbeitshypothese, die durch ständige Wiederholung nicht besser belegt ist. Versucht man sie gedanklich in die Zukunft zu verlängern, fallen einem einige Variablen darin auf.

Die Social-Media-Nutzung muss noch größer und unkritischer werden als heute; die Plattformen dürfen keinen Erfolg beim Auffinden, Markieren und Entfernen etwa von Fake News haben; sie dürfen nicht einmal einen Vorteil darin erkennen, möglichst wenig Desinformation zu verbreiten; sie dürfen nicht durch staatliche Regulierung betroffen oder gar zerschlagen werden – und das sind nur die gegenwärtig erkennbarsten Variablen.

Es könnte auch alles anders kommen.

Im Kern sind diese beiden Kriegskomplexe – der des weiterhin mit Waffengewalt geführten Konflikts in Afghanistan und der des vermeintlichen Propagandakrieges Russlands – solche, die auf die langsam historisch werdende und vergleichsweise kurze Ära zurückweisen, in der die Vereinigten Staaten nach dem Ende des Kalten Krieges die einzige Supermacht auf Erden waren.

Doch nun, so geht zumindest in den USA die weitgehend unbestrittene Erzählung, treten wir in eine neue, geopolitisch bipolare Welt ein: China wird zum großen Kontrahenten Amerikas.

Als Nächstes wollte ich also eine der typischen Panel-Veranstaltungen besuchen, die Washingtoner Thinktanks zum Thema China und die kommende Weltordnung abhalten.

Die, die ich mir ausgesucht hatte, wurde vom »Center for a New American Security« (CNAS) im Willard Hotel unweit des Weißen Hauses veranstaltet.

Als ich kam, hielt gerade der konservative Denker und Buchautor Robert Kaplan, ein weitgereister ehemaliger Reporter des *Atlantic*, Universalgelehrter und mittlerweile Mitarbeiter des Politikberatungsunternehmens »Eurasia Group«, eine außenpolitische Rede. Darin fragte er, ob es angesichts der geopolitischen Veränderungen auf der Welt eine »Grand Strategy« der USA brauche (Kaplans Antwort: ja) und ob deren Politik eine besäße (Kaplans Antwort: nein).

Kaplan war einst Befürworter des Irak-Krieges gewesen und hatte sogar an einem lange geheim gebliebenen Treffen wenige Wochen nach dem 11. September 2001 teilgenommen, bei dem der damalige stellvertretende US-Verteidigungsminister Paul

Wolfowitz, einst Anführer der sogenannten Neocons, mit Politikstrategen und eben auch dem Journalisten Kaplan über die amerikanische Strategie gegenüber Afghanistan und dem Nahen Osten beriet.

Ein Dokument, das aus dem Treffen hervorging und über das der Watergate-Enthüller Bob Woodward erst fünf Jahre später in einem Buch berichtete, enthielt unter anderem die Empfehlung, den Irak anzugreifen.

Jahre später hatte zumindest Kaplan dann eingestanden, dass der Irak-Krieg ein Fehler gewesen sei.

In seinem Vortrag im Willard Hotel nun machte er die ganz große geopolitische Tour d'Horizon einmal um den Erdball: Asien, Naher Osten, Europa.

Mit China und dessen gigantischem Projekt »One Belt, One Road«, der neuen Seidenstraße also, beschäftigte er sich besonders lange. Hinter der Erschließung weltweiter Handelsrouten zu See wie auf dem Land glaubte Kaplan ein noch größeres Vorhaben zu erkennen, die horizontale Ausdehnung der Einflusssphäre Chinas auf die gigantische Landmasse dessen, was mit dem historisch nicht unproblematischen Begriff »Eurasien« gemeint ist: vom östlichsten Zipfel Russlands bis zum westlichsten Punkt Europas und im Süden hinüber bis nach Ostafrika.

Kaplan stellte an jenem Morgen auch sein neues Buch vor, *The Return of Marco Polo's World: War, Strategy, and American Interests in the Twenty-First Century*, eine Sammlung von Essays. Der erste in dem Band ist der Titel-Essay, Kaplan hatte ihn im Jahr 2016 verfasst, noch zu Obama-Zeiten also, ursprünglich im Auftrag des Pentagon. Für das Buch hatte er den Text aktualisiert, ohne jedoch explizit über die Trump-Administration zu schreiben.

Die Grundthese darin lautet: Europa verschwindet gerade vor unseren Augen, es wird ersetzt durch jenen »Superkontinent« Eurasien, auf dessen Landmasse Europa, Russland und China zu finden sind, die um den Einfluss auf dem Kontinent konkurrieren und zugleich zunehmend stärker miteinander verbunden sind.

Um eine Tragödie zu verhindern, nämlich dass die USA auf diesem neuen, alten Kontinentkonstrukt Eurasien irgendwann einmal Krieg führen könnten, gegen China oder Russland, müsse man nun tragisch denken: »Die politisch Handelnden (in den USA) müssen dafür Sorge tragen, dort nicht noch mehr Anarchie zu provozieren, als dort sowieso schon zu beobachten ist.«

Es klang wie eine Warnung, Donald Trump nicht in seine Abenteuer zu folgen. Dass jemand wie Kaplan überhaupt vor einem Dritten Weltkrieg warnte, in dem er dazu noch China und Russland im Vorteil gegenüber den USA wähnte: Das war angesichts von Kaplans Vergangenheit als Kriegsbefürworter zumindest bemerkenswert.

Als Kaplan fertig war mit seinen Ausführungen zur neuen Aktualität der Seidenstraße, setzten sich drei ehemalige und ein da noch aktueller Mitarbeiter des US-Verteidigungsministeriums aufs Podium im Willard Hotel. Alle vier waren gegenwärtig oder früher einmal auf hoher Ebene mitverantwortlich für die strategische Ausrichtung des Pentagons und die Beantwortung der Zukunftsfrage, auf welche militärischen Szenarien die US-Streitkräfte vorbereitet sein müssen. An der Fortschreibung der National Defense Strategy, die auch Peter W. Singer in unserem Gespräch erwähnt hatte, hatten drei der vier Diskutanten an irgendeiner Stelle in ihrer Berufslaufbahn einmal mitgewirkt.

Einer der Diskutanten war Elbridge Colby, der zu dem Zeitpunkt im US-Verteidigungsministerium auf Staatssekretärsebene verantwortlich war für Strategie und Truppenentwicklung. Es gab einen kuriosen Moment, als Colby eine Frage zur militärischen Seite der Außenpolitik Trumps beantworten sollte. Bevor er dies tun konnte, sprang ihm Kathleen Hicks bei, die Vizepräsidentin des Thinktanks »Center for Strategic & International Studies« (CSIS). Hicks hatte zu Zeiten der Obama-Administration Colbys Job im Pentagon inne. Sie sagte nun: »Ich kann nicht für die aktuelle Administration sprechen, möchte Elbridge aber nicht in die Verlegenheit bringen, das tun zu müssen.«

Dessen Schweigen wirkte geradezu ohrenbetäubend: Ein Staatssekretär des US-Verteidigungsministeriums konnte oder wollte die sicherheits- und verteidigungspolitische Strategie der Trump-Administration nicht erklären.

Ich musste an das denken, was Peter W. Singer mir dazu gesagt hatte: Vermutlich hätte Colby dazu erst einmal sein Smartphone herausziehen und auf Twitter checken müssen, ob auf dem Twitter-Account @realDonalTrump gerade etwas Neues dazu stand. (Elbridge Colby gab bald danach seine Position im Pentagon auf, ging vorübergehend als Senior Fellow zum CNAS, bevor er seine eigene Strategieorganisation zur Erforschung der geopolitischen Zukunft der Welt gründete, »The Marathon Initiative«.)

In Amerika war das Thema China schon zu Zeiten der Obama-Administration ein beherrschendes. Seit der Amtsübernahme Donald Trumps und angesichts dessen offenkundiger Fixierung auf Handelsbeziehungen zwischen Staaten und insbesondere zwischen den USA und China wird es noch dringlicher diskutiert. Donald Trump scheint der Einzige in Washington, D.C., zu sein, der glaubt, die USA träten in einer Position der Stärke in diesen potenziell die nächsten Jahrzehnte beherrschenden Konflikt um eine neue Weltordnung ein.

In den Tagen, die ich in Washington verbrachte, hätte ich noch weitere Denkfabrikveranstaltungen besuchen können, in denen vor allem ehemalige Mitarbeiter und aktuelle Berater des amerikanischen Politbetriebs miteinander auf Podien über das künftige Verhältnis Amerikas zu China sprachen: Es ging um geopolitische, außenpolitische, militärische, wirtschafts- und industriepolitische, technologische, menschenrechtspolitische, demokratietheoretische Fragen. Es ging letztlich immer darum, ob Chinas Aufstieg Amerikas Abstieg bedeutete.

Eine Sache war auffällig in den Washingtoner Veranstaltungsankündigungen, und das galt auch für das CNAS-Event mit Robert Kaplan: Offizielle Vertreter Chinas saßen fast nie auf diesen Panels.

Es wurde andauernd über das Gespenst China geredet. Nur nicht mit ihm.

Aber wie sollte man auch mit einem Gespenst kommunizieren?

Man muss schon selbst zu ihm hinreisen.

CUPERTINO

MENLO PARK

SAN MATEO

SCOTTSDALE

SAN DIEGO

SAN FRANCISCO

LOS ANGELES

ARLINGTON

WASHINGTON, D.C.

SHENZHEN

BERLIN

Die Vergangenheit soll die Zukunft sein, dachte ich, während ich hinübersah, über den Fluss.

Stolz umrahmt von einer Wehrmauer, stand am gegenüberliegenden Ufer das Heidelberger Schloss. In einer rotbraunen, wie von der Zeit unberührten Pracht allerdings, die das Original vermutlich nie hatte. Vielleicht hatte es sie über die vergangenen fünf Jahrhunderte hinweg auch allmählich verloren, Fotodokumente gibt es ja keine aus dem Dreißigjährigen Krieg, als das Schloss der Kurfürsten von der Pfalz zum ersten Mal beschossen wurde.

Die Version jedenfalls, die ich durch die Fenster des Nachbaus einer Schweizer Bahn sah, war keine getreue Kopie, eher eine optimierte. Auch kein Trompe-l'œil, das Auge sollte nicht getäuscht werden. Es war ein echtes, gerade errichtetes Gebäude, und in ihm würde bald die Zukunft erforscht. Oder besser: der Teil von ihr, der aus Technologien besteht, an denen die Abteilung Research & Development (R&D) des chinesischen Tech-Konzerns Huawei arbeitet.

Ob der Fluss davor auch neu war oder schon früher da, ließ sich nicht herausfinden.

Es war März 2019, ich war als Mitglied einer deutschen Journalistengruppe nach China gereist, die von Huawei auf den Campussen des Unternehmens in Shenzhen und Guangdong empfangen und herumgeführt wurde (mein Arbeitgeber *Zeit Online* trug die Kosten für mich).

Huawei hatte auch Journalisten aus anderen westlichen Ländern die Tore geöffnet, amerikanischen etwa. Es war eine Charmeoffensive. Oder ein weiterer Versuch eines im Westen argwöhnisch betrachteten chinesischen Unternehmens, Transparenz zu demonstrieren.

In verschiedensten Ländern wurden zu diesem Zeitpunkt 5G-Lizenzen an Mobilfunkanbieter vergeben. Um solche Lizenzen bewarb sich Huawei nicht. Die Firma wollte vielmehr Mobilfunkanbietern rund um den Globus die Infrastruktur für 5G liefern. Die USA hatten und haben allerdings etwas dagegen.

Für mich hatte es verschiedene Anlässe gegeben, nach Shenzhen aufzubrechen. Neugierde zunächst natürlich, auf dieses Land China, das ich zuletzt ein Jahrzehnt zuvor besucht hatte.

Huawei war im Frühjahr 2019 außerdem das wohl umstrittenste Unternehmen der Welt – okay, wenn man von Facebook absah, der Trump Org., dem Saatguthersteller Monsanto, gelegentlich der Deutschen Bank und definitiv einigen Waffenherstellern.

Huawei war zwischen die Fronten der Weltpolitik geraten, den Konflikt zwischen USA und China, von dem man bis heute nicht sagen kann, was genau ihn motiviert. Vielleicht geht es nur um Industriepolitik, um Protektionismus. Vielleicht geht es um viel mehr. Um den Dritten Weltkrieg zum Beispiel irgendwann.

Huawei bietet, bestätigen alle Experten, derzeit die ausgereifteste, verlässlichste 5G-Technologie weltweit an, zu günstigen Preisen. Keine europäische oder amerikanische Firma kann Huawei Konkurrenz machen bei dieser Zukunftstechnologie, die Daten in bislang unerreichten Mengen und Geschwindigkeiten über Mobilfunkfrequenzen transportiert. 5G ist die Voraussetzung dafür, dass zum Beispiel irgendwann einmal Autos autonom fahren werden – falls sich diese Zukunftstechnologie wiederum durchsetzt.

Huaweis Beziehung zum chinesischen Staat und der Kommunistischen Partei Chinas ist derweil ungeklärt. Das ist deshalb hochproblematisch, weil alle Daten, die über Mobilfunk versendet werden, auf ihre Weise hochsensibel sind.

Es gibt im Westen Befürchtungen, dass Huawei vom chinesischen Staat gezwungen werden könne, sogenannte Backdoors in seine 5G-Software einzubauen, die es staatlichen Stellen Chinas ermöglichen könnte, in diese Netzwerke überall auf der Welt einzudringen; dass im Code, den Huawei dafür benutzt, die Mittel für Cyber-Spionage schon versteckt sein oder irgendwann später eingefügt werden könnten. Oder dass der chinesische Staat die von Huawei gebauten 5G-Netze auf der ganzen Welt eines Tages einfach lahmlegen könnte. (Ob Letzteres technisch überhaupt geht, ist freilich umstritten.)

Der wichtigste Grund für mich, nach Shenzhen zu fliegen, war aber folgender: Ich wollte der Zukunft entgegenreisen. Denn in China liegt die neue Frontier. Diesen Eindruck hatte ich jedenfalls bei meinen Reisen durch die von sich selbst aufgeriebene, in Teilen auch ermattete Supermacht USA gewonnen.

Von Kalifornien oder Washington, D.C., aus betrachtet war China wie ein entfesselter, faszinierender und beängstigender Koloss erschienen: eine Weltmacht im Werden mit einem Volk von bald anderthalb Milliarden Menschen, die dem Wohlstand entgegenzurennen scheinen; mit einer autoritär regierenden Führung, die jedes Freiheitsbestreben erstickt und sein Volk total zu überwachen versucht; mit einem eigenen Internet, das alles, was von außen hineindringen könnte an Informationen, an der Great Firewall of China abprallen lässt; mit einem riesigen Markt, der ebenfalls weitgehend abgeschottet ist, jedenfalls für die Tech-Firmen des Silicon Valley (dementsprechend haben etwa Facebook, Google und Netflix den Versuch aufgegeben, in China Fuß zu fassen).

Zudem mit eigenen Großunternehmen wie eben Huawei, die expansiv nach außen drängen, mit Produkten und Erfindungen, die längst nicht mehr nur Kopien westlicher Vorläufer sind; ein Land schließlich, das in Asien, Europa und Afrika in große Infrastrukturprojekte investiert und sein geopolitisches Einflussgebiet nicht nur im Südchinesischen Meer womöglich irgendwann auch mit militärischen Mitteln ausdehnen könnte.

Was für ein Land, was für unbegrenzte Möglichkeiten in alle Richtungen, gute wie schlechte!

Dieses Buch hier, das war irgendwann klar, müsste in China enden. Oder zumindest mit China.

So stand ich also auf dem neuen, zum Teil noch im Bau befindlichen Forschungs-Campus von Huawei und betrachtete die Replika des Heidelberger Schlosses.

25 000 Leute arbeiten in der Abteilung Research & Development, in diesem Bau und vielen weiteren Nachahmungen europäischer Architektur auf dem Huawei Ox Horn Campus in Dongguan in der chinesischen Provinz Guangdong.

Das themenparkähnliche Gelände ist rund anderthalb Autostunden entfernt von der eigentlichen Huawei-Zentrale in Shenzhen, die wiederum, je nach Verkehrslage, ungefähr eine halbe Autostunde entfernt ist von Hongkong. Wobei die Idee der Entfernung in dieser Gegend Chinas wenig hilfreich ist, wenn man sie mit etwas Stabilem, Dauerhaftem verbindet. Selbstverständlich bleibt die Entfernung in Metern und Kilometern gemessen von einem geografischen Ort zum anderen immer dieselbe, auch in China. Doch Shenzhen zum Beispiel ist mit den Vorstellungen herkömmlicher Stadtentwicklung (was europäische oder amerikanische Vorstellungen meint) gar nicht zu erfassen.

Shenzhen breitet sich in einer Geschwindigkeit aus, in die Höhe und die Breite, bei der niemand mehr mitkommt. Ob hier noch zwanzig, bereits fünfundzwanzig oder gar dreißig Millionen Menschen wohnen, das können offenbar nicht einmal die Behörden sagen. Es ist auch letztlich egal. Shenzhen ist auf dem Weg, die Tech-Kapitale der Welt zu werden. Das zählt.

Shenzhen wurde 1979 erst zur Stadt erklärt, 1980 zur Sonderwirtschaftszone, und falls es irgendwann einen durchdachten Plan gegeben haben sollte, wie Shenzen wachsen solle, dann haben die vergangenen zehn Jahre diesen Plan mit Sicherheit über den Haufen geworfen.

Shenzhen hat kein Zentrum, es hat keine echten Stadtteile oder Viertel, es ist ein unüberschaubares Meer vor allem aus Hochhäusern. Wenn jemand »Old Part of City« sagt, dann meint die Person: etwas, das vor zehn Jahren schon gestanden hat.

Die mit dem Boom einhergehend steigenden Immobilienpreise waren einer der Gründe, heißt es, die Ren Zhengfei, den Gründer und Chef von Huawei, dazu bewogen haben, einen neuen Ort für die Forschungsabteilung seines Unternehmens zu suchen. Sie wurde aus den bestehenden Huawei-Campussen ausgelagert. Dabei ist zum Beispiel der in Shenzhen so weitläufig, dass man zwischen den Dutzenden Gebäuden mit dem Bus hin und her gefahren werden muss. Es stehen dort Hochhäuser, aber auch niedrigere Verwaltungsgebäude; es gibt eine gewaltige Versammlungshalle, aber auch ein kleines, villenartiges Gebäude für die absoluten Führungskräfte. Zwischen den Gebäuden sind gepflegte Grünflächen, und überall dort, wo Besucher von außen erwartet werden, öffnen Frauen und Männer in Huawei-Uniformen die Türen.

Die Entscheidung, den neuen Campus weit draußen in der Provinz nun wie einen Themenpark aus europäischen Altstädten zu gestalten, in dem man durch Gassen und über Plätze gehen kann, die nach Verona aussehen, Granada, Budapest und Paris (Oxford war bei meinem Besuch noch im Bau) – diese Entscheidung, heißt es, habe nicht allein mit Rens Liebe für die europäische Architektur zu tun; sondern auch mit seinem Bedauern darüber, dass die chinesische Kultur keine ihm vergleichbar erscheinende Kunst nicht nur des Bauens, sondern etwa auch der Musik hervorgebracht habe; und mit Rens Glauben daran, dass die Umgebung, in der Menschen leben, sie inspirieren könne.

»Heißt es«: Das ist, wenn es um den Tech-Mischkonzern Huawei geht, der mittlerweile auch zum zweitgrößten Smartphone-Hersteller nach Samsung geworden ist, überhaupt eine gewichtige Einschränkung.

Gesichert weiß man bei Huawei und dem sich nur selten öffentlich äußernden Ren Zhengfei wenig. Man kann das als Problem betrachten, wie eigentlich alle westlichen Regierungen, selbst wenn sie nicht aktiv Maßnahmen gegen das Unternehmen ergreifen.

Anders als die amerikanische: Die Trump-Administration hat Huawei im Mai 2019 auf eine Blacklist befördert, die es US-

Chipherstellern untersagt, Huawei weiter zu beliefern. Und die fortgesetzten Drohungen, auch Google zu untersagen, sein Android-Betriebssystem weiter an Huawei zu lizenzieren, zwangen die Chinesen, mit der Entwicklung eines eigenen Betriebssystems zu beginnen. (Die deutsche Bundesregierung hat bei Abschluss dieses Buchmanuskripts ihre Haltung zu Huawei in Sachen 5G-Ausbau noch nicht endgültig festgelegt.)

Man kann den Schleier der Ungewissheit um Huawei aber auch als Möglichkeit zur Poesie betrachten, zum poetischen Denken, zur Fiktion. Dazu jedenfalls entschloss ich mich auf der mehrtägigen Besuchstour durch die Entwicklungs- und Produktionsstätten Huaweis.

Uns deutschen Journalisten wurde die Smartphone-Herstellung gezeigt, zudem die umfangreiche Produktpalettenpräsentation des Unternehmens von der Rechenzentrenausstattung über Smart-City-Anwendungen bis zu 5G-Sendemasten. Sogar in die hochsensible Cyber-Security-Abteilung durften wir hinein. Dort saßen Leute in Cubicles vor Bildschirmen, doch es war unmöglich zu sagen, was sie dort gerade taten: Ob sie tatsächlich für Sicherheit sorgten oder Tetris spielten oder Kochrezepte im Netz suchten.

In dem Bus, in dem unsere Journalistengruppe in Shenzhen im Kreis um einige 5G-Masten gefahren wurde, mit dem Versprechen, der Bus fahre wahrhaftig autonom und werde also vom Computer gesteuert, saß vorn ein Fahrer. Ob er eingriff während der Fahrt, ob er den Bus gar selbst steuerte und eben nicht der Computer, konnten wir nicht sehen. Es war eine fensterlose Wand zwischen Fahrer- und Passagierkabine eingebaut. An der Wand hing ein Flachbildfernseher, auf dem uns in feinster 4K-Auflösung Filmausschnitte gezeigt wurden, die angeblich parallel zu den Fahrtbefehlen für die autonome Steuerung übers 5G-Netz in den Bus gestreamt wurden. Es hätte allerdings ebenso gut irgendwo im Bus ein DVD-Player versteckt sein können, von dem die Bilder in den Fernseher kamen.

Es konnte alles eine einzige Scharade sein. Oder der aufrichtige Versuch, Offenheit zu demonstrieren und damit uns Journalisten zu benutzen, um etwas an der Schlimme-Firma-Story zu ändern, die Huawei langsam enorm Geld zu kosten drohte. Allein die Smartphones von Huawei wären faktisch unverkäuflich, sollte auf ihnen kein Android mehr laufen. Huawei konnte einem fast leidtun – wenn eine solche Gefühlsregung denn zu einem Einhundert-Milliarden-Dollar-Jahresumsatz-Tech-Konzern passt.

Es gibt zwei Großerzählungen zu Huawei. In der einen ist die Firma der Handlanger des Bösen. In der anderen ist sie der unschuldig des Bösen verdächtigte Gute. Die Details können innerhalb der jeweiligen Erzählungen variieren, doch wenn man sich an Details festhält, verliert man das Eigentliche aus dem Blick: Keine der beiden Geschichten können aus dem Raum des Fiktionalen in den des Faktischen hinübertreten. Keine ist eindeutig beweisbar oder eindeutig falsifizierbar.

Huawei kann seine Hard- und Software noch so sehr offenlegen, und das zu tun, gibt die Firma zumindest vor: Findet man heute nichts Verdächtiges, kann man immer noch sagen, damit sei nicht belegt, dass die Firma nicht künftig etwas Verdächtiges tun wird. Die Beweislast, nichts Böses zu tun, bleibt stets bei Huawei. Der Konflikt, in dem sich Huawei befindet, ist unauflöslich.

Propaganda lässt sich widerlegen, Fake News lassen sich aufklären. Doch wo sich weder Wahrheit noch Unwahrheit offenbaren können, bleibt alles im Bereich des Fiktionalen. Die Vorverurteilung Huaweis ist der Sieg der Science-Fiction insofern, als gegenwärtige fiktionale Erzählungen unendlich in die Zukunft verlängerbar werden. Plot-Twist allerdings: ausgeschlossen.

Das ist für die Flüchtigkeit eines Gedankens lang ein poetischer Moment. Der aber, sobald er verfliegt, gewaltige Implikationen hat, nicht nur für einen Tech-Konzern.

Es ist die Zuspitzung dessen, was Peter W. Singer in Washington, D.C., über den Unterschied zwischen einer Atombombe und einem Cyberangriff sagte: dass sich leicht herausfinden lässt, wer eine Nuklearrakete abgeschossen hat, hingegen nur schwer, wer einen Cyberangriff gestartet hat. Bei Huawei wird es noch komplizierter: Etwas, das bisher noch gar nicht geschehen ist oder jedenfalls nicht nachgewiesen ist, also etwa über Huawei-Netze getätigte Cyber-Spionage, kann nicht aufgeklärt werden. Es ist eine in die Zukunft gerichtete Verdächtigung.

Schwer wiegt auch, dass die Verdächtigungen gegen Huawei ganz offensichtlich westliche Vorurteile und Klischees, um nicht gleich zu sagen: Rassismen über China enthalten. Wie konnte diese vermeintlich unheimliche Firma, wie konnte dieses vermeintlich unheimliche Land derart schnell derart bedeutend, für uns im Westen derart bedrohlich werden – nur mit dem Klauen von Ideen und Erfindungen? Auch das ist ein politischer Standardvorwurf, der selten konkret belegt wurde.

Hinzu kommt die relativ unangefochtene Herrschaft der Kommunistischen Partei in China: Die widerlegt praktisch die einstige westliche Theorie, dass die Einführung einer Marktwirtschaft zwangsläufig zur Demokratisierung eines Landes führt (als ich in Shenzhen war, hatten die Massenproteste unweit in Hongkong noch nicht begonnen; und in dem Moment, da ich dies hier schreibe, ist deren Ausgang noch ungewiss).

Stattdessen ist die Einführung des Sozialkredit-Systems, mit dem die Staats- und Parteiführung das Verhalten seiner Bürgerinnen und Bürger auf digitalem Wege umfassend kontrollieren will, die – mit Shoshana Zuboff gesprochen – radikale Zuspitzung des Überwachungskapitalismus. Unter Umgehung jeglicher Demokratisierung geht der Staat in China gleich zur totalen Überwachung über. Die Chinesinnen und Chinesen geben ihre Daten nicht freiwillig und fahrlässig an Suchmaschinenbetreiber und Social-Media-Plattformen weiter, wie wir Menschen im Westen. Sie können gar nicht anders. Denn bereits das Nichthinterlassen von Datenspuren wird in China als Fehlverhalten geahndet.

Wenn das Totalitäre im Wer-nichts-zu-verbergen-hat-Motto bei Dave Eggers *The Circle* noch ein Weiterdenken der überwachungskapitalistischen Tendenzen von Google und Facebook war, setzt der chinesische Staat sie in die Realität um. Das ist Wahrwerden einer Dystopie und eine Mahnung an westliche Demokratien.

Als westlicher Kurzzeitbesucher war ich in Shenzhen, praktisch betrachtet, bloß ein paar Tage lang kleineren Beschwernissen wie der Great Firewall of China ausgesetzt. Ich hantierte mit zwei verschiedenen Handys, eines für die VPN-Einwahl in Shenzhen, eines für das wegen der Entfernung bereits flackernde Mobilfunknetz von Hongkong, über das man problemlos alle Apps von Google und Facebook abrufen kann – den westlichen Agenten des Überwachungskapitalismus. Ich kam mir lächerlich vor, auf jämmerliche Wiese ebenso privilegiert wie ahnungslos.

Huawei und China wie eine Fiktion zu betrachten, hilft am Ende nicht weiter, wenn man etwas darüber erfahren will, wie dieses Land die Zukunft betrachtet und die Rolle, die Technologie zum Beispiel darin spielen soll. Weil sich auch durchs Hinreisen und also durch eigene Augenzeugenschaft nichts herausfinden ließ über die chinesische Wirklichkeit hinter der Fiktion, müsste sie sich zumindest in der Theorie erschließen lassen, dachte ich bei meiner Rückkehr nach Berlin.

Die Sache ist nun die: Es existiert fast keine Literatur über chinesische Ideen von Zukunft und sein Technologieverständnis zum Beispiel. Eines der ganz wenigen Bücher dazu hat der Philosoph Yuk Hui geschrieben, es heißt *The Question Concerning Technology in China* und ist im Jahr 2016 in Großbritannien erschienen.

Yuk Hui hat Computerwissenschaften und Philosophie in Hongkong und London studiert, er lehrt an der City University in Hongkong – und an der Bauhaus-Universität in Weimar.

Er ist einer der ganz wenigen Denker, die nicht nur sowohl zur europäischen als auch chinesischen Ideengeschichte arbeiten und schreiben, sondern diese auch noch in Beziehung setzen zu zeitgenössischen Technologien.

Und: Yuk Hui lebt glücklicherweise in Berlin.

Es war ein regnerischer Abend im Frühherbst 2019, als ich ihn in einem Café in Schöneberg traf. Ich schaltete mein Aufnahmegerät ein und fragte Yuk Hui, wie eine chinesische Perspektive auf die Zukunft aussehen könne.

Um darauf eine Antwort zu geben, sagte Yuk Hui, müsse man zunächst in die Geschichte Chinas blicken, zu dessen Niederlage im Zweiten Opiumkrieg 1860. Die Industrialisierung, die in

Europa längst begonnen hatte zum damaligen Zeitpunkt, sei an China bis zu diesem Punkt regelrecht vorbeigegangen. Ebenso sei die Aufklärung, in deren Zuge sich in Europa ein modernes Verständnis von Wissenschaft, Technik und Fortschritt entwickelt habe, in China kaum rezipiert worden. Nach der Niederlage 1860 gegen Großbritannien und Frankreich habe sich China entschlossen, aus zunächst rein militärischen Gründen eine eigene Industrialisierung zu beginnen: China wollte nicht noch einmal einen Krieg aus technologischen Gründen verlieren. Also brauchte es ein mit zeitgenössischen Waffentechniken ausgerüstetes Militär. Die Gedanken der Aufklärung brauchte das Land dazu nicht.

Es gebe seit Mitte des 20. Jahrhunderts die These, fuhr Yuk Hui fort, dass in China viele Technologien unabhängig von europäischem Einfluss bereits lange zuvor bekannt und genutzt worden seien. Sie wird dem britischen Sinologen Joseph Needham zugeschrieben, wird allerdings laut Yuk Hui falsch gedeutet: »Entscheidend ist, welche *Vorstellungen* von technologischer Entwicklung in einer Kultur herrschen, von der Zukunft, von der Beziehung von Technologie zur Natur, zum Kosmos. Da unterscheiden sich die europäischen und die chinesischen Denkschulen. Und deshalb, so sollte man meiner Einschätzung nach Needham verstehen, lassen sich die technologischen Entwicklungen auch nicht einfach vergleichen. Technologie ist nicht universell.«

Während in Europa die Wissenschaften und damit auch die technologische Entwicklung früh schon systematisiert worden seien (Galileo, Descartes, Newton etc.), sei nichts Entsprechendes in China geschehen, sagte Yuk Hui: »China war Mitte des 19. Jahrhunderts noch eine archaische Kultur und hatte nur 150 Jahre Zeit, um den Rückstand zu Europa und den USA bis heute aufzuholen.« Dafür habe es des ungeheuren Tempos bedurft, das man sich auferlegt habe. »Das Ergebnis sieht man heute: Die Idee des Fortschritts ist in China womöglich noch ausgeprägter als in Europa und den USA.«

Im frühen 20. Jahrhundert sei in China eine Faszination dafür entstanden, modern sein zu wollen, sagte Yuk Hui. »Im Unterschied zu Europa und den USA wurde der Begriff des Modernen aber zum Beispiel nicht auf die Kunst erweitert, auf Literatur, Musik, Malerei. Das Moderne bleibt in China fast ausschließlich beschränkt auf die technologische Entwicklung und auf wissenschaftliche Entdeckungen.«

Was aber, fragte ich Yuk Hui, sei dann die Idee von der Zukunft in der chinesischen Kultur? »Chinesen sprechen nur selten über Zukunft an sich«, antwortete er. Der traditionelle Glaube, die traditionelle Philosophie sei gebunden an das »Mandat des Himmels«. Das besagt: Die Evolution der menschlichen Geschichte ist vordeterminiert vom Himmel, was letztlich nichts anderes heißt, als dass die Entscheidungen der jeweiligen Herrscher richtig sind. »Die aktive Erfindung der Zukunft würde damit gegen das Mandat des Himmels verstoßen, dem sich die Menschen in ihrer Lebensführung unterzuordnen haben.«

Das bedeute aber nicht, dass Wandel in dieser Vorstellung nicht existiert, im Gegenteil. Yuk sprach nun über das *Yijing*, das Buch der Wandlungen, eine der ältesten chinesischen Schriften.

Im *Yijing* gebe es zwar durchaus schon die Idee der Revolution, die für europäische und amerikanische Vorstellungen von der Zukunft so entscheidend ist. Die Revolution im Sinne des *Yijing* bedeute jedoch nicht, dass man gegen den Himmel antrete, sondern gemäß seinem Mandat. »Die Zukunft ist in diesem Sinne eine Bewegung vom Chaos zum Utopischen«, sagte Yuk, »aber das Chaos kehrt wieder zurück. Eine lineare Vorstellung vom historischen Fortschritt gibt es daher nicht.«

Kein Weltgeist also, im Sinne Hegels?

»Eben nicht«, sagte Yuk Hui: »Die Bewegung der Zeit ist im europäischen Sinne weiter eine jüdisch-christliche, eine eschatologische: Die Zeit führt hin zum Königreich Gottes. Am Ende kommt man beim Absoluten an, Fortschritt führt hin zum Utopischen. Diese Vorstellung existiert in der chinesischen Denke nicht. Die Bewegung führt vom Chaos zur Ordnung und zurück zum Chaos.«

Und wo platziert sich die Kommunistische Partei Chinas in dieser letztlich zirkularen Bewegung? Marx hatte ja auch die Erlösung versprochen und damit eine lineare Bewegung zur Befreiung des Menschen im Kommunismus – eine Eschatologie, letztlich eine Erlösungsfantasie.

Das sei laut Yuk Hui der große innere Widerspruch des heutigen Chinas: die Ambivalenz, die Uneindeutigkeit. »Die Kommunistische Partei ist an die eschatologische Erzählung von Marx gebunden, die der chinesischen Tradition widerspricht. Die Kommunistische Partei ist darum das am wenigsten Chinesische an China.«

Die Partei fürchtet also nichts mehr, als dass laut der traditionellen chinesischen Philosophie der Ordnung zwangsläufig das Chaos folgt.

Vielleicht folgt die Zukunft eben gar keiner linearen Bewegung nach vorn, so wie sie in Europa und Amerika gedacht wird. Vielleicht lässt sich die Zukunft gar nicht vorstellen und darstellen, indem man von einem Punkt aus, der Gegenwart, unendlich viele gerade Linien ins Unendliche nach vorn zeichnet und sich die Zukunft als eine Art Korridor des vor uns liegenden vorstellt, der sich weiter öffnete, je ferner die Zukunft auf der Zeitachse liegt. Und wenn diese geraden Linien durch Disruptionen unterbrochen werden, zeichnen wir von diesem neuen Punkt aus wieder gerade Linien – wir Eschatologen.

Wir gehen davon aus, dass ein Zeitstrahl Vergangenheit, Gegenwart und Zukunft verbindet. Die Zeit krümmt sich in dieser Vorstellung nicht. Sie läuft gerade auf etwas hinaus, das kollektive Erlösung oder Apokalypse heißt, mutmaßlich vorher aber individuell »der Brettschlag am Ende« (Ernst Bloch). Bislang ist weder Erlösung noch Apokalypse eingetreten, was bedeutet: Alle Menschen, die bislang gestorben sind, haben das kollektive Ende der Geschichte auf Erden nicht erlebt. Mal empfinden wir gerade (noch) Lebenden die Zeiten als besser, mal als schlechter. Die Zeit als solche aber schreitet in unserer Vorstellung geradewegs voran.

Was aber, wenn sie sich doch dreht?

Bei der Vorstellung der Zeit als zirkulärer Bewegung, wie Yuk Hui sie beschrieben hatte, vom Chaos zur Ordnung zum Chaos und immer so weiter, musste ich an die Apple-Zentrale denken, den kreisrunden Bau ohne Anfang und Ende, mit dem ich dieses Buch begonnen hatte. Der mir dennoch, nach all diesen Überlegungen zum Thema Zeit, nicht als des Rätsels Lösung erschien. Oder auch nur als Metapher für ein vermeintlich anderes Denken der Zukunft, etwa durch Apple. Deren Produkte, so ging die Erzählung, würden immer besser, müssten immer besser werden, so wie das Leben immer noch besser wird mit und dank Apple.

Auch das war eine eschatologische Erzählung des Laufs der Geschichte. Die nirgendwo endete, nirgendwo enden durfte. Sich aber auch keinesfalls im Kreis drehen sollte, weil uns dann auffallen könnte, dass Apple uns in Wahrheit womöglich gar nicht das Neue verkauft, eine Zukunft, die anders wäre als die Gegenwart.

Apple ist, so kann man es auch sehen, die perfekteste Verkörperung des Kapitalismus, die sich Menschen je haben einfallen lassen.

Das Ende der Geschichte wäre die Auflösung von absolut allem in einem utopischen Idealzustand, und in dem braucht niemand mehr neue Apple-Produkte oder überhaupt noch irgendetwas vermeintlich Neues. Am Endpunkt träfen sich Utopie und Dystopie: in der Aufhebung allen Daseins im unsterblichen Nichts.

Das Neue, so kann man nicht nur Apple-Produkte verstehen, enthält in der Erzählung der Zukunft in einen noch dunklen Raum des Fortschritts hinein immer schon einen Teil des Weltgeistes (sonst muss man das Neue in Form des Produkts ja nicht kaufen), ist aber vor allem ein Versprechen auf noch mehr Weltgeist in der nächsten Evolutionsstufe des Neuen, in der nächsten Update-Version.

Der Weltgeist wird sich in Gänze aber niemals in einem Produkt entfalten, im Leben, in der Gesellschaft, in der Welt. Denn dann wären wir wirklich am Ende aller Zeit angekommen.

So verschieden sich die Bewegungen unserer Gedanken in geometrischen Formen denken lassen, als Linienverläufe oder gar dreidimensionale Figuren, so stumpf linear ist hingegen die Bewegung der sprachlichen Ausdrucksform Text: Wort folgt auf Wort folgt auf Wort, und irgendwann muss ein Text enden, der in Form eines Buches abgeschlossen sein sollte. Die Zukunft, daran erinnere ich mich in diesem Augenblick, hat gar keine Gestalt. Nur die Erzählungen von ihr haben eine.

Atmen. *Atmen!*

Sagt der Meditationscoach auf dem Videobild. Er sitzt wie ich selbst irgendwo in Berlin in einem Wohnzimmer und erzählt vom Atmen. Wir Kursteilnehmer schauen digital vermittelt zu, aus sicherem Abstand. Das ist jetzt bei fast allem so. Physischer Abstand ist unbedingt einzuhalten. Darüber, ob es richtig oder falsch ist, das Social Distancing zu nennen, ist selbstredend auf Social Media kurz eine Debatte entbrannt und dann bald durch die nächste ersetzt worden. Aber das ist auch schon Wochen her. Wie viele genau, kriege ich nicht mehr zusammen. Die Zeit vergeht so komisch in der Isolation.

Wenigstens haben wir die Digitalisierung! Die, von der so viele so lange schon gesprochen haben, als Drohung wie Verheißung. Sie ist erst einmal bloß als Vollendung der Fernmündlichkeit in Bildform mit der Corona-Pandemie über uns gekommen. Wie vorübergehend, das wissen wir noch nicht. Wie nachhaltig, ebenso wenig. Wir wissen vieles nicht gerade.

Diese Spielart der Digitalisierung braucht nicht einmal neue Technologie, die läuft auch auf dem alten Laptop, den ich schon seit fünf Jahren besitze und vermutlich später ersetzen werden als geplant, sollte die beginnende Wirtschaftskrise auch mich ganz persönlich erreichen. Nur eine App ist bislang dazugekommen auf meinem iPhone, die der Videokonferenzplattform Zoom. Vor der Pandemie soll sie zehn Millionen Nutzer gehabt haben, nun soll sie 300 Millionen haben.

Atmen ist ja so wichtig. Zumal, wenn in Krankenhäusern auf der ganzen Welt Menschen um Luft ringen.

Es ist Ende April 2020 und der richtige Zeitpunkt, ins Präsens zu wechseln. Denn unter den Bedingungen der Pandemie ist alles erst allmählich und dann sehr schnell, gleichsam exponentiell und damit parallel zum weltweiten Anstieg der Infizierten- und Totenzahlen: zur Gegenwart geworden.

Ein großer Teil der Menschheit ist in ein Zeitloch gefallen. Man sitzt bestenfalls im Schutze der eigenen Behausung unter Ausgehbeschränkung und Kontaktsperre. Und wartet. Dass die Pandemie vorbeigeht. Dass es weitergeht. Wie genau es jedoch weitergeht, lässt sich jetzt, beim Niederschreiben dieser Zeilen, noch nicht sagen.

An Zukunft ist gerade nicht zu denken. Oder aber: doch gerade jetzt. Wobei dieses Jetzt, wenn dieses Buch erschienen sein wird, schon wieder Vergangenheit sein wird. Futur II.

Die Zukunft wird dann aber gerade nicht abgeschlossen sein in dem Sinne, in dem die Germanistin Eva Horn postapokalyptische Fiktionen in ihrem 2014 erschienenen Buch »Zukunft als Katastrophe« beschrieben hat und als damals »aktuelles Zeitgefühl« (man sollte bei Aussagen über Zeitgefühle immer vorsichtig sein, sagt mir mein aktuelles Zeitgefühl, auf das ich aber auch nur bedingt höre).

»Der Mensch schaut auf sich selbst zurück, aber nach seinem eigenen Ende, eine Reflexion im Futur II: Es wird einmal gewesen sein«, schrieb Horn vor nun sechs Jahren. Katastrophisches, apokalyptisches Denken und Erzählen lässt sich selbstverständlich immer und überall finden, seine Prävalenz lässt sich kaum quantitativ oder qualitativ messen. Dass die amerikanische und dann sehr oft kalifornische (Pop-)Kultur vergleichsweise viel davon produziert, in unmittelbarer Nachbarschaft zum so zukunftsoptimistisch wirkenden Silicon Valley, ist dann nicht überraschend, wenn man apokalyptisches Denken in seiner Erzählform betrachtet: Der Weltuntergang ist ein total dankbares Sujet. Er liefert entweder eine sich klar auf einen Endpunkt zuspitzende Dramaturgie (geht die Welt nun unter oder nicht?). Oder, wenn die Prämisse ist, dass mindestens der Mensch weitgehend von der Erde verschwunden ist, zum Beispiel im Hollywood-Katastrophenfilm gewaltig schöne Bilder. Die sind heute dank CGI-Tricktechnik sogar sehr preiswert herzustellen. Und das Endgültige hat in der Fiktion eine fabelhafte Wirkung, es macht uns schaudern.

Die Zukunft ist im Moment des pandemischen Geschehens nun aber gerade nicht an ihr Ende gelangt. Sie ist nur suspendiert. Solange die breite Gegenwart der Quarantäne herrscht, der Ausgangsbeschränkungen, Selbstisolation, des mehr oder weniger strikten Lockdowns und dessen mehr oder weniger strikten Befolgung. Alles ist aufgeschoben. Wenig beginnt. Erst einmal gehen Dinge vor allem zu Ende. Leben zum Beispiel wegen Covid-19.

Nur in den ersten Tagen des vergleichbar laxen deutschen Lockdowns im Vergleich etwa zu denen in Italien und Spanien sahen die Straßen kurzzeitig so leer aus, wie man es aus Filmen kennt, die nach einer Apokalypse spielen. Die Menschen in der Wirklichkeit aber sind nur in ihren Wohnungen und Häusern verschwunden. Sie sind immer noch da.

Nicht alle, aber viele arbeiten nun im Homeoffice oder wenig bis gar nicht und sitzen zu Hause, weil sie in Kurzarbeit geschickt wurden oder wie viele Kulturschaffende, deren Arbeit sonst vor Publikum stattfindet, nichts mehr zu tun haben.

Jeder Tag zu Hause, im Homeoffice oder in der Untätigkeit, ist ein Murmeltiertag. Diese Zeitschleife, in der zumindest diejenigen von uns, die ihren Beruf nicht physisch draußen in der Welt zu verrichten haben, gefangen scheinen, hat Yuk Hui definitiv nicht gemeint, als er von der zirkulären Bewegung der Zeit gesprochen hat. Dafür ist die Zeitschleife zu kurz. Sie führt auch nicht von der Ordnung zum Chaos und zur Ordnung zurück. Sie führt nirgendwohin.

Die Zeit ist im besten Fall als permanente Gegenwart vor allem deswegen nervtötend, weil sie relativ ereignislos scheint. Draußen steht die Welt nahezu still. Draußen lauert die Gefahr der Ansteckung. Und solange es keine wirksame Behandlung von schwer verlaufenden Covid-19-Erkrankungen gibt und keinen Impfstoff gegen das Virus, wird das wohl so bleiben. Wahrscheinlich. Auch das wissen wir nicht sicher. Die Menschheit lernt die Probalistik gerade sehr praktisch kennen: Von den mathematischen Modellen der Epidemiologen hängt in vielen Ländern ab, welche nächsten Maßnahmen die Politik entscheidet.

Aus dem Silicon Valley hört man derzeit auffällig wenig. Nur zwei prominente Stimmen waren bislang von dort zu hören. Marc Andreessen, der wohl bedeutendste Valley-Venture-Capitalist, einstige Netscape-Mitgründer und frühe Investor bei Twitter, Facebook und Skype, hat Mitte April in einem Essay auf der eigenen Firmenwebsite die westliche und insbesondere amerikanische Kultur des Wirtschaftens in Bausch und Bogen verdammt.

Aber nicht im Sinne eines linken Projekts, das etwa mehr Nachhaltigkeit und umweltschonendere Produktionsweisen vorsehen würde. Was Andreessen verdammte, war die von ihm diagnostizierte Unfähigkeit, ja den Unwillen, *physische Dinge zu bauen*: Beatmungsgeräte, Corona-Testkits, Atemmasken, aber auch bezahlbare Wohnungen und schöne Städte. Amerika sei zu schwerfällig geworden, es besitze keine Begierde, es sei überreguliert: Das war das typische Reden eines Mannes, der sich nach der Disruption sehnt. Nur dass er damit implizit auch das Silicon Valley verurteilte, den Ort der Disrupter. Die amerikanische Tech-Industrie baut auch kaum physische Dinge. Sie konstruiert weiter vor allem Software.

Andreessens Tirade klang ganz ähnlich wie diejenigen, die vor Jahren und Jahrzehnten in den USA über die Finanzindustrie gehalten wurden. Die baut auch nichts Physisches, allenfalls leiht sie Leuten das Geld dafür. Sie handelt vor allem Wertpapiere, mit Wechseln auf die Zukunft.

Der andere, aber mittlerweile einstige Tech-Big-Shot, der sich bislang zu Wort gemeldet hat, war Bill Gates, der geldsummenmäßig größte Wohltäter der Menschheit. Die Gates Foundation engagiert sich seit Jahren in der Pandemie-Prävention, im Gegensatz zur aktuellen US-Administration, die ebenso vor Jahren die eigens einmal im Weißen Haus eingerichtete Pandemie-Abteilung abgeschafft hat. Trumps Leute hielten sie für überflüssig, und dieser Vorwurf verfolgt diese Administration seit Beginn der Corona-Pandemie.

Bill Gates hat wie Andreessen auf der eigenen Website einen Text veröffentlicht, Ende April. Er erklärte darin das Pandemiegeschehen, was man gegen die weitere Ausbreitung des Virus tun könne, wie Corona-Tracing-Apps funktionieren und was unter anderem seine Stiftung unternehme, um die Suche nach einem Impfstoff und einer Behandlungsmethode bei Covid-19 voranzutreiben. Gates plädierte dafür, in technologischen Innovationen die Lösung der Corona-Krise zu suchen. Er verdammte niemanden, er forderte nichts, außer der Bereitschaft, den Wissenschaften die nötigen Mittel für ihre Forschung bereitzustellen. Die *Washington Post* hat eine gekürzte Version des Textes als Gastbeitrag veröffentlicht.

Im Grunde war das kein journalistischer Text. Es war die Art von vernunftbasierter, intellektuell redlicher, wissenschaftlich fundierter politischer Rede, die man in Krisenzeiten von einem Staatenlenker erwarten würde. Bill Gates hat aber offenbar keinerlei Ambitionen, ein politisches Amt übernehmen zu wollen. Es fällt, wenn jemand so schreibt und spricht, angesichts der Corona-Krise einfach sehr auf, was die Vereinigten Staaten von Amerika derzeit nicht besitzen. Einen Präsidenten vor allem, der einer Pandemie intellektuell, moralisch, eben politisch gewachsen wäre.

Und das war es, was bislang aus der Tech-Industrie zu vernehmen war zur aktuellen Lage. Es wird über das Valley gerade auch nicht sehr viel berichtet, was die Chefs von Firmen wie Facebook im Zweifel sogar als wohltuende Abwechslung empfinden könnten.

Die Menschen (oder bloß wir Journalisten) warten anscheinend nicht unbedingt darauf, dass das Valley die Pandemie mittels Disruption beseitigt, dafür gibt es den Chefdisrupter Donald Trump, dessen Berater und Schwiegersohn Jared Kushner bei seinen gelegentlichen öffentlichen Auftritten zum Thema Corona mit Tech-Sprech um sich wirft. Wie gut die Bekämpfung der Ausbreitung des Virus in den USA unter der Regierung Trump funktioniert, erkennt man daran, dass das Land einsame Spitze ist bei den Infektions- und Totenzahlen.

Dass Apple sich mit dem Erzrivalen Google zusammengetan hat, um eine gemeinsame Infrastruktur zu programmieren, hier nun für Corona-Apps, wäre in normalen Zeiten undenkbar gewesen. Und eine Sensationsmeldung, die Medien tagelang beschäftigt hätte. Nun herrscht mediales Schulterzucken. Who cares?

Stattdessen gibt es einige Berichte über die angeblich lange verlachte oder sich nur verlacht fühlende Prepper-Szene im Silicon Valley, die den Weltuntergang schon lange kommen sah. Jetzt, da sich vermögendere Prepper angeblich oder tatsächlich – genau lässt sich das nicht feststellen angesichts fehlender Reise- und Recherchemöglichkeiten gerade – in schwerzugänglichen Tälern in Wyoming, in der Abstandseinsamkeit des politisch und epidemiologisch offenbar gut geführten Neuseelands oder vielleicht doch nur in Villen im Valley oder Luxusapartments in San Francisco eingebunkert haben, fühle sich die Szene ins Recht gesetzt, schreibt Nellie Bowles gerade (gerade ist immer noch Ende April) in der *New York Times*. Bei *Recode* schilderte Shirin Ghaffary schon Mitte Februar, also Wochen vor der massenhaften Ausbreitung des Virus in den USA, dass die dortige Tech-Industrie sich zu diesem Zeitpunkt genau darauf vorbereitet habe.

Wie manche deren Anführer das schon taten, als die Entwicklung von Künstlicher Intelligenz, ein bioterroristischer Anschlag oder doch der gute alte Atomkrieg als die größten existenziellen Risiken für die Menschheit galten, stand bereits im Jahr 2017 in einer Reportage des *New Yorker*-Autors Evan Osnos über amerikanische Luxus-Prepper und die dank ihnen damals schon leise florierende Weltuntergangs-Serviceindustrie, unter anderem von Bunkerimmobilienhändlern. »Doomsday Prep for the Super-Rich« hieß der herrliche Text. Er begann mit einer Szene, in der Steve Huffman, Mitgründer des Social-Media-Aggregators Reddit, seine Gründe dafür darlegte, dass er sich gerade eilig die Augen hatte lasern lassen, wie gesagt 2017: »Sollte die Welt untergehen – und nicht einmal wenn die Welt untergeht, sondern bereits wenn wir in Schwierigkeiten geraten –, dann wird es verdammt schwierig werden, noch Kontaktlinsen oder Brillen zu bekommen.« Lebte Huffman in Deutschland, ließe sich seine drei Jahre alte Behauptung zumindest hier widerlegen: Ich habe vor ein paar Tagen meine neue Brille abgeholt. Ich sehe die Welt immer noch mit denselben Augen, aber jetzt gleitsichtig.

»Warum«, fragt die Valley-Korrespondentin Nellie Bowles in der *New York Times* nun apodiktisch, »ist in der techno-futuristischen Weltsicht die Katastrophe immer nah?«

Es könne sein, mutmaßt Bowles, dass das schnelle Geld, das im Valley verdient werde, einen für die Vorstellung prädisponiere, dieses Geld könne ebenso schnell wieder verschwinden. Es könne auch sein, schreibt Bowles, dass Menschen, die den ganzen Tag darüber nachdächten, wie sie ein System zerstören könnten, besonders empfindsam dafür seien, wie zerbrechlich ein System sei. »Aber vielleicht ist es vor allem so, dass sich im Silicon Valley die besten Leute darin selbst dressieren, glücklich zu sein, wenn sie überrascht werden.« In der Welt der Start-ups sei die Entdeckung, dass man falschliege oder dass eine Annahme fehlerhaft ist, eine großartige Sache, so Bowles. Denn es bedeute mutmaßlich, dass man auf eine weitere Möglichkeit gestoßen sei, schnell Geld zu verdienen.

Man kann es allerdings auch so sehen: Apokalyptisches Denken muss man sich im Valley leisten können. Erst wenn man etwas zu verlieren hat, kann man anfangen, nicht mehr verzweifelt auf eine bessere Zukunft zu hoffen. Dass die Corona-Pandemie die herrschende Ungleichheit in den USA wie unter einem Brennglas sichtbar mache, weil sie die Armen, Benachteiligten, Ausgegrenzten viel schwerer trifft als die Reichen und Starken, und dass kaum soziale Sicherungsmechanismen dem entgegenwirken, gehört zu den Beobachtungen, die man derzeit am leichtesten machen kann.

Sich vorzustellen, was nach der Corona-Krise kommen könnte, ist überall auf der Welt weit schwieriger. Derart vorläufig wie heute waren sämtliche Vorstellungen von Zukunft lange nicht mehr, vermutlich nicht mehr seit dem Zweiten Weltkrieg. Während das öffentliche Leben fast überall weitgehend stillsteht, rast die Zeit insofern, als dass die Prognosen von heute morgen schon wieder überholt sein können. Kommt die zweite Welle, in China, Europa, den USA? Oder wird schon die dritte, die vierte rollen, wenn dieses Buch erschienen sein wird? Oder wird ein Impfstoff bereit und sogar in den nötigen massenhaften Mengen produziert sein?

Und was wird erst geschehen sein mit der Welt, ökonomisch, ökologisch und so weiter, wenn wir sie wieder wirklich und wahrhaftig betreten dürfen und nicht nur für einen einsamen Einkauf oder einen Spaziergang zu zweit im Kreis um unsere Behausung herum? Was wird übrig sein davon, was wir früher für normal hielten? Wird es das wieder geben, Normalität?

Oder ist die Pandemie bestenfalls die Art von Ausnahmezustand, dasjenige existenzielle Risiko, der und das geeignet ist, uns an etwas zu erinnern: dass das, was wir für normal hielten und womöglich zunehmend verzweifelt halten möchten, nur eine zutiefst instabile Version aller nur möglichen Zustände des gemeinschaftlichen Daseins auf Erden ist? Selbst in katastrophischen Geschehnissen steckt ja die Möglichkeit zum Erkenntnisgewinn.

Das Ausmaß der Ungewissheit ist in diesem Augenblick eines, das Nidhi Kalra bei unserem Treffen in San Francisco vor knapp zwei Jahren (wie weit nun alles weg scheint, zeitlich und geographisch!) als *deep uncertainty* beschrieben hat. Die wirtschaftlichen, politischen, gesellschaftlichen, sozialen Auswirkungen der COVID-19-Pandemie etwa sind mittel- und langfristig zu diesem Zeitpunkt weder für einzelne Staaten noch gar global absehbar.

Historische Vergleiche zum Verlauf und den Konsequenzen früherer Pandemien wie der Spanischen Grippe 1918/19 taugen kaum als Folie. Die Welt war vor einhundert Jahren halt wirklich eine gänzlich andere. Schon das damalige medizinische Wissen und die Kapazitäten staatlicher Gesundheitssysteme lassen sich mit den heutigen Verhältnissen nicht vergleichen.

Es existieren verschiedene Theorien darüber, wo genau die Spanische Grippe ausgebrochen ist und wie sie sich verbreitet hat. Als am wahrscheinlichsten zutreffend gilt, dass dieses Influenza-Virus von US-Truppen nach Europa eingeschleppt wurde, als rund eine Million Soldaten nach dem Kriegseintritt der USA dorthin verlegt wurden. Zweifelsfrei belegt ist, dass die gewaltigen Wanderungsbewegungen von Menschen durch Europa – vor allem von Soldaten, aber auch von Zivilisten – kurz vor dem und kurz nach dem Ende des Ersten Weltkriegs die Ausbreitung der Spanischen Grippe in am Ende drei Infektionswellen begünstigten.

Wie viele Menschen insgesamt dadurch starben, dass das Influenza-Virus ihre Körper derart geschwächt hatte, dass Sekundärinfektionen zu ihrem Tod führten, war zum damaligen Zeitpunkt unmöglich zu bestimmen und ist heute ebenso unmöglich zu rekonstruieren. Man kann die Toten der Spanischen Grippe ja nicht alle ausbuddeln und ihre Gebeine nachträglich forensisch untersuchen. Vielleicht waren es 25 Millionen Tote. Vielleicht 50 Millionen. Vielleicht 100 Millionen. Es gibt zur Spanischen Grippe nur Schätzungen, die auf Hochrechnungen und Wahrscheinlichkeiten beruhen.

Bei COVID-19 ist die chinesische Großstadt Wuhan relativ

zweifelsfrei als Ort bestimmt, von dem aus diese Pandemie Ende 2019 ihren Anfang nahm.

Zwar existieren im April 2020 verschiedene Erklärungen dazu, wie das SARS-CoV-2-Virus in die Welt hineinkam. Es ist letztlich aber egal, ob er auf einem Markt in Wuhan von einem lebenden Tier erstmals auf einen Menschen übertragen wurde oder in einer Aufzuchtstation von Marderhunden irgendwo dort in China, wie der deutsche Virologe Christian Drosten mutmaßt. Oder ob die zum Zeitpunkt dieser Niederschrift eher im Status einer Verschwörungstheorie befindliche, unter anderem auch von US-Präsident Donald Trump als Spekulation verbreitete Erzählung stimmt: Womöglich habe sich ein Mitarbeiter oder eine Mitarbeiterin eines Hochsicherheitslabors, in dem Coronaviren analysiert wurden, damit angesteckt, und diese Person habe mutmaßlich unabsichtlich und unwissentlich das Virus aus diesem Labor in die ungeschützte Welt hinausgetragen, im eigenen Körper.

Egal ist das In-die-Welt-Kommen des Virus deshalb, weil selbst eine Aufklärung der Umstände erstens pragmatisch betrachtet nichts an dem Infektionsgeschehen in der Pandemie ändern würde und die ganze Angelegenheit vor allem zweitens strukturell zum Beispiel der Frage ähnelt, ob oder bloß wie weitgehend Huawei mit der chinesischen Führung kooperiert und daher als 5G-Infrastrukturlieferant für andere Staaten bedenklich wäre: Eine Aufklärung ist faktisch unmöglich in einem Land, das keine Rede-, Meinungs- und Pressefreiheit gewährt. Wer sollte da wie die Wahrheit herausfinden?

Zudem haben Trump und seine Administration bislang nicht den Eindruck vermittelt, sie seien am Wahrheitssuchen überhaupt interessiert. Im Gegenteil, während der Corona-Krise hat sich durch die zumindest zeitweise täglich abgehaltenen

Briefings des US-Präsidenten die Menge der von ihm verbreiteten Lügen, faktenbefreiten Behauptungen, Bezichtigungen, Schuldzuschreibungen, Ablenkungsmanöver, Spekulationen und gezielten Desinformation noch einmal gesteigert im Vergleich zu den Zeiten davor. Trump ist nichts anderes als ein Propagandist seiner selbst.

Er offenbarte vom Rednerpult des Press Briefing Room im Weißen Haus sein strategisches oder nur habituelles Desinteresse an der Wahrheit schlechthin, womöglich auch nur seinen erstaunlichen Mangel an intellektuellen Kapazitäten. Sein Verhältnis zur Wahrheit (so man sie als die verfügbare Menge objektiv richtiger Aussagen versteht, als gesichertes Faktenwissen) wirkt derart lose und arbiträr, dass man es wie alles andere bei Trump auch als *transactional* begreifen kann: Trump versteht die Wahrheit, so er überhaupt etwas versteht, scheinbar als potenzielle Verhandlungsmasse in einem nicht enden sollenden Prozess des *deal making*. Jeder neue Abschluss ist ein weiterer Triumph in einer Siegeserzählung.

Nur kann man mit einem Virus nicht verhandeln. Ende April hat die offizielle Zahl der an den Folgen einer Covid-19-Infektion in den USA Gestorbenen 50 000 überschritten; die Zahl der Infizierten dort nähert sich der Millionengrenze.

Das Virus lässt sich durchaus politisieren, und Trump versucht es verzweifelt, so wie die chinesische Führung unter Xi Jinping es auch tut in diesem neuesten Kapitel des aller Voraussicht nach auf lange Zeit hin wichtigsten geopolitischen Machtkampfes auf Erden zwischen der einen Großmacht, die diesen Status als zwischenzeitlich alleinige zu verteidigen versucht, und der aufstrebenden Supermacht China.

Der Widerstreit der zwei Mächte ist im Fall der Corona-Pandemie ein (bisher) rein symbolischer, der mit Propagandamitteln geführt wird und nicht mit Waffengewalt oder gegenseitigen wirtschaftlichen Zwangsmaßnahmen. Auf die Fakten lässt sich Desinformation aufsatteln, die offiziellen Infizierten- und Totenzahlen aus China etwa gelten im Gegensatz zu denen der USA als geschönt. Die Behauptung allerdings, die chinesischen Zahlen entsprächen nicht den Realitäten *on the ground*, ist auch nicht objektiv überprüfbar.

Umgekehrt ist die zwischenzeitliche Bezeichnung von SARS-CoV-2 als »Chinese virus« durch Donald Trump ein offenkundig rein politisches Manöver gewesen, den xenophobischen Teil seines beginnenden Wiederwahlkampfes vorzubereiten. Im Sinne Peter Pomerantsev' ist auch das nur *noise*, Propagandalärm, der den anderen Lärm übertönen soll, den der wachsenden Gewissheit, wie immens das Versagen der Trump-Administration im Kampf gegen das Virus war und ist. Während die chinesische Führung den anfänglich noch lokal auf die Provinz Hubei begrenzten Ausbruch des da neuen Coronavirus zu vertuschen versuchte, hat die US-Regierung offenkundig die Gefahr einer sich daraus entwickelnden Pandemie unterschätzt und fahrlässig dringend nötige Zeit zur Vorbereitung des eigenen Gesundheitssystems auf die Pandemie verstreichen lassen.

Mögen die Gründe und der Weg hin zu diesem jeweiligen Regierungsversagen auch völlig verschieden sein, mögen die beiden Staaten auch völlig verschiedene politische Systeme besitzen, möge das eine demokratisch verfasst, das andere autoritär geführt sein: Die Regierungsspitzen beider Staaten haben ihre Bereitschaft ausführlich demonstriert, die Wahrheit zu verschleiern.

Das für die Vereinigten Staaten von Amerika festzustellen, ist auch nach knapp dreieinhalb Jahren der Präsidentschaft Donald Trumps erschütternd.

Womöglich ist eine zumindest für dieses Buch entscheidendere Feststellung aber folgende: Durch die Corona-Pandemie wird die nahezu komplette Weltbevölkerung (außer Mathematikern, Statistikern, Epidemiologen und Zukunftsforschern, die haben damit ständig zu tun) mit der Praxis des Modellierens bekanntgemacht. Mit dem mathematischen Versuch, die Zukunft vorauszuberechnen.

In diesem Fall sind es Szenarien der wahrscheinlichen Ausbreitung einer Infektionserkrankung, die derart hochansteckend ist und lebensbedrohlich verlaufen kann, dass fast alle Regierungen der Welt darauf mit mehr oder weniger drakonischen Zwangsmaßnahmen reagiert haben und das öffentliche Leben in ihren jeweiligen Staaten eingeschränkt haben – um den Preis einer Einschränkung der in den meisten von ihnen geltenden Freiheitsrechten. Der Schutz der Gesundheit der Menschen und der jeweiligen Gesundheitssysteme vor einer zu erwartenden Überlastung durch die Zahl Schwererkrankter wurde zumindest vorübergehend als bedeutsamer erachtet als die vor allem ökonomischen Folgen eines Lockdown.

Mit diesen Maßnahmen haben die Regierungen nicht auf etwas Bestehendes reagiert, was sie je nach politischer Ausrichtung als Missstand identifiziert haben, die es zu korrigieren galt, wie das weit üblicher wäre zumindest in Demokratien. Die Regierungen haben gehandelt in Vorbereitung auf etwas, das mit einer nicht einmal genau zu fassenden Wahrscheinlichkeit in einem nicht exakt zu beziffernden Ausmaß eingetreten wäre, wären sie nicht aktiv geworden.

Die Regierenden rechtfertigen ihr Tun also mit Prognosen, und ähnlich wie bei denen zum Klimawandel führt das zu Begründungsnöten: Bei etwas, das noch nicht da ist (oder im Fall des Klimawandels nicht oder noch nicht letztgültig zuzuordnen ist als Symptom eines größeren Zusammenhangs), lässt sich nicht belegen, dass es auch wirklich wie vorhergesagt kommen wird. In dieser Ausgangslage ist Leugnen möglich, selbst wenn dies völliges Ignorieren eindeutiger Vorboten bedeutet: Wie es Leugner des Klimawandels schon lange gibt, gibt es nun auch Leugner der Gefahren der Pandemie. Ebenso möglich, aber sogar nötig ist ein ideologischer, parteipolitischer oder philosophischer Streit über die Güterabwägung, die dem Regierungshandeln zugrunde liegt.

Zwar gilt vorausschauendes Agieren der Exekutive in sogenannt normalen Zeiten als vorbildlich. Doch hat das üblicherweise nicht derart weitreichende Konsequenzen für den Alltag und die mutmaßlichen künftigen wirtschaftlichen Verhältnisse von Menschen wie nun unter den Bedingungen der Pandemie. Die nähere Zukunft ganzer Gesellschaften fußt auf nichts als probalistischen Annahmen, auf epidemiologischen Modellrechnungen.

Die müssen zudem laufend korrigiert und dem tatsächlichen, statistisch laufend weiter erfassten Infektionsgeschehen angepasst werden – ohne dass notwendigerweise die Voraussagequalität besser wird. Es besteht in diesem Augenblick immer noch die reale Möglichkeit, dass manche Annahmen mancher Modelle sich als derart falsch erweisen könnten, dass die Modelle als Ganzes unbrauchbar würden. Eine Pandemie, die durch ein neues Virus ausgelöst wurde, das erst noch genau erforscht werden muss und auf das mit beispiellosen Maßnahmen reagiert wurde, stellt auch insofern einen dynamischen Prozess dar, als dass die Grundlagen aller Prognosen permanent infrage stehen.

Beim mathematischen Modellieren der Ausbreitung einer Infektionskrankheit wird mit einer vergleichsweise überschaubaren Menge an bekannten Unbekannten hantiert. Das ist die eigentlich recht unkomplizierte Grundvoraussetzung: Die Parameter sind klar, es gibt keine unbekannten Unbekannten, die Epidemiologen total überraschen könnten. Im Prinzip müssen diese die Variablen nur immer weiter mit bestenfalls zunehmend exakter werdenden Werten füllen. So lässt sich etwa die Höhe der Reproduktionszahl des Virus errechnen, mit dem Infizierte ihn an zuvor Nichtinfizierte weitergeben, oder die Entwicklung der Immunität innerhalb einer Population.

Deren Altersstruktur, durchschnittliche Lebenserwartung und grundsätzlichen Gesundheitszustand über alle möglichen Vorerkrankungen hinweg kennt man in einem modernen, funktionstüchtigen Staat. Durch die medizinische Beobachtung der Erkrankten lassen sich auch bei einem neuen Virus relativ rasch Symptomatiken der Erkrankung sowie Faktoren ermitteln, die Einfluss auf die Schwere des Krankheitsverlaufs haben könnten, wie etwa Alter, Geschlecht, spezifische Vorerkrankungen.

Die medizinische Beobachtung liefert nach und nach auch weitere Antworten auf erwartbare Fragen. Wie hoch ist der Anteil der Patienten, die bei üblicher Abwägung einer stationären Behandlung bedürfen? Welche Behandlungsmethoden werden dort notwendig? Wie lange dauert es, bis die Patienten als geheilt gelten und das Krankenhaus wieder verlassen können? Wie hoch ist womöglich aber doch die Sterberate? Und woran genau sterben die Betroffenen?

Bei einem neuen Virus sind jedoch noch weitere bekannte Unbekannte zu ermitteln, und weil es dann doch viele sind, ist die Vorausberechnung des nur wahrscheinlich eintretenden Infektionsgeschehens so schwierig. Per Rückverfolgung ließ sich beim neuen Coronavirus immerhin recht rasch ermitteln, dass üblicherweise einige Tage zwischen der Ansteckung und dem Auftreten erster Krankheitssymptome vergehen. Diese Tatsache, dass also Infizierte unwissentlich das Virus weitergeben können in dieser Zeit, ist letztlich der stichhaltigste Grund für das Erlassen von Ausgehbeschränkungen und Kontaktsperren: Man muss die Menge der Menschen begrenzen, denen Infizierte zu nahe kommen können.

Doch wie nah ist zu nah? Geben Menschen verschiedener Altersgruppen womöglich das Virus stärker weiter als andere, sind etwa Kinder weniger ansteckend als Erwachsene? Hilft das Tragen von Atemmasken in der Öffentlichkeit gegen eine Weiterverbreitung des Virus, hat das also auch statistisch einen Effekt, und wie groß ist er? Wie genau verläuft eigentlich die Ansteckung? Wie verbreitet sich das Virus in geschlossenen Räumen, wie lange »überlebt« es auf Oberflächen, die Menschen gewohnheitsmäßig berühren? Schaden ihm Wärme, Trockenheit, ganz grob frische Luft wirklich, und wenn ja, dann wie sehr? Könnte schon der herannahende Sommer in der nördlichen Hemisphäre deshalb ein gleichsam natürlicher Gegner des Virus sein? Wie hoch ist die Dunkelziffer der nicht getesteten Infizierten, wie hoch ist der Anteil derjenigen unter ihnen, die womöglich symptomfrei blieben? Wie wirken sich kulturelle Gewohnheiten (etwa Begrüßungsküsse) auf die Verbreitung des Virus aus, wie hoch ist die Mobilität von Menschen, welche Transportmittel benutzen sie, wie beengt oder großzügig wohnen sie, wie vielen anderen Menschen begegnen sie auf welche Weise in einem früher normalen Alltag?

Das sind nur einige Fragen, die sich in Parameter übersetzen lassen in einem Modell. Die Modellierer müssen sich dann entscheiden, ob sie diese Parameter als Variablen in ihre Berechnung aufnehmen (und deren Wert meist schätzen auf Basis vorläufiger Daten) – oder ob sie sie als vernachlässigbar oder nicht berechenbar schlicht weglassen.

Zu Letzterem tendieren etwa die Modellierer am Institute for Health Metrics and Evaluation (IHME) der University of Washington. Deren Modell des mutmaßlichen weiteren Verlaufs des Infektionsgeschehens in den USA wird von Vertretern des Weißen Hauses häufig zitiert, vermutlich weil die Prognosen zu Todeszahlen im IHME-Modell deutlich niedriger ausfallen als die bei anderen Modellen. Die Modellierer des Imperial College London haben gleich zu Beginn der Pandemie verschiedene Szenarien entworfen, mit denen sich das Coronavirus weiter ausbreiten könnte, je nachdem, welche Maßnahmen Regierungen ergreifen könnten oder eben nicht.

Alle wesentlichen Modellierer in den USA (etwa noch die der Columbia und der Northeastern University) geben zum Zeitpunkt der Niederschrift dieser Zeilen nur noch Prognosen auf Basis darauf ab, dass die staatlichen Maßnahmen zum Social Distancing weiter gelten werden – während in den USA genauso wie in Deutschland längst um Lockerungen nicht nur gestritten wird, sondern bereits erste gelten. Die Modellierung des Sozialverhaltens einer ganzen Population scheint den Mathematikern zu heikel zu sein: Die Ungewissheit über die eigene Datenlage und die Genauigkeit des eigenen Modells, die in all ihren Berechnungen eingepreist ist, wüchse in dem Moment der Rückkehr in eine relative Normalität geradezu ins Unkalkulierbare.

Und mehr als wenige Wochen in die Zukunft reichen die meisten Modelle auch nicht. Die Prognostiker fahren ebenso auf Sicht, wie es beispielsweise der Bundesregierung unter Angela Merkel nachgesagt wird in diesen Tagen.

So aber werden alle Pläne nichtig, die man als Mensch üblicherweise haben kann und die über den Tag oder ein paar Wochen hinwegweisen. Die Corona-Krise ist darum auch eine Krise des Vertrauens darin, dass es immer weitergeht. Für einen selbst wenigstens bis zum eigenen Tod (nur religiöse Menschen sind sich sicher, dass es auch darüber hinaus für sie weitergehen wird, in anderer Form).

Wenn da aber nichts ist, womit man planen kann, worauf man realistischerweise hinleben kann, ein Ziel, dann ist die mindestens vorübergehende Abwesenheit von Zukunft auch als individueller Vorstellung für einen selbst eine existenzielle Krise.

Statt von der Zukunft zu erzählen, ist es viel naheliegender gerade, an die Vergangenheit zu denken. An das, was man immer schon verloren glaubt, dessen Verlust aber einstweilen umso mehr schmerzt. Es geht gerade nicht nach vorn – aber es ging noch nie zurück.

Jeden Tag stehe ich zu Hause am Fenster und bemerke aufs Neue, wie klein mir (und allen anderen) der Bildausschnitt der Welt geworden ist. Der Grünstreifen da vorn, die Jogger morgens und abends auf dem Gehweg, die spazierenden Familien, die Straßenbahn, die in diesem Bild gerade das Verkehrsmittel ist, das wohl den längsten Weg zurücklegt. 37 Minuten laut Linienplan von Anfang bis Ende.

Und der blaue Himmel oben, der ist so unfassbar leer. Keine Kondensstreifen. Rechts hinten, da kann man sie sonst ganz kurz sehen, die Flugzeuge kurz nach dem Start oder vor der Landung. Gerade auch noch einmal im Netz geprüft: elf Abflüge nur noch von Berlin-Tegel, an einem ganzen Tag. Frankfurt, München, Frankfurt, Amsterdam, London, Sofia, Frankfurt, München, Zürich, Helsinki, Doha. Doha? Immerhin, das klingt wenigstens nach weit weg. Aber ich wollte noch nie nach Doha. Will irgendwer nach Doha gerade?

Die Welt ist brutal zusammengeschrumpft, selbst diejenige, die Flugzeuge theoretisch noch erreichen können. Aber ließen sie einen am Zielflughafen noch ins Land, was immer das auch für ein Land sein möge? Das Auswärtige Amt verlängert die geltende weltweite Reisewarnung für touristische Reisen immer weiter, im Moment gilt sie bis Mitte Juni 2020. Kaum anzunehmen, dass die bald danach ganz aufgehoben wird. Reisen, die Sache, mit der wir in den vergangenen Jahren und Jahrzehnten unsere Idee von Freiheit vielleicht mehr verbunden haben als mit jeder anderen; Reisen, das den Kern der Erzählung dieses Buchs ausmachen sollte – Reisen geht nicht mehr. Wir sitzen fest. Wie bei so vielem in Corona-Tagen: auf unbestimmte Zeit.

Selbstverständlich könnte ich jetzt einen Flug nach Los Angeles buchen, nach Kalifornien, wo die amerikanische Frontier einst ins Vertikale strebte, nach oben, in die Zukunft des Weltraums. Ab 479 Euro hin und zurück, einmal Umsteigen, kommende Woche. Also: Berlin-LAX. So kurz vor dem sogenannten Reisedatum war das noch nie so billig. Die Frage ist bloß, wie weit man käme, nicht nur angesichts des US-Einreiseverbots für EU-Bürger. Und wo man in Los Angeles überhaupt wohnen sollte. Oder irgendwo sonst auf der Welt.

Noch ein letztes Mal im Netz gecheckt, dieser nun wirklich virtuellen Verbindung in die Ferne, die gerade nur in unseren Gedanken, in unseren Erinnerungen existiert, aber man soll ja nie aufhören zu träumen: Auf der Website des *Chateau Marmont*, dieser wunderschönen, fantastisch teuren, filmberühmten Hotelburg am Sunset Boulevard, kann man derzeit keine

Zimmer buchen. Da ist einfach kein Reiter mehr oben auf der Seite, wo »Book a room« oder Ähnliches stünde und dann ein Monatskalender, Mai 2020, Juni 2020 und so weiter.

Auf chateaumarmont.com geht es gerade nur zum Onlineshop, in dem man Hotelsouvenirs bestellen kann, Erinnerungsstücke für eine nicht angetretene Reise: einen Logo-Bademantel für 250 Dollar zum Beispiel, eine Duftkerze »Chateau Marmont Alessandra Wandle« für 65 Dollar. Die Erlöse, steht da, sollen gerecht unter den ehemaligen Angestellten aufgeteilt werden, die wegen der Pandemie kürzlich entlassen wurden. »The Chateau Marmont's signature fragrance of spicy night-blooming flowers with a hint of vanilla is hard to forget«, so beginnt die Verkaufsbeschreibung der Kerze, und es stimmt, der würzige Geruch, an den erinnere ich mich tatsächlich, dieser Duft ist ziemlich unvergesslich. Eine Nacht habe ich einmal im *Chateau Marmont* verbracht, mehr konnte ich mir nicht leisten. Das ist Jahre her. Ich hatte da immer hingewollt, in dieses Hotel.

Die Touristikindustrie hat in den vergangenen Jahrzehnten einen ungeheuren Boom erlebt, die Wachstumskurven gingen fast durchgängig so steil nach oben wie Flugzeuge beim Start. Den einzigen echten Rückgang bei der wichtigen Kennzahl der weltweiten *international tourist arrivals* – der Ankünfte im Jahr von Menschen, die mindestens eine Nacht in einem fremden Land verbringen – gab es im Jahr der Finanzkrise 2009, minus vier Prozent. Ansonsten: plus vier, fünf, sechs, sieben Prozent, jedes Jahr.

Im monatlich erscheinenden Tourismusbarometer der UNWTO, der Welttourismusorganisation der Vereinten Nationen, stand für Januar 2019 noch ein seltsam jubilierender Satz: Die internationalen touristischen Ankünfte weltweit hätten 2018 die Zahl 1,4 Milliarden erreicht, »zwei Jahre vor den Prognosen«. Die Ausgaben für touristische Reisen ins Ausland stiegen damals in manchen Ländern wie irre, Russland plus 15 Prozent, Frankreich plus zehn Prozent, Australien plus neun Prozent, USA plus sieben Prozent, und alles von meist auch vorher schon hohen Ausgabenniveaus.

Nun kommen die Organisationen, die solche Zahlenwerke errechnen, gar nicht mehr hinterher damit, ihre Prognosen abzusenken. Ende März rechnete die Internationale Luftverkehrs-Vereinigung IATA noch mit einem Corona-bedingten Umsatzrückgang der Airlines bei den Passagiererlösen von weltweit 252 Milliarden US-Dollar für 2020 im Vergleich zum Vorjahr, das wären 44 Prozent gewesen. Am 14. April veröffentlichte die IATA ihre nächste, schon vierte neue Prognose seit Beginn der Pandemie, die neue Vorhersage lautet minus 314 Milliarden Dollar, minus 55 Prozent. Der Generaldirektor der IATA ließ sich dazu mit den Worten zitieren: »Die Aussichten der Industrie verdüstern sich mit jedem Tag.«

Ende März warnte die UNWTO, die internationalen touristischen Ankünfte könnten weltweit um 20 bis 30 Prozent sinken in diesem Jahr. Im Update vom 17. April stand längst, man gehe davon aus, die Prognosen weiter verändern zu müssen.

Wer jetzt seinen Sommerurlaub noch nicht storniert hat, wer jetzt noch eine Reise plant oder gar bucht für die kommenden Monate, für den Rest des Jahres, vielleicht noch viel länger – der weigert sich, die neue Wirklichkeit zur Kenntnis zu nehmen.

Es gibt viele Erzählungen vom Verlust, die davon handeln, was wir alles derzeit nicht mehr dürfen, sollen, können. Der faktische Verlust der Reise- und Bewegungsfreiheit ist zumindest emotional einer der schwerwiegendsten.

Das große Versprechen der Touristikindustrie an uns alle, ob wir in normalen Zeiten nun das Geld dafür hatten oder nicht, lautete ja: Ein anderes Leben ist möglich, zumindest für ein paar Tage, ein paar Wochen im Jahr, vielleicht sogar für den Rest des bis dahin werktätig verbrachten Lebens. Und am Ende, am Abend vor der Abreise, standen wir am Strand, schauten aufs Meer und fragten uns selbst oder vielleicht sogar den Menschen, der neben uns stand: »Warum ist das hier nicht unser eigentliches Leben? Warum bleiben wir nicht einfach hier?« Am Morgen saßen wir dann im Flugzeug zurück in die Heimat.

Urlaub in diesem Sinne, der eine Pause vom Schaffen darstellen soll und letztlich der Regeneration der eigenen körperlichen wie geistigen Arbeitskraft im anderen, eben doch eigentlichen Leben in Deutschland dient, ist in den vergangenen Jahren als Reiseideal und angestrebter Sozialstatus in der Fremde allerdings weitgehend abgelöst worden: Der Tourist ist jetzt ein Traveller.

Der ist entfernt verwandt mit den viel älteren Stereotypen des Abenteurers oder gar Eroberers, wobei sich der zeitgenössische Traveller selbstverständlich seiner postkolonialen Verantwortung bewusst glaubt. Man bringt den Fremden (ergo: Wilden) nicht mehr die Zivilisiertheit, man bringt auch nicht bloß Geld vorbei, das gerade häufig nicht, wenn's billig sein soll, und das soll es ja eigentlich immer sein. Nein, man hilft nun der örtlichen Wirtschaft dabei, die Nachhaltigkeit zu erreichen, die man selbst zu Hause in Deutschland leider nicht hinbekommt.

Man macht keinen Urlaub mehr, man reist, wenn möglich gar permanent, 'cause life is a journey, der Weg ist das Ziel, blabla, und das hat auf Instagram auch super auszuschauen. Auch dafür reist man ja, für die geilen Bilder. Ob von einem Infinity Pool über den Dächern von (hier den Namen irgendeiner

Superstadt eintragen) oder von einer Hikingtour hart am Rande des Hindukusch, das ist selbstverständlich egal.

Solange die sensible Balance zwischen Gerade-abenteuerlich-genug-aber-noch-mit-fließend-Wasser-bitte und Ach-da-waren-alle-meine-Freunde-und-Freundinnen-schon-aber-ich-mache-trotzdem-Fotos gewahrt bleibt. Der unauflösbare innere Widerspruch unserer Reisetätigkeit zuletzt war, dass sie massentouristisch organisiert war und sein musste, weil so unfassbar viele Menschen unterwegs waren, aber alles individualtouristisch aussehen sollte.

In diesem Sinne war das Kurzzeitbeschmuddeln fremder Gastgeberbetten von Airbnb nur die Pseudoprivatisierung der Hotellerie. Letztere gibt nur offen zu: In unseren Betten liegen wirklich fast jede Nacht andere Leute, weil es so gedacht ist, dafür werden diese Kingsize-Schlafmöbel gebaut, und unser Zimmerservice sorgt dafür, dass alles stets so wirkt, als habe noch nie jemand zuvor in diesen Betten genächtigt.

Hashtag Latergram.

Doch man war und ist nie der Erste. Und man wäre jetzt nur sehr theoretisch gern der Letzte. Die Geschichten der auf der ganzen Welt in der Fremde Gestrandeten, vor Einführung der Reisebeschränkungen nicht mehr Heimgekommenen sind nur einen halben Gedanken lang schön. Diese Menschen stecken wie in einer Zeitfalle fest, nicht in Ferien für immer, sondern im Murmeltiertag gecancelter Flüge, stillgelegter Fährverbindungen, des Nichtfortkommens. Gefangen im Niemandsland, aber immerhin auch auf Instagram.

Dort posten viele zwangsweise daheim in Deutschland Bleibende wiederum gerade alte Urlaubsfotos, der Hashtag Latergram für nachgeschobene Bilder längst vergangener Geschehnisse wird langsam zu einem quälenden Memento. Man mag den Postenden sogar unterstellen, dass sie die Fotos gar nicht so sehr für die anderen herauskramen, um ihnen zu zeigen, wo sie früher einmal überall waren auf der Welt. Sondern dass sie es eher für sich tun. Damit sie ihre eigenen Erinnerungen nicht vergessen und nicht irgendwann für Erfindungen halten eines Geistes, der in der Isolation langsam verrückt zu spielen beginnt.

Der letzte Rest an Spott übers Reisen und die Reisenden vergeht einem spätestens auf den Spaziergängen und Radtouren durch die Nachbarschaft, Corona hat unseren Bewegungsradius geradezu in jenen der Bewohner des späten 19. Jahrhunderts zurückversetzt. Jetzt streifen wir durch die gar nicht mehr so leeren Straßen der Städte, gern abends, wenn man weniger Leuten aus dem Weg gehen oder fahren muss, anstands- und abstandshalber als am Tage; wir streifen ziellos umher, denn es gibt ja kein Ziel mehr, an dem man anhalten könnte, also gehen und fahren wir immerzu im Kreis; und die einzigen Gebäude, deren Fenster kein Licht hinaus auf die Straßen wirft, sind die der Hotels und Hostels. Die dunklen Augen der Hotelzimmerfenster sind der wohl traurigste Anblick, den man (außer in den Krankenhäusern) in Städten gerade finden kann. Niemand da, alle weg.

Was wird aus diesen Orten, von denen zum Beispiel in der deutschen Reisehauptstadt Berlin in den vergangenen Jahren so viele neu entstanden sind? Das ist der erste temporäre Leerstand, für den bislang niemandem hier eine geeignete Zwischennutzung eingefallen ist. Wie lange stehen die Hotelketten ebenso wie die Privatbesitzer der Hostels das finanziell durch? Sosehr die Einheimischen auch auf die Touristen geschimpft haben mögen, als sie vermeintlich noch alles verstopften und die Schlange vorm Berghain ins Dinosaurierhafte verlängerten:

Nun da sie fort sind, ist die Stadt eine andere. Sie ist auf sich selbst zurückgeworfen, und das ist für Berlin und seine Bewohnerinnen und Bewohner wahrhaftig kein guter Zustand. Und wir Einheimischen (sprich: meist irgendwann Zugezogenen) wissen nicht, wann oder wie oder ob überhaupt wir hier wieder wegkommen.

»You're grounded« sagen in amerikanischen Filmen gerne Eltern, wenn sie ihren Kindern Hausarrest erteilen. Dieses Sprachbild spielt auf das Flugzeug an, das nicht abheben darf. Wir alle sind nun grounded, die Staaten der Welt haben nicht nur Hausarrest, sondern mit ihren Grenzschließungen und Reisebeschränkungen auch Immobilität über uns erlassen, und unsere eigene Vernunft sagt, dass es wohl das Beste für uns ist. Niemand möchte krank sein oder krank werden in der Ferne, egal wo das eigene Zuhause auch sei und wie gut dort die Gesundheitsversorgung. Und die Transitorte, durch die man beim Reisen hindurchkommt – Flughäfen und Bahnhöfe, Flugzeuge und Züge, Hotels und Restaurants, Absteigen und Kneipen –, sind Orte der menschlichen Zusammenballung und physischer Distanzlosigkeit. Demnach: Virenverteilstationen. Und unsere Körper sind die potenziellen Boten des Virus, nicht nur dessen potenzielle Opfer.

Alles verstanden. Doch die Gewissheit in all der Ungewissheit ist nur schwer erträglich, dass Reisen eine der letzten Freiheiten ist, die wir zurückerlangen werden. Es ließe sich nun psychologisch und – Hallo! – kapitalismuskritisch ergründen, warum das Reisen dem zeitgenössischen Menschen so viel wert zu sein scheint. Ob es nicht verdeutliche, wie ausdauernd er auf der Flucht vor seinem angeblichen Selbst sei oder vor den vermeintlich falschen Lebensumständen, in denen er entfremdet sein Dasein in der Knochen- und Hirnmühle des stets vorschnell spätkapitalistisch genannten Systems friste.

Nun also, ginge diese Erzählung weiter, hocken wir stillgelegt in den vier Wänden und werden, so ein Mist, uns der Vergeblichkeit all dessen gewahr, des Abstrampelns für nichts und wieder nichts, unseres Seins zum Tode, wie es nun aus uns herausheideggern müsste … Wenn wir nicht schon wieder etwas auf Twitter über uns selbst posten würden, eine neue Beobachtung, die alle anderen auch gerade an sich machen. Wenn so viele (aber nicht alle) Leute wie derzeit das exakt Gleiche erleben in ihren eigenen Wohn- und Schlafzimmern, nämlich nichts Erhebliches, wird einem auch wieder klar, dass das Reisen einfach ein sehr guter Gesprächsstoff ist: Man hat etwas Aufregendes erlebt, wovon man berichten kann!

Anderswo als zu Hause ist es außerdem auch wahnsinnig schön, deshalb fährt man ja dorthin. Der Bildungserfolg des Reisens kann auch ein sehr persönlicher sein. Was man ist, wird sichtbarer erst im Widerschein dessen, was man nicht ist, in der Differenz zum Anderen. Das erfährt man gut, wo man nicht herkommt.

Und wo man möglicherweise auch gar nicht hingehört. Denn jeder und jede Vernunftbegabte weiß selbstverständlich, dass Reisen ein Klimakiller ist und eine Zerstörung von Landschaften, Natur, Ressourcen bedeutet. Dass das Reisen so wie zuletzt jedenfalls nicht weitergehen kann, wenn die Pandemie erst einmal vorüber ist, muss uns allen bewusst sein.

Trotzdem bleibt das Fernweh, selbst wenn es sich nun nicht mehr aus der Möglichkeit des Verreisens speist, sondern aus der Erinnerung. Was einmal war, wo man einmal war, wer man glaubt, damals gewesen zu sein – und was es mit einem angestellt hat.

Der Sonnenuntergang im Mekong-Delta, auf diesem Kutter in einem Nebenarm des Flusses, die Mangroven dunkel und schwer. Der Sonnenaufgang oben im Mittelgebirge des Shan State in Myanmar, wie der Nebel in den Tälern unten festhing und der nächste Gedanke war, ob man auch heil wieder zurück über die grüne Grenze nach Thailand kommen würde. Das gewaltige Stimmengewirr der Muezzingesänge in der Dämmerung Karatschis. Das fünf Tage und Nächte während Hochzeitsfest auf der Straße direkt vor dem Hotel in Bhopal und die Frage, wie irgendjemand bei ohrenbetäubendem Trommeln einschlafen sollte. Das Morgengrauen nach einer durchtanzten Nacht auf Ibiza und die ins Ohr geflüsterte Frage, ob man noch mitkomme zu dem Privathaus dieses DJs, da gebe es einen Pool. Das Geräusch der Brandung in den leeren Hamptons an einem frühen Morgen am Ende des Winters, total allein, total pleite, aber, na klar: glücklich. Der Augenblick, als man an einem eigentlich egalen Morgen auf dem Sunset Boulevard unterm kalifornischen Blau des Himmels kurze Zeit dieses Gefühl hatte, jetzt einverstanden zu sein im Ganzen, mit dem Ganzen, und das Gefühl ungefähr drei Minuten später wieder verlor.

Alles bloß Traveller-Geschichten. Alles nur Erinnerungen. Aber alles auch unvergesslich. Alles nur möglich auf Reisen. Der Himmel zu Hause ist bloß blau und leer. Der hilft einem nicht weiter.

Die Zukunft ist nicht da und ist doch da, die ganze Zeit, da vorn, vor uns, sie wird einfach nie weggehen, die Zukunft, so wenig wie die Vergangenheit und die Gegenwart, und die Zeit wird immer ein Feind bleiben, weil sie uns entgleitet, so wie uns ein nasser Fisch aus den Händen glitscht, und nie ist genug davon da, von dieser verdammten Zeit. Solange sie kein Ende hat.

– Ende –

LITERATURNACHWEISE

CUPERTINO

Eggers, Dave, *The Circle*, Knopf, New York, 2013. Deutsche Erstausgabe: *Der Circle*, Kiepenheuer & Witsch, Köln, 2014

Peitz, Dirk, »Bloß drei iPhones und kein weiteres großes Ding«, *Zeit Online*, 13.09. 2018. https://www.zeit.de/digital/mobil/2018-09/apple-iphone-xs-max-xr-dual-camera-a12-keynote

»Steve Jobs Presents to the Cupertino City Council (6/7/11)«, Youtube, Kanal: City of Cupertino, https://www.youtube.com/watch?v=gtuz5OmOh_M

Levy, Steven, »One More Thing: Inside Apple's Insanely Great (Or Just Insane) New Mothership«, *Wired US*, 07.06.2017. https://www.wired.com/2017/05/apple-park-new-silicon-valley-campus/

Isaacson, Walter, *Steve Jobs*, Simon & Schuster, New York, Copyright 2011 by Walter Isaacson, Epilogue copyright 2013 by Walter Isaacson

Easton Ellis, Brett, *Glamorama*, Knopf Doubleday Publishing Group, New York, 1998

»Is Apple's iPad Copied From ›2001: A Space Odyssey‹?«, *The Hollywood Reporter*, 25.08.2011. https://www.hollywoodreporter.com/thr-esq/is-apples-ipad-copied-2001-227700

»2004 Microsoft SPOT Watch Smartwatch Review«, *Wear.Guide*, 11.03.2013. https://wear.guide/smartwatches/2004-microsoft-spot-watch-smartwatch/

»Facebook Reports Fourth Quarter and Full Year 2018 Results«, 30.01.2019. https://investor.fb.com/investor-news/press-release-details/2019/Facebook-Reports-Fourth-Quarter-and-Full-Year-2018-Results/default.aspx

»Alphabet Announces Fourth Quarter and Fiscal Year 2018 Results«, 04.02.19. https://abc.xyz/investor/static/pdf/2018Q4_alphabet_earnings_release.pdf

»Amazon Annual Report 2018«, 31.01.2019. https://ir.aboutamazon.com/static-files/0f9e36b1-7e1e-4b52-be17-145dc9d8b5ec

Apple Inc. 10-K Fiscal Year 2018, 05.11.2018. https://s2.q4cdn.com/470004039/files/doc_financials/2018/q4/10-K-2018-(As-Filed).pdf

MENLO PARK

Pet Shop Boys, *Behaviour*, Parlophone / EMI, 1990

Easton Ellis, Brett, *Glamorama*, Knopf Doubleday Publishing Group, New York, 1998

https://about.fb.com/company-info/ (Beschäftigtenzahl Facebook)

Rosenberg, Matthew, Confessore, Nicholas, Cadwalladr, Carole, »How Trump Consultants Exploited the Facebook Data of Millions«, *New York Times*, 17.03.2018. https://www.nytimes.com/2018/03/17/us/politics/cambridge-analytica-trump-campaign.html

Cadwalladr, Carole, Graham-Harrison, Emma, »Revealed: 50 million Facebook profiles harvested for Cambridge Analytica in major data breach«, *The Observer/Guardian*, 17.03.2018. https://www.theguardian.com/news/2018/mar/17/cambridge-analytica-facebook-influence-us-election

Davies, Harry, »Ted Cruz using firm that harvested data on millions of unwitting Facebook users«, *The Guardian*, 11.12.2015. https://www.theguardian.com/us-news/2015/dec/11/senator-ted-cruz-president-campaign-facebook-user-data

Grassegger, Hannes, Krogerus, Mikael, »Ich habe nur gezeigt, dass es die Bombe gibt«, *Das Magazin, Tagesanzeiger*, Nummer 48/2016, 03.12.2016. Aktualisierte Fassung, 20.03.2018. https://www.tagesanzeiger.ch/ausland/europa/diese-firma-weiss-was-sie-denken/story/17474918

Morozov, Evgeny, *The Net Delusion: The Dark Side of Internet Freedom*, PublicAffairs, New York, 2011

Lanier, Jaron, *Ten Arguments for Deleting Your Social Media Accounts Right Now*, Henry Holt and Co., New York, 2018

Klein, Ezra, »The Ezra Klein Show: How Technology brings out the worst in us«, 19.02.2018. https://www.stitcher.com/podcast/vox/the-ezra-klein-show/e/53379049

Lobo, Sascha, »Facebook, die erste vernetzte Gefühlsmaschine«, *Spiegel Online*, 11.04.2018. https://www.spiegel.de/netzwelt/web/sascha-lobo-kolumne-was-facebook-wirklich-ist-a-1202360.html

Apuzzo, Matt, LaFraniere, Sharon, »13 Russians Indicted as Mueller Reveals Effort to Aid Trump Campaign«, *New York Times*, 16.02.2018. https://www.nytimes.com/2018/02/16/us/politics/russians-indicted-mueller-election-interference.html

Stamos, Alex, »Authenticity Matters: The IRA Has No Place on Facebook«, Facebook, 03.04.2018. https://about.fb.com/news/2018/04/authenticity-matters/

U.S. Department of Justice: »Report On The Investigation Into Russian Interference In The 2016 Presidential Election«, Special Counsel Robert S. Mueller III., März 2019. https://www.justice.gov/storage/report.pdf

United States Elections Project: »2016 November General Election Turnout Rates« http://www.electproject.org/2016g

Twitter Public Policy: »Update on Twitter's review of the 2016 US election«, 19.01.2018. https://blog.twitter.com/en_us/topics/company/2018/2016-election-update.html

Singer, Peter, Emerson, W., Brooking, T., *LikeWar: The Weaponization of Social Media*, Eamon Dolan / Houghton Mifflin Harcourt, Boston, 2018

Pomerantsev, Peter, *This Is Not Propaganda: Adventures in the War Against Reality*, PublicAffairs, New York, 2019

Hall, Sam, »Here's a First Look Inside Facebook's New Frank Gehry-Designed Office«, Bloomberg, 04.09.2018. https://www.bloomberg.com/news/pho to-essays/2018-09-04/here-s-a-first-look-inside-facebook-s-new-frank-gehry-designed-office

Jamieson, Kathleen Hall: *Cyberwar: How Russian Hackers and Trolls Helped Elect a President – What We Don't, Can't, and Do Know*, Oxford University Press, New York, 2020 (erweiterte Taschenbuchausgabe)

Peitz, Dirk, »Libertär, gegen den Staat und grundsätzlich rücksichtslos«, *Zeit Online*, 27.03.2018. https://www.zeit.de/kultur/2018-03/facebook-mark-zu ckerberg-social-network-cambridge-analytica-krise

Martínez, Antonio García, Chaos Monkeys: *Obscene Fortune and Random Failu re in Silicon Valley*, Harper, 2016

Milton, John, *Paradise Lost: A Poem Written in Ten Books*, London, 1667

SAN MATEO

Cook, Tim, Keynote, September Event 2018, Apple. Zit. nach https://www.you tube.com/watch?v=wFTmQ27S7OQ

»Remarks of President Donald J. Trump – Inaugural Address«, 20.01.2017. https://www.whitehouse.gov/briefings-statements/the-inaugural-address/

Turner, Frederick J., »The Significance of the Frontier in American History«, in *Annual Report of the American Historical Association*, 1893, S. 197-227. https:// www.historians.org/about-aha-and-membership/aha-history-and-archives/ historical-archives/the-significance-of-the-frontier-in-american-history

Kennedy, John F., »Democratic National Convention Nomination Acceptan ce Address: The New Frontier«, 15.07.1960. Memorial Coliseum, Los An geles. Zit. nach https://www.americanrhetoric.com/speeches/jfk1960dnc. htm

Kennedy, John F., »Moon Speech«, 12.09.1962. Rice Stadium, Houston. Zit. nach https://er.jsc.nasa.gov/seh/ricetalk.htm

Springsteen, Bruce, »Born to Run«, Columbia Records, 1975. Lyrics zit. nach https://genius.com/Bruce-springsteen-born-to-run-lyrics

Clarke, Arthur C., »Peacetime Uses for V2«, *Wireless World*, Ausgabe Februar 1945. http://lakdiva.org/clarke/1945ww/

Die Rückkehr der Jedi-Ritter (Originaltitel: *Return of the Jedi*), Regie: Richard Marquand, Produktionsfirma: Lucasfilm, Vertrieb: 20th Century Fox, Er scheinungsjahr (Kino): 1983

Der Blade Runner (Originaltitel: *Blade Runner*), Regie: Ridley Scott, Produktionsfirmen: The Ladd Company / Shaw Brothers / Blade Runner Partnership, Vertrieb: Warner Bros., Erscheinungsjahr (Kino): 1982

Dick, Philip K., *Do Androids Dream of Electric Sheep?*, Doubleday, 1968. Deutsche Neuausgabe: *Träumen Androiden von elektrischen Schafen?*, Haffmans Verlag, 1993.

Krieg der Sterne (Originaltitel: *Star Wars*), Regie: George Lucas, Produktionsfirma: Lucasfilm, Vertrieb: 20th Century Fox, Erscheinungsjahr (Kino): 1977

Lucas, George über R2-D2, zit. nach *Star Wars* (1977), Region 2 DVD release (2004). Audiokommentar, 00:14:44-00:15:00

Gibson, William, *Neuromancer*, Ace, New York, 1984. Deutsche Ausgabe: *Die Neuromancer-Trilogie: Neuromancer / Biochips / Mona Lisa Overdrive*, Rogner & Bernhard bei Zweitausendeins, Berlin, 1996

Vinge, Vernor, *True Names*, Dell Publishing, New York, 1981.

Buck Rogers, als »Anthony« erstmals in: Philip Francis Nowlan, »Armageddon 2419 A.D.«, *Amazing Stories*, Ausgabe August 1928. Als Comic-Syndizierung ab 1929 über John F. Dille Company. Zit. nach Garyn G. Roberts, »Buck Rogers«, in Ray B. Browne and Pat Browne, »The Guide To United States Popular Culture«. Bowling Green State University Popular Press, 2001

Black Mirror, Executive Producers: Annabel Jones und Charlie Brooker, Produktionsfirmen: Zeppotron / House of Tomorrow, Vertrieb: Endemol Shine UK, Streaming-Plattform: Netflix

Hume, David, *A Treatise of Human Nature*, Neuausgabe: Clarendon Press, Oxford, 2007

Hume, David, *An Enquiry Concerning Human Understanding*, Neuausgabe: Clarendon Press, Oxford, 2000

Hale, Edward Everett, »The Brick Moon«, *The Atlantic Monthly*, Oktober 1869. Zit. nach https://babel.hathitrust.org/cgi/pt?id=chi.12604990&view=1up&seq=11

SCOTTSDALE

DeLillo, Don, *Zero K*, Copyright 2016 by Don DeLillo, Scribner, 2016. Zit. nach deutscher Ausgabe: *Null K*, Kiepenheuer & Witsch, 2016

Diamantenfieber (Originaltitel: »Diamonds Are Forever«), Regie: Guy Hamilton, Produktionsfirma: Eon Productions, Vertrieb: United Artists, Erscheinungsjahr (Kino): 1971

James Bond 007 – Man lebt nur zweimal (Originaltitel: *You Only Live Twice*), Regie: Lewis Gilbert, Produktionsfirma: Eon Productions, Vertrieb: United Artists, Erscheinungsjahr (Kino): 1967

Der Spion, der mich liebte (Originaltitel: *The Spy Who Loved Me*), Regie: Lewis Gilbert, Produktionsfirma: Eon Productions, Vertrieb: United Artists, Erscheinungsjahr (Kino): 1977

Moonraker (Originaltitel: dito), Regie: Lewis Gilbert, Produktionsfirma: Eon Productions, Vertrieb: United Artists, Erscheinungsjahr (Kino): 1979

Alcor Life Extension Foundation, 7895 East Acoma Drive Suite 110, Scottsdale, Arizona 85260. https://alcor.org/AboutAlcor/index.html

Vanilla Sky, (Originaltitel: dito), Regie: Cameron Crowe, Produktionsfirmen: Cruise/Wagner Productions / Vinyl Films / Summit Entertainment, Vertrieb: Paramount Pictures, Erscheinungsjahr (Kino): 2001

Jones, Neil R., »The Jameson Satellite«, *Amazing Stories*, Juli 1931. Zit. nach Neil R. Jones, »The Jameson Satellite«, Aegypan, 2011

Lepore, Jill, »The Iceman: What the leader of the cryonics movement is really preserving«, *New Yorker*, January 25, 2010 Issue, https://www.newyorker.com/magazine/2010/01/25/the-iceman

Ettinger, Robert, »The Penultimate Trump«, *Startling Stories*, März 1948, pp.104-115

Ettinger, Robert, *The Prospect of Immortality*, Neuausgabe: Ria University Press, 2005

»Tränen im Regen«-Monolog aus *Der Blade Runner* (s. o.), zit. nach https://www.youtube.com/watch?v=IVhhMjNWowA

Blade Runner 2049 (Originaltitel: dito), Regie: Denis Villeneuve, Produktionsfirmen: Alcon Entertainment / Columbia Pictures / Bud Yorkin Productions / Torridon Films / 16:14 Entertainment / Thunderbird Entertainment / Scott Free Productions, Vertrieb: Warner Bros. (USA), Sony Pictures Releasing (International), Erscheinungsjahr (Kino): 2017

»Schmeiß dein Ego weg!«, Regie: René Pollesch, Volksbühne Berlin, 2011

Nancy, Jean-Luc, »Corpus«, deutsche Neuausgabe: diaphanes, 2014

SAN DIEGO

Adorno, Theodor W., Bloch, Ernst, »Möglichkeiten der Utopie heute«, Rundfunksendung, SWF, 1964. https://archive.org/details/AdornoErnstBloch-MglichkeitenDerUtopieHeuteswf1964

RAAD Fest 2016, Town and Country Resort, 500 Hotel Cir N, San Diego, CA 92108. https://www.raadfest.com/presenters

Peitz, Dirk, »Das ewige Leben«, *Wired Germany*, 03/2016, S. 74-85

Beam Pro Telepresence Robot: https://telepresencerobots.com/robots/suitable-technologies-beam-pro

Kurzweil, Ray, Terry Grossman, M.D., *Fantastic Voyage: To Live Long Enough to Live Forever*, Plume, New York, 2005

Kurzweil, Ray, *The Age of Spiritual Machines*, Penguin, 2000

Kurzweil, Ray, »The Law of Accelerating Returns«, 07.03.2001. kurzweilai.net https://www.kurzweilai.net/the-law-of-accelerating-returns

Bill Joy, »Why the Future Doesn't Need Us«, *Wired*, April 2000. https://www.wired.com/2000/04/joy-2/

Lanier, Jaron, »One Half a Manifesto«, 10.11.2000, edge.org. https://www.edge.org/conversation/jaron_lanier-one-half-a-manifesto

The Singularity Is Near, Regie: Anthony Waller / Toshi Hoo / Ray Kurzweil, Produktionsfirmen: Fighting Ant Productions / Cometstone Pictures / Exponential Films (kein Verleih), 2010

Miller, Richard, »Debating Immortality«, *MIT Technology Review*, 29.11.2005. https://www.technologyreview.com/s/404951/debating-immortality/

de Grey, Aubrey, »The Mitochondrial Free Radical Theory of Aging«, Landes Bioscience, 1999

SAN FRANCISCO

Kalra, Nidhi, »What if? The key to making good decisions«, Youtube, Kanal: TEDx. https://www.youtube.com/watch?v=nBCwlmMBmAQ

McCamy, Laura, »11 facts about San Francisco's housing market that will make you glad you live somewhere else«, businessinsider.com, 06.06.2019. https://www.businessinsider.com/san-francisco-housing-market-facts-rent-2019-5?r=DE&IR=T

Chen, Crystal, »Zumper National Rent Report: March 2019«, 28.02.2019. https://www.zumper.com/blog/2019/02/zumper-national-rent-report-march-2019/

LOS ANGELES

Musk, Elon, »Making Humans a Multiplanetary Species«, YouTube, Kanal: SpaceX, 28.09.2016. https://www.youtube.com/watch?v=H7Uyfqi_TE8

Musk, Elon, »Starship Update«, YouTube, Kanal: SpaceX, 29.09.2019. https://www.youtube.com/watch?v=sOpMrVnjYeY&t=395s

Bezos, Jeff, »Going to Space to Benefit Earth«, YouTube, Kanal: Blue Origin, 10.05.2019. https://www.youtube.com/watch?v=GQ98hGUe6FM

O'Neill, Gerard K., *The High Frontier: Human Colonies in Space*, aktualisierte Neuauflage, Space Studies Institute Press, Princeton, New Jersey, 1989

Kaku, Michiu, *The Future of Humanity: Terraforming Mars, Interstellar Travel, Immortality, and Our Destiny Beyond Earth*, Doubleday, New York, 2018. Deutsche Erstausgabe: *Abschied von der Erde: Die Zukunft der Menschheit*, Rowohlt, Hamburg, 2019

Meadows, Dennis, Meadows, Donella, Zahn, Erich, Milling, Peter, *Die Grenzen des Wachstums: Bericht des Club of Rome zur Lage der Menschheit*, Deutsche Verlags-Anstalt, Stuttgart, 1972

Laßwitz, Kurd, »Auf zwei Planeten«, 1897. http://www.gasl.org/refbib/Lasswitz__Auf_2_Planeten.pdf

Oberth, Hermann, *Wege zur Raumschiffahrt*, Verlag von R. Oldenburg, München und Berlin, 1929 von Pirquet, Guido, und Ley, Willi (Hrsg.), *Die Möglichkeit der Weltraumfahrt. Allgemeinverständliche Beiträge zum Raumschiffahrtsproblem*, Hachmeister & Thal, Leipzig, 1928

Bernal, J.D., *The World, the Flesh and the Devil: An Enquiry into the Future of the Three Enemies of the Rational Soul*, Copyright J.D. Bernal 1929, 1969, 2017, Verso, London, 2017

Noordung, Hermann, *Das Problem der Befahrung des Weltraums: Der Raketen-Motor*, Richard Carl Schmidt & Co, Berlin, 1929

Malik, Tariq, »Trump Hails Mars As NASA's Next Target, Says The Moon's ›Not So Exciting‹«, space.com, 22. September 2019. https://www.space.com/trump-us-space-program-nasa-moon-mars-and-australia.html

O'Neill, Gerard K., SSI Update, Volume IX, Issue 4 Fourth Quarter, Copyright 1983. Space Studies Institute, 1983. http://ssi.org/reading/ssi-newsletter-archive/ssi-newsletters-1983-q4/

Fernholz, Tim, *Rocket Billionaires: Elon Musk, Jeff Bezos and the New Space Race*, Houghton Mifflin Harcourt, Boston, 2018

J. Mitchell, William, *City of Bits: Space, Place, and the Infobahn*, MIT Press, Cambridge, 1996

Bostrom, Nick, »Existential Risks: Analyzing Human Extinction Scenarios and Related Hazards«, *Journal of Evolution and Technology*, Vol. 9, No. 1, 2002

Bostrom, Nick, »Astronomical Waste: The Opportunity Cost of Delayed Technological Development«, *Utilitas* Vol. 15, No. 3, 2003

Koren, Marine, »Where Is Elon Musk's Space Tesla Actually Going?«, theatlantic.com, 08.02.2018. https://www.theatlantic.com/science/archive/2018/02/tesla-elon-musk-mars-spacex-asteroid-belt/552719/

Feloni, Richard, »Peter Thiel explains how an esoteric philosophy book shaped his worldview«, Bloomberg, 10.11.2014. https://www.businessinsider.de/peter-thiel-on-rene-girards-influence-2014-11?r=US&IR=T

Girard, René, *Das Ende der Gewalt. Analyse des Menschheitsverhängnisses. Erkundungen zu Mimesis und Gewalt mit Jean-Michel Oughourlian und Guy Lefort*, Herder, Freiburg, 2009

»Peter Thiel on leaving Silicon Valley for Los Angeles«, Youtube, Kanal: Fox Business, 16.03.2018. https://www.youtube.com/watch?v=v_NhYV63K5E

ARLINGTON

Peitz, Dirk, »2040: Die Zukunft des Krieges«, *Wired Germany*, 04/2017, S. 86-95

Magnuson, Stew, »DARPA Pushes ›Mosaic Warfare‹ Concept«, nationaldefensemagazine.org, 16.11.2018. https://www.nationaldefensemagazine.org/articles/2018/11/16/darpa-pushes-mosaic-warfare-concept

»President Donald J. Trump is Establishing America's Space Force«, white house.gov, 19.02.2019. https://www.whitehouse.gov/briefings-statements/president-trump-establishing-americas-space-force/

»Secretary of Defense Speech«, Rede von Chuck Hagel, Reagan National Defense Forum Keynote, Ronald Reagan Presidential Library, Simi Valley, CA, 15.11.2014. https://www.defense.gov/Newsroom/Speeches/Speech/Article/606635/

Virilio, Paul, *Rasender Stillstand*, Fischer Taschenbuch, Frankfurt am Main, 1997

WASHINGTON, D. C.

Singer, Peter W., Cole, August, *Ghost Fleet: A Novel of the Next World War*, Copyright 2015 by P.W. Singer and August Cole, Eamon Dolan/Houghton Mifflin Harcourt, Boston / New York, 2015

Singer, Peter W., *Corporate Warriors: The Rise of the Privatized Military Industry*, Cornell University Press, Ithaca, 2003

Singer, Peter W., *Wired for War: The Robotics Revolution and Conflict in the 21st Century*, Penguin Press, New York, 2009

Singer, Peter W., Brooking, Emerson T., *LikeWar: The Weaponization of Social Media*, Dolan/Houghton Mifflin Harcourt, Boston / New York, 2018

»National Security Strategy of the United States of America«, whitehouse.gov, Dezember 2017. https://www.whitehouse.gov/wp-content/uploads/2017/12/NSS-Final-12-18-2017-0905.pdf

Kaplan, Robert D., *The Return of Marco Polo's World: War, Strategy, and American Interests in the Twenty-first Century*, Copyright 2018 by Robert D. Kaplan, Random House, New York, 2018

SHENZHEN

Peitz, Dirk, »Für Huawei geht es um mehr als 5G«, *Zeit Online*, 07.03.2019. https://www.zeit.de/digital/internet/2019-03/usa-china-huawei-klage-handelskonflikt-5g

Zuboff, Shoshana, *The Age of Surveillance Capitalism: The Fight for a Human Future at the New Frontier of Power*, PublicAffairs, New York, 2019. Deutsche Erstausgabe: *Das Zeitalter des Überwachungskapitalismus*, Campus, Frankfurt am Main, 2019

Hui, Yuk, *The Question Concerning Technology in China*, Urbanomic, Falmouth, 2016

Schilling, Dennis R., *Yijing: Das Buch der Wandlungen*, Verlag der Weltreligionen, Frankfurt am Main/Leipzig, 2009

BERLIN

Horn, Eva, *Zukunft als Katastrophe*, S. Fischer, Frankfurt am Main, 2014

Andreessen, Marc, *It's Time to Build*, 18. April 2020. https://a16z.com/2020/04/18/its-time-to-build/

Gates, Bill, *Here's How to Make up for Lost Time on Covid-19*, Washington Post, 1. April 2020. https://www.washingtonpost.com/opinions/bill-gates-heres-howto-make-up-for-lost-time-on-covid-19/2020/03/31/ab5c3cf2-738c11ea-85cb-8670579b863d_story.html

Bowles, Nellie, *I Used to Make Fun of Silicon Valley Preppers. Then I Became One*, New York Times, 24. April 2020. https://www.nytimes.com/2020/04/24/technology/coronaviruspreppers.html

Ghaffary, Shirin, »No Handshakes, Please: The Tech Industry Is Terrified of the Coronavirus«, Recode/vox.com, 13. Februar 2020. https://www.vox.com/recode/2020/2/13/21128209/coronavirusfears-contagion-how-infection-spreads

Osnos, Evan, »Doomsday Prep for the Super-Rich«, *The New Yorker*, 23. Januar 2017. https://www.newyorker.com/magazine/2017/01/30/doomsdayprep-for-the-super-rich

Spinney, Laura, Germany's Covid-19 expert: *»For many, I'm the evil guy crippling the economy«*, *The Guardian*, 26. April 2020. https://www.theguardian.com/world/2020/apr/26/virologistchristian-drosten-germany-coronavirus-expert-interview

Institute for Health Metrics and Evaluation (IHME), University of Washington, COVID-19 estimation updates, http://www.healthdata.org/covid/updates

Auswärtiges Amt der Bundesrepublik Deutschland, Weltweite Reisewarnung & Rückreisen nach Deutschland: FAQ (abgerufen am 4. Mai 2020), https://www.auswaertigesamt.de/de/ReiseUndSicherheit/10.2.8Reisewarnungen

World Tourism Organization, UNWTO World Tourism Barometer and Statistical Annex, January 2019, 23. Januar 2019. https://www.unwto.org/global/publication/unwto-world-tourismbarometer-and-statistical-annex-january-2019

International Air Transportation Association, IATA Economics' Chart of the Week, 27. März 2020. https://www.iata.org/en/iatarepository/publications/economic-reports/covid-19-deliversunprecedented-shock/

International Air Transportation Association, Updated Impact Assessment, 14. April 2020. https://www.iata.org/en/iatarepository/publications/economic-reports/covid-fourth-impactassessment/

World Tourism Organization, »Words Alone Will Not Save Jobs«: UNWTO Leads Call for Firm Action by Governments to Support Tourism Recovery, 17. April 2020. https://www.unwto.org/news/firm-action-by-governments-tosupport-tourism-recovery-covid-19folgt

MERCI

Meiner Mutter Roswitha Peitz.

Simone Maaßen, Marin Majica und Miriam Stein: Ohne euch gäbe es nicht nur dieses Buch nicht. Love you guys. I owe you.

Meiner Lektorin Rebecca Casati für die irre Arbeit, den Glauben, die Nachsicht.

Allen Schreibenden und Redigierenden, die mir, ob sie wollten oder nicht, beim Versuch geholfen haben, diese merkwürdige Sache zu kapieren: das Schreiben.

Für das Vertrauen: Nikolaus Röttger, Jochen Wegner und Rabea Weihser, Anvar Cukoski, Marcel Hartges, Alexander Gorkow.

Vera Tollmann, in Liebe.

Meinem Vater Hans-Georg Peitz. Wenn du das noch erlebt hättest.